Latein mit Felix

Herausgegeben von Clement Utz und Andrea Kammerer

Erarbeitet von Katharina Börner, Wolfgang Freytag, Gerhard Haunschild, Reinhard Heydenreich, Michael Lobe und Andreas Rohbogner

Band 4 wurde erarbeitet von Katharina Börner, Reinhard Heydenreich, Andrea Kammerer, Michael Lobe, Andreas Rohbogner und Clement Utz.

BAMBERGER WORTSCHATZ

1. Aufl. 1 7 6 5 4 2017 16 15 14
Die letzte Zahl bedeutet das Jahr dieses Druckes.
Alle Drucke dieser Auflage sind, weil untereinander unverändert, nebeneinander benutzbar.

Dieses Werk folgt der reformierten Rechtschreibung und Zeichensetzung. Ausnahmen bilden Texte, bei denen künstlerische, philologische oder lizenzrechtliche Gründe einer Änderung entgegenstehen.

Lektorat: Bernd Weber
Gestaltung: Artbox Grafik und Satz GmbH, Bremen
Druck und Bindung: Pustet, Regensburg

www.ccbuchner.de
www.oldenbourg-schulbuchverlag.de

C.C.Buchner ISBN 978-3-7661-**5069**-1
Oldenbourg ISBN 978-3-637-**00976**-9

Latein mi

Band 4

C.C. Buchner

Liebe Schülerinnen und Schüler!*

Es geht wieder los – zur vierten und letzten Etappe eurer Reise in die Welt des Lateinischen! Diesmal führt eure Tour zu berühmten Persönlichkeiten wie zur Dichterin Sappho, zu Alexander dem Großen, zu Sokrates und zu Cicero, dann aber auch in spätere Zeiten, zu den sog. Humanisten und zu christlichen Vertretern der lateinischen Literatur. Dabei befasst ihr euch mit Schülergespächen, christlichen Legenden und mit philosophischen Ideen.

Gute Reise und viel Erfolg im neuen Schuljahr wünschen euch
die Verfasser eures Lateinbuchs!

Liebe Kolleginnen und Kollegen!*

Der vierte Band dieses Lehrwerks ist genauso aufgebaut wie die ersten drei, er enthält die gleichen konstitutiven Elemente: thematisch gegliederte Sequenzen, doppelseitige Lektionen sowie vierseitige Wiederholungslektionen. Die einzelnen Lektionsteile ermöglichen viel Freiheit und Flexibilität im methodischen Vorgehen:

- Kurze Texte zur Einführung (**E**) dienen der sprachlichen Vorentlastung.
- In den verbindlich zu behandelnden Lektionstexten (**L**) sind alle Stoffbestandteile und neuen Wörter repräsentiert.
- Die fakultativen Übungen (**Ü**) sind nach ihrer Funktion angeordnet und farblich markiert:

● Aufgaben zur Texterfassung und -erschließung;

● sprachliche Übungen, die keinen neuen Wortschatz beinhalten und somit auch vor dem Lektionstext behandelt werden können;

● weiteres sprachliches Trainingsmaterial;

handlungsorientierte Übungen sowie Aufgaben mit Spiel- und Wettbewerbscharakter („Schatten" nach dem Leitbuchstaben bei allen Übungstypen)

Für ausführlichere Informationen zur Konzeption des Lehrwerks verweisen wir auf die Lehrerhefte.

** Im Buch ist der Kürze halber nur von „Lehrern" und „Schülern" die Rede. Bei der Verwendung dieser Sammelbezeichnungen wurde überall bedacht, dass der Unterricht von Frauen und Männern erteilt wird und die Schülerschaft aus Mädchen und Buben besteht.*

Zur Behandlung der **grammatischen Pensen** dieses Bandes sind die folgenden Hinweise bedeutsam:

1. Die zentralen Grammatikstoffe des Jahres sind die Deponentien, das Gerundivum und die Verwendung des Konjunktivs; auf eine nachhaltige Behandlung dieser Themen wird sicher viel Zeit zu verwenden sein.
2. In diesem Band finden sich mehrfach auch Lektionen, die eine Zusammenfassung und Wiederholung bekannter Phänomene ermöglichen, etwa zum Abl. abs., zum Gerundium, zur Gliedsatz- und Kasuslehre; hier ist die Intensität der Behandlung von der konkreten unterrichtlichen Situation abhängig.
3. Manche Stoffe sind von den Lehrplänen nicht explizit für die Spracherwerbsphase gefordert, etwa verallgemeinernde Relativpronomina, der sog. Realis, die Perfektopräsentien oder der NcI.
   In all diesen Fällen sollte die Lehrkraft abwägen, wie sie das Angebot des Lehrbuches nutzt.

Ausführliche Vorschläge zum **kulturkundlichen Grundwissen** in Latein mit Felix 4 befinden sich auf S. 190 f.

Abbildungsnachweis

16: Dr. Rudolf Schätz, München | 19: akg-images, Berlin/Erich Lessing | 21: akg-images, Berlin/Erich Lessing | 22: The Bridgeman Art Library | 23: Cinetext, Frankfurt am Main | 25: picture-alliance/akg-images, Berlin/Erich Lessing | 26: akg-images / Erich Lessing | 27: Nationalbibliothek, Prag | 28: Kapitolinische Museen, Rom | 31: Kunstmuseum, Basel | 36: akg-images / Erich Lessing / Rheinisches Landesmuseum, Trier | 37: Bibliothèque Nationale, Paris | 38: Museo Civico, Brescia | 39a, 39b: akg-images / Erich Lessing | 40: akg-images / Jean-Paul Dumontier | 45a: Vatikanische Sammlungen, Rom | 45b: Staats- und Universitätsbibliothek, Göttingen | 46: picture-alliance / dpa / dpaweb / LaPresse Marco Rosi | 47: Biblioteca Vaticana, Rom | 48: akg-images / Pirozzi | 49: akg-images | 52: akg-images / Werner Forman | 56, 60, 61a akg-images | 61b: akg-images / Cameraphoto | 61c, 61d, 62: akg-images | 67: akg-images / Peter Connolly | 69: dtv, München | 71: akg-images / Nimatallah | 72: Staatliche Antikensammlung, Berlin | 74: akg-images / Erich Lessing | 77a: akg-images / Andrea Jemolo | 77b: akg-images / Erich Lessing | 77c: akg-images | 78: Staatliche Antikensammlung Berlin | 80: akg-images | 82: Rijksmuseum, Leiden | 83: Alte Pinakothek, München | 85: Verlag Philipp von Zabern, Mainz | Verlagsarchiv.

Wissen und Macht

Wortschatz und Grammatik

Lernen und Lehren

Wortschatz und Grammatik

Die Macht des Glaubens

Wortschatz und Grammatik

Geistreiche Ideen

Wortschatz und Grammatik

Abkürzungsverzeichnis

Abl.	Ablativ
AcI	Akkusativ mit Infinitiv
Adj.	Adjektiv
Adv.	Adverb
Akk.	Akkusativ
Akt.	Aktiv
D	dt.-lat. Übersetzungsübung
Dat.	Dativ
Dekl.	Deklination
dt.	deutsch
f	feminin
Fut.	Futur
Fw.	Fremdwort
Gen.	Genitiv
Gr.	Grammadux
griech.	griechisch
Imp.	Imperativ
Impf.	Imperfekt
Ind.	Indikativ
indekl.	indeklinabel
Inf.	Infinitiv
jmd.	jemand(en/em)
intrans.	intransitiv
Jh.	Jahrhundert
Konj.	Konjunktiv
Konjug.	Konjugation
kons.	konsonantisch
lat.	lateinisch
m	maskulin
m.	mit
n	neutrum
Nom.	Nominativ
örtl.	örtlich
Pass.	Passiv
Perf.	Perfekt
Pers.	Person
Pl.	Plural
Plusqpf.	Plusquamperfekt
Präd. nom.	Prädikatsnomen
Präp.	Präposition
Präs.	Präsens
Pron.	Pronomen
röm.	römisch
Sg.	Singular
Subj.	Subjunktion
Subst.	Substantiv
trans.	transitiv
vgl.	vergleiche
Vok.	Vokativ
zeitl.	zeitlich

Wichtige Momente – große Talente

✧ *Diese Überschrift verstehe ich nicht recht. Was sind denn wichtige Momente im Leben, Felix?*

Felix Na, überleg mal: Ereignisse, die nicht alltäglich passieren und die manchmal sogar für dein weiteres Leben entscheidend sein können.

✧ *Ah, jetzt weiß ich, was du meinst! Also z. B., wenn ich mit meiner Fußballmannschaft in die nächsthöhere Liga aufsteige, oder wenn die Sommerferien endlich beginnen! … Warum schüttelst du den Kopf, Felix? Ich hab doch Recht: Beides passiert nicht alltäglich, und außerdem ist es für mein Leben entscheidend. Nimm nur die Ferien: Ich kann ausschlafen, muss mich nicht jeden Tag vorbereiten, kann abends länger aufbleiben …*

Felix So gesehen hast du Recht – für dich sind das jetzt entscheidende Momente im Leben. Aber du kannst dir sicher vorstellen, dass es noch wichtigere Situationen im Leben gibt.

✧ *Klar weiß ich das: Meine Eltern sagen immer, dass der Ernst des Lebens erst nach der Schule beginnt, weil man sich dann für einen Beruf oder ein Studium entscheiden muss. Das ist dann wohl so ein wichtiger Moment.*

Felix Genau! Und das war schon in der Antike so: Du wirst lesen, wie junge Frauen das Ende ihrer Schulausbildung bei der berühmten Dichterin Sappho erlebten, und mit welchen Schwierigkeiten Cicero in seinem Studium zu kämpfen hatte, bevor er zum bekanntesten Redner Roms wurde.

✧ *Warum? Ist er etwa durchgefallen? Albert Einstein ist doch auch als Schüler durchgefallen und hat trotzdem später den Nobelpreis gewonnen.*

Felix Nein, nein! Das mit Einstein stimmt schon, aber Cicero hatte andere Probleme zu bewältigen. Lies selbst! Wenn du schon einen Naturwissenschaftler der Moderne nennst: Du lernst auch den berühmtesten Mathematiker der Antike, Archimedes, kennen, und zwar in einem entscheidenden Moment seines Lebens. Mehr verrate ich jetzt aber nicht.

✧ *Oh, du weißt wohl alles, Felix! Du tust ja wie ein Lehrer!*

Felix Und du benimmst dich wie ein Schüler!

✧ *Gibt es denn auch Beispiele aus der Antike, dass Lehrer ihren Schülern nicht das beibringen konnten, was sie sich vorgenommen hatten?*

Felix Ja, zwei ganz berühmte Fälle gibt es. Alexander der Große hatte als Lehrer den berühmten Philosophen Aristoteles. Der spätere Weltbeherrscher hat zwar eine Menge von ihm gelernt, aber etwas ganz Wichtiges nicht, nämlich Selbstbeherrschung. Und du wirst erfahren, wie er sich genau das von einem sog. Barbaren sagen lassen musste – peinlich! Der andere Fall ist Seneca. Er unterrichtete Kaiser Nero. Als Seneca einsah, dass Nero seine Ratschläge nicht annahm, vermittelte er sein Wissen in vielen Briefen an einen Freund namens Lucilius. Einen dieser Briefe wirst du kennenlernen.

✧ *Felix, noch ein wichtiger Moment im Leben: Du hörst endlich zu reden auf!*

Tanzende Mädchen. Relief vom Hera-Tempel in Pästum. Um 500 v. Chr.

E

1. Puto (arbitror) nonnullos homines Sapphum poetriam (Dichterin) nescire.
2. Multi arbitrantur eam poetriam notissimam Graeciae fuisse.
3. Antiqui etiam arbitrati sunt Sapphum decimam Musam esse.
4. Nobiles huic feminae filias mandaverunt, ut eas artes doceret et tueretur.
5. Dixerunt: „Doce et tuere filias nostras, Sappho! Et vos, filiae, veremini semper eam!“

Sappho – Dichterin und Erzieherin

Sappho war nicht nur eine begabte Dichterin. Sie unterrichtete auch Mädchen aus adligen Familien, bevor diese heirateten. Ihr werdet Zeuge, wie sich Sappho von den heiratsfähigen jungen Frauen am Ende der Ausbildung verabschiedet.

L

„Audite, puellae carae! Quia adest tempus abeundi, annos praeteritos in memoriam reducamus[1]! Arbitror vos me docente multa didicisse. Ego libenter confiteor me vobiscum feliciter vitam egisse. Initio vos docui capillos[2] ornare, corpus molliter movere, carmina componere, in canendo voces avium imitari. Saepe mecum prima luce naturam pulchram mirabamini, saepe ludebamus et canebamus, saepe aestate ad fontes puros versabamur.

Sed vos hortabar, ne falso putaretis vitam vestram semper tam iucundam fore. Certe felices eritis, si viro nobili nupseritis. At officia et curae haud raro vos perturbabunt. Nam liberos parietis, aletis, tuebimini. Domum curare, ministris imperare, convivia parare oportebit. Et plura sunt officia: In publico vos dignas maritis vestris praestare debebitis. Sed haec omnia apud me, ut reor, didicistis.

Cur vultus vestri tam tristes sunt? Interrogare me videmini, cur res eiusmodi adhuc vobis tacuerim. At rata sum puellas primo res pulchras vitae cognoscere debere: Profecto vos delectabat carmina, quae ego composui, audire. Etiam flores[3] varios miratae estis, voces dulces avium imitatae estis. Ne fleveritis, puellae carae! Etsi me reliqueritis, vos amicitiam firmam inter nos, amorem naturae, carmina nostra semper memoria tenebitis. Ergo valete, puellae carae!“

[1] in memoriam redūcere *in Erinnerung rufen*

[2] capillī *m Pl. Haare*

[3] flōs, flōris *m Blume*

Ü

a Sucht in geeigneten Nachschlagewerken nach weiteren berühmten Frauen der Antike und stellt sie eurer Klasse vor.

b Ersetze die kursivgedruckten Formen durch arbitrari / vereri.
1. *Puto* te amicum meum esse. 2. Cur *metuis*, ne amicitia nostra perpetua non sit? 3. Nos iam diu amicitiam *colebamus*. 4. Nonne *credidisti* nos amicos semper fore?

c Suche alle Deponentien aus **E** und **L** und bestimme sie nach Tempus und Modus.

d Ersetze die kursivgedruckten Verben durch ein sinngleiches Deponens und übersetze.
hortari – tueri – arbitrari – vereri (2x)
1. Plato philosophus *putavit* Sapphum decimam Musam esse, quia praeclara carmina fecerat. 2. Sappho saepe virgines *monebat*, ut deos *colerent*. 3. Parentes ei filias mandabant, ut Sappho eas doceret et a vitiis *servaret*. 4. Haud raro Sappho puellis dixit: „Ne futura *timueritis*!"

e 1. -re hat es in sich. Bestimme folgende Formen:
tuere – tacere – labore – confitere – movere – litore – aspere – verere – munere – flere
2. Ähnlich verhält es sich mit -ris. Bestimme:
claris – hortaris – ministris – vereris – moveris – maris – arbitraberis

f Unglückliche Sappho
1. Constat homines omnium temporum Sapphum miratos esse et adhuc mirari. 2. Imprimis poetae eam non solum veriti, sed etiam carmina eius saepe imitati sunt. 3. Sed ipsa raro felix fuisse videtur: Cum virgo esset, pater subito de vita decessit. 4. Paulo post patriam relinquere debebat, quia verebatur, ne a tyranno necaretur. 5. Postquam nonnullos annos in Sicilia versata est, in patriam rediit. 6. Quamquam Charaxum fratrem saepe hortabatur, ut parce viveret et rem familiarem tueretur, is verbis sororis non paruit. 7. Sed haud libenter confessus est se omnia bona brevi perdidisse.

Alkaios und Sappho auf einer griechischen Vase. Um 470 v. Chr. München, Antikensammlungen.

I

Aus dem Leben Sapphos

Sappho gilt als die bekannteste Dichterin der Antike. Von ihrem Leben ist nur wenig sicher bezeugt: Sie ist um 630 v. Chr. auf der Insel Lesbos geboren und wohnte wie ihr Zeitgenosse und Dichterkollege Alkaios als Angehörige des Adels meist in der Stadt Mytilene. Unter dem Tyrannen Myrsilos musste Sappho als Verbannte in die Stadt Syrakus auf Sizilien fliehen, wo man ihr später eine Statue errichtet hat. Angeblich hat sich Sappho wegen der unglücklichen Liebe zu einem jungen Mann namens Phaon von einem Felsen gestürzt.

Alexander der Große. Ausschnitt aus dem sog. Alexander-Mosaik, das den siegreichen Kampf des Makedonen gegen den persischen Großkönig Dareios zeigt. 1. Jh. n. Chr. Pompeji.

E

1. Puellae ad Sapphum: „Libenter te sequimur, quia sapiens es. Doce nos!“
2. Sappho: „Vos tempus perdere non patior (adhuc passa non sum, numquam patiar).
3. Sapienter tempore utamur!“ His verbis Sappho saepe utebatur.

Alexander - Weltherrscher oder Räuberhauptmann?

Auf seinem Zug nach Indien trifft Alexander im Jahre 329 v. Chr. in der entfernten persischen Provinz Sogdiane auf die dort lebenden Skythen. Sie hatten schon viel von ihm gehört und schickten eine Gesandtschaft zu ihm. Der Älteste von ihnen spricht ihn ohne jede Scheu an.

L

Senex barbarus loquitur:
„Si dei voluissent corpus tuum par esse avaritiae tuae, orbis terrarum te non caperet. Ab Europa ad Asiam profectus es, ex Asia transibis in Europam. Deinde, si omne genus humanum superaveris, cum bestiis[1] feris bellum gerere cupies.

Quid nobis tecum est? Numquam te aggressi sumus. Neque domini esse desideramus neque servi esse volumus. Etsi contendis te venisse, ut latrones persequereris, tamen tu es latro omnium gentium, quas aggrediebaris. Lydiam Syriamque cepisti, Persidem[2] tenes. His gentibus victis nunc ad opes nostras manus cupidas tendis.
Quamquam multi experti sunt te maiorem fortioremque esse plurimis viris, tamen alienum dominum pati nolent. Bellum tibi ex victoria nascetur. Hoc exemplo utar, ut etiam periculum tibi instans cognoscas: Magnae arbores diu crescunt, intra unam horam cadunt.

Si bellum nobis non intuleris, bonis amicis uti poteris. Sin autem nos aggressus eris, experieris nos magna cum celeritate tua vestigia sequi. Cum nos procul abesse credes, nos in tuis castris videbis. Ergo ne oblitus sis: Inter dominum et servum nulla amicitia est. Quamobrem cogita, utrum hostes imperio tuo finitimos habere velis an amicos.“

[1] bēstia: *vgl. Fw.*
[2] Persis, -idis *f Persien*

Ü

a 1. Was meint der Skythe mit dem Satz Magnae arbores diu crescunt, intra unam horam cadunt (Z. 15 f.)?
2. Was will er mit seiner Rede erreichen?

b Setze den richtigen Kasus ein und übersetze:
1. Alexander (victoriae) haud bene usus est. 2. (Haec consilia bona) raro sequebatur: 3. Utere parce (vinum)! 4. Ne secutus sis (ira tua)!

c Bestimme alle der in **E** und **L** vorkommenden Deponentien.

d Übersetze und vergleiche die Objekte der lateinischen mit denen der deutschen Sätze.
1. Utimini fortuna vestra! 2. Ne obliti sitis amicorum! 3. Cura divitias crescentes sequitur. 4. Gloria virtutem tamquam umbra sequitur.

e Reden ist Silber, Schweigen ist Gold.
Übersetze folgende römische Weisheiten.
1. Loqui ignorabit, qui tacere nesciet. 2. Audi multa, loquere pauca! 3. Rem tene, verba sequentur! 4. Facta loquuntur.

f Die Meinung des Philosophen Seneca über Alexander den Großen
1. Quamquam multi Alexandrum mirabantur, Seneca in epistulis eum reprehendebat: 2. Is, qui hostes vicerat, avaritia sua victus est. 3. Toti orbi terrarum imperare cupivit, sed sibi ipsi imperare non potuit. 4. Non contentus pernicie tot civitatum in uno regno multa regna colligere voluit. 5. Erat latro gentium, tam hostium pernicies quam amicorum. 6. Clitum amicum enim inter convivium aggressus est et interfecit, Lysimachum familiarem leoni (einem Löwen) obiecit. 7. Sic Alexander, quamquam erat victor tot regum atque populorum, ipse ira victus est. 8. Quamobrem Senecae Alexander exemplum virtutis fuisse non videtur.

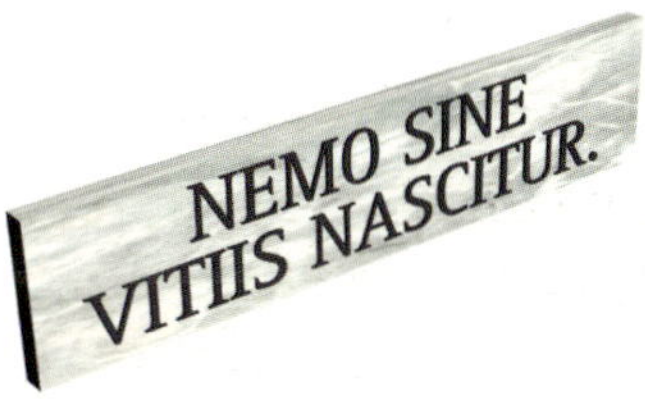

I

Alexander der Große und seine Vorbilder

Der Makedonenkönig Alexander der Große (336–323 v. Chr.) fühlte sich mit den Helden des Mythos, seinen Vorfahren und Idolen, ganz auf einer Stufe. Er verglich sich mit Herkules und vor allem mit Achill. Sein Lehrer Aristoteles hatte ihm über die Lektüre der *Ilias* das Streben nach Ehre und Ansehen in der Gesellschaft und den homerischen Grundsatz, „immer der Erste zu sein", nahegebracht. Im Wettstreit mit seinen Vorbildern konnte Alexander nicht haltmachen, bevor er an die Grenzen der Welt gestoßen war. Als er mit 33 Jahren im Jahre 323 v. Chr. wahrscheinlich an Malaria starb, hatte er beinahe den gesamten Orient erobert und die Epoche des sog. Hellenismus eingeleitet, unter der man die Verbreitung der griechischen Zivilisation in der östlichen Welt versteht.

Silbermünze mit dem Porträt Alexanders des Großen als Herkules. Um 325 n. Chr.

Bronzeplastik des Archimedes vor einem Würzburger Studentenwohnheim.

E

1. Alexander modo reprehendens, modo hortans milites ad pugnandum movebat.
2. Alexander et reprehendendo et hortando milites movebat.
3. Alexandro hortante milites bellum inire non dubitabant.
4. Alexander se magnum imperatorem esse arbitratus est. Arbitratus se superari non posse saepe superbus erat.

Archimedes von Syrakus

Als der Politiker und Redner Cicero (106 – 43 v. Chr.) aufgrund seiner Tätigkeit als Quästor im Jahre 74 v. Chr. auf Sizilien weilt, entdeckt er nahe der Stadt Syrakus hinter Dornenhecken das lange Zeit in Vergessenheit geratene Grabmal des bekanntesten Sohnes der Stadt, Archimedes. Cicero erzählt seinen Begleitern an Ort und Stelle vom tragischen Tod des großen Mathematikers.

L

„Monumentum antiquum diligenter intuentes animadvertetis sphaeram cum cylindro[1] in eo positam esse. Quibus signis cognosci potest, quanto studio Archimedes per totam vitam in arte geometrica[2] versatus sit. Vobis autem narrabo, quomodo ille vir in arte sua versans occiderit:

Bello Punico secundo exercitus noster in Siciliam venerat Syracusas aggressurus. Milites nostri saepe aggrediendo urbem capere temptabant. Sed machinationibus[3] Archimedis diu impediebantur. Urbe tandem capta Marcellus imperator veritus, ne vir tam doctus necaretur, milites hortabatur, ut ei parcerent. Plurimis Syracusanis ex urbe egressis Archimedes tamen in horto suo manebat et figuras[4] geometricas in arena scribebat. Repente miles Romanus, qui Archimedem ignorabat, praedam quaerens hortum ingressus est. Propius accessit et Archimedem interrogavit, quisnam esset. Is autem summo cum studio figuras suas intuens periculum non sensit. Itaque hoc solum respondit: „Noli turbare circulos[5] meos!“ Miles – ratus se ab Archimede derideri – vehementer iratus est et senem gladio necavit.

Cum Marcello imperatori nuntiatum esset virum tam egregium a milite ignaro interfectum esse, finem querendi facere vix potuit.

Arbitratus tantum virum memoria posterorum dignum esse, iussit fabros instruere hoc monumentum, quod intuemini.“

[1] sphaera cum cylindrō *Kugel und Zylinder (zwei Symbole der Geometrie)*

[2] geōmetricus *geometrisch*

[3] māchīnātiō, -ōnis *f* *Verteidigungsmaschine*

[4] figūra: *vgl. Fw.*

[5] circulus *der Kreis*

Ü

a Sucht im Internet oder in Nachschlagewerken Erfindungen des Archimedes und präsentiert die Ergebnisse in Form einer Wandzeitung oder Collage.

b Bilde die entsprechenden Formen zu hortari, confiteri und pati:
monens – monentes – ad monendum – moniturus – monendo – monenti

c Suche die Sätze in L, die ein Deponens im Partizip Präsens, Partizip Futur oder Partizip Perfekt enthalten. In welchem Zeitverhältnis steht das jeweilige Deponens zum Prädikat?

d Forme nach dem vorgegebenen Beispiel die Sätze um und übersetze dann.
Beispiel: Cicero metuebat, ne Syracusani Archimedis oblivliscerentur. Itaque monumentum eius quaerebat. (veritus) → Cicero veritus, ne Syracusani Archimedis oblivliscerentur, monumentum eius quaerebat.

Die Ermordung des Archimedes. Römisches Mosaik.

1. Archimedes timuit, ne miles figuras (!) in arena scriptas deleret. Quamobrem clamavit: „Noli turbare circulos meos!" (veritus)
2. Miles putabat se ab Archimede derideri. Itaque ira incensus eum necavit. (arbitratus)
3. Archimedes non existimabat periculum sibi instare. Figuras (!) in arena scribere pergebat. (ratus)

e Ersetze die kursivgedruckten Verben sinnvoll durch die angegebenen Deponentien und übersetze:
aggredi – versari – intueri – ingredi – vereri

1. Milites Romani ante muros Syracusarum *stantes* parati erant ad *temptandum*.
2. Archimedes figuras (!) in arena *spectans* militem hortum *intrantem* non animadvertit.
3. Marcellus imperator *metuens*, ne Archimedes interficeretur, eius vitam servari iussit.

I

Der Unterschied zwischen Griechen und Römern

Der englische Mathematiker Alfred N. Whitehead (1861–1947) deutet den Tod von Archimedes so: „Der Tod des Archimedes durch einen römischen Soldaten ist symbolisch für einen Bewusstseinswandel erster Größenordnung: Die Griechen mit ihrer Vorliebe für abstrakte Wissenschaft wurden in der Führung Europas abgelöst von den praktisch ausgerichteten Römern. Die Römer waren ein großartiges Volk, aber sie erweiterten nicht das Wissen ihrer Vorväter, und all ihre Fortschritte bezogen sich auf unbedeutendere Details in den Ingenieurswissenschaften. Sie waren nicht Träumer genug, um auf neue Aspekte zu kommen, die eine umfassende Kontrolle über die Kräfte der Natur ermöglichten. Kein Römer verlor sein Leben, weil er in die Betrachtung eines mathematischen Problems versunken war."

M. Tullius Cicero (106–43 v. Chr.). Marmorbüste aus augusteischer Zeit. Rom, Kapitolinisches Museum.

E

1. Cicero primus oratorum nominatus est.
2. Magnam partem vitae in officiis publicis consumpsit.
3. Multum temporis atque plurimum laboris etiam in litteris consumpsit.
4. Quis vestrum hunc oratorem nescit?

Die Karriere einer Kichererbse

M. Tullius Ciceros Urgroßvater hatte den Beinamen Cicero erhalten, weil er auf der Nase eine Warze trug, die einer Kichererbse ähnlich war. Auch sein Urenkel musste wegen dieses Beinamens noch Verspottungen ertragen.

L

Vir vere Romanus plurimum operae et magnam partem temporis in rebus publicis consumebat, ut summam gloriam et dignitatem consequeretur. Dignitas enim unius viri totam eius gentem nobilem faciebat.
Erant etiam gentes ignobiles, velut gens Tullia, qua M. Tullius Cicero natus est. Is quidem adulescens raro bene valuit, ut ipse confitetur: „Corpus meum saepe graviter dolet. Cum collum sit tenue[1], vis vocis parva est. Mala valetudo me premit, ut reor, praesertim si labores et magna contentio laterum[2] accedunt."

Quamquam ille tantum ingenii sibi inesse arbitrabatur quantum paucis civibus. Itaque saepe secum agitabat: „Nescio, quid faciam, quid consilii ineam, quomodo aliquid honoris et dignitatis consequar. Satisne fortis sum, ut causas agam et ad rem publicam accedam?" Quidam amici eum hortabantur: „Homines dicent te talem esse quale cicer[3]. Nomen tuum deridebunt. Proinde tu ne causas egeris, ne in re publica versatus sis – aut muta nomen tuum!"

Quibus verbis amicorum commotus Cicero Roma in Graeciam profectus est. Complures menses Athenis et Rhodi versatus est, ubi cum philosophis et oratoribus nobilissimis studuit et in arte dicendi se exercuit. Non solum vocem et latera[4], sed totum corpus ita confirmavit, ut quasi mutatus et conversus Romam rediret. In patria quidem Cicero nomen suum et arte dicendi et philosophia et litteris tam dignum reddidit[5], quam digna sunt nomina gentium nobilissimarum.

[1]tenuis, e *dünn*
[2]contentiō laterum *Beanspruchung der Lungen*
[3]cicer, eris *n* *Kichererbse*
[4]latus, lateris *n* *hier: Lunge*
[5]reddere *hier: m. dopp. Akk. machen zu*

Ü

a Lege in deinem Heft eine Tabelle an mit den verschiedenen Übersetzungsmöglichkeiten für **nobilis, ignobilis** und **dignus, dignitas**. Wähle die jeweils passende Bedeutung bei der Übersetzung von **L** aus. Erkläre, wie es Cicero gelang, seine **gens ignobilis** zu einer **gens nobilissima** zu machen.

b Setze die in Klammer stehenden Wörter in den Genitiv und übersetze:
1. Quis (mortales) sine vitiis natus est? 2. (Omnes oratores) praestantissimus fuit Cicero. 3. Magnus numerus (ii), qui in ius vocati erant, Cicerone auctore servatus est. 4. Nonnulli oratores nimium (insidiae) parant. 5. Omnis oratio plurimum (auctoritas) habere debet.

Cicero tritt als Ankläger im Prozess gegen einen korrupten römischen Beamten auf. Deckengemälde von Eugène Delacroix in der Bibliothek der Französischen Nationalversammlung. Paris, Palais Bourbon.

c Setze die Substantive in den Genitiv und übersetze:
multum (labor) – paulum (tempus) – Quid (consilium)? – nihil (auxilium) – aliquid (humanitas) – satis (vires) – magna vis (aurum) – copia (frumentum) – minimum (pretium) – duo milia (homines) – nihil (dignitas) – aliquid (novum)

d Lest **L** noch einmal laut und beantwortet dabei die folgenden Fragen, die ihr vorher an fünf Gruppen verteilt habt:
1. Sammelt das Vorkommen von **ut** in **L**. Bestimmt jeweils seine Bedeutung.
2. Sammelt alle weiteren Subjunktionen und bestimmt deren Sinnrichtung.
3. Sammelt alle Konjunktionen und Adverbien, die der Verbindung von Hauptsätzen dienen. Was tragen diese Wörter zum Verständnis des Textes bei?
4. Sammelt alle Beispiele für einen relativen Satzanschluss.
5. Nennt die Bezugswörter der Korrelativa **quantum** (Z. 11), **quale** (Z. 15) und **quam** (Z. 24).

e 1. Im ersten Absatz findest du mehrere „Schlüsselwörter", die zum Sachfeld „Körper / Gesundheit" gehören; stelle sie zusammen. Welche Schlüsselwörter bestimmen den zweiten, welche den dritten Absatz von **L**? Weise sie jeweils einem Sachfeld zu.
2. Welche Satzarten erkennst du im zweiten Absatz von **L** (Z. 10–17)? Begründe, warum diese Satzarten das verdeutlichen, was der jeweilige Sprecher ausdrücken will?

f Cicero kehrt aus der Verbannung heim
„Expulsus eram e civitate, quamquam rem publicam magno cum numero civium bonorum contra impetus sceleratorum defenderam. Quamquam cives a periculis belli civilis (bellum civile Bürgerkrieg) servaveram, tamen ab inimicis sine iudicio, sed vi et armis e patria in Graeciam expulsus eram. Cives boni satis auxilii mihi praebuissent, si Romae mansissem. Sed pacem et salutem omnium civium pluris aestimavi quam calamitatem meam. Ita bis (zweimal) servavi rem publicam: Primum sceleratos cepi, deinde cives ira atque odio incensos fugi. Itaque senatui placuit me in patriam revocare."

Darstellung eines diskutierenden Sophisten auf einer griechischen Vase. Paris, Musée du Louvre.

Essen Wörter Käse?

Lucius Annaeus Seneca (4 v. Chr.–65 n. Chr.) verfasste zahlreiche philosophische Schriften, in denen er viele Probleme des menschlichen Lebens anspricht. Am bekanntesten sind seine Briefe an Lucilius. In einem dieser Briefe warnt er vor den Überredungskünsten der sog. Sophisten.

Sophist bedeutet eigentlich „der Weise, der Weisheitslehrer, der Experte". Manche Sophisten waren aber keine echten Wahrheitssucher, sondern auch Geschäftemacher, die ihre Lehren und Beratungen für Geld anpriesen und nur den persönlichen Erfolg suchten. Sie hatten ein besonderes Interesse an der Erforschung der Sprache und an der Entwicklung der Rhetorik. Ihren Schülern brachten sie deshalb vor allem bei, die Wahrheit zu verdrehen, die Unwahrheit zur Wahrheit zu machen und mit rhetorischen Tricks Unlogisches logisch darzustellen.

Saepe, mi Lucili, mecum agitavi, utrum studium dicendi hominibus plus boni an mali attulisset. Nam intellexi oratores, magistros, philosophos arte bene dicendi aliis hominibus non solum adesse et persuadere, sed etiam eos docere falsa pro veris proponere.

Tu quoque mihi in epistula, quam ex itinere misisti, verba torques – tamquam isti philosophi, qui eloquentia sua sententias obscuras componunt et ratione[1] stultissima vera in falsa vertunt. Nonne putas me eiusmodi dictis sollicitari?

„Quod non perdidisti, habes: Cornua autem non perdidisti; cornua ergo habes." –

„Mus[2] verbum est: Mus autem caseum rodit[3]; verbum ergo caseum rodit."

Haec sole clariora sunt. Certe scio librum numquam caseum rodere. Num haec ratio melior est?

„Mus verbum est: Verbum autem caseum non rodit: Mus ergo caseum non rodit."

Istae sententiae certe puerorum stultorum sunt, non philosophorum. Philosophia neque ludit neque deridet. Philosophia non ad res inanes descendit, philosophia pertinet ad res graves: Alius malam fortunam timet, alium inopia opprimit, alium mors vocat.

Vis scire, quid philosophia polliceatur generi humano: Philosophia nos tueri vult. Haec nos hortabitur, ut deo libenter pareamus, ut deum sequamur, ut casus fortunae feramus. Philosophia nos non stulta docet.

[1] ratiō *hier: Logik*

[2] mūs *Maus*

[3] cāseum rōdere *Käse benagen*

Ü

a Lies **L** noch einmal und bearbeite dabei die folgenden Aufgaben:
1. Gib jedem der vier Abschnitte eine Überschrift.
2. Mit welchen Ausdrücken wird die Tätigkeit der Sophisten beschrieben?
3. Welche Sätze beschreiben den Übergang vom Spaß zum Ernst?
4. Welche Begriffe und Gedanken aus dem Schlussteil (Z. 18–26) gehören zum Sachfeld Philosophie?
5. Welche Stilmittel unterstützen die Bedeutung und das Gewicht des letzten Absatzes?
6. **L** enthält die Elemente verschiedener Textsorten. Nenne diese und belege sie.

b Welche lateinischen Ausdrücke aus **L** entsprechen den folgenden Übersetzungen: Menschheit – Schicksalsschläge – Rhetorikstudium – die Philosophie lässt sich herab zu – Redekunst – Worte drechseln (verdrehen)

c Erkläre mit jeweils einem deutschen Satz die folgenden Begriffe: Oratorium – Referent – Diktator – Colloquium – Referat – Diktat – Intelligenz – relativ – Differenz

d Diese Reise bringt dir nichts! Der Philosoph Seneca erteilt wichtige Reisetipps:

Diese luxuriöse Buchmalerei ließ sich der französische Kardinal von Amboise anfertigen. Der Maler versetzte Seneca in eine Umgebung seiner eigenen Zeit, eine gotische Studierstube. Um 1500.

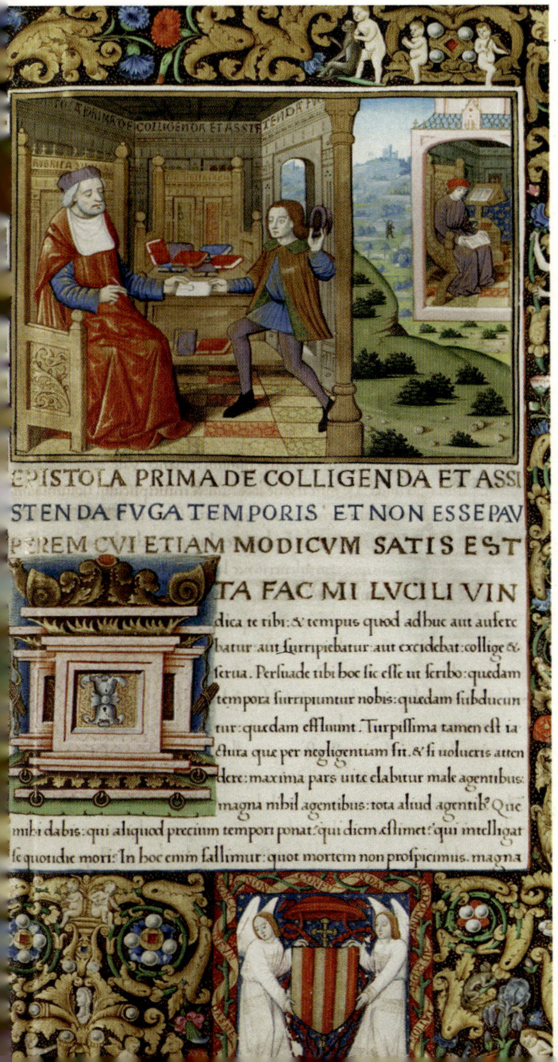

Hoc tibi soli evenisse putas et miraris,
    quod in itinere tam longo et in tot regionibus variis
    tuam mentem tristem
    et tuum animum gravem non deposuisti.
Animum debes mutare, non caelum.
    Etsi in mari alto navigas, etsi procul a patria versaris,
vitia et dolores animi et curae te eo sequentur,
    quo perveneris.
Cur miraris *itinera tibi utilia non esse*,
    cum onera et dolores et curas tecum feras?
    Ubi *itinere confecto* versaris,
ibi premit te adhuc eadem causa,
    quae te expulit.
Quomodo terrae novae,
quomodo regiones pulcherrimae,
quomodo urbes adhuc ignotae te iuvare possunt?
Quaeris,
    quare te fuga ista non iuvet.
Tecum fugis!
Proficisceris huc et illuc,
    ut deponas onus,
    quod iter ipsum facit gravius.
    Priusquam proficisceris,
onera animi deponere debes.
Aliter tibi nullus locus placebit.

Raffael: Paulus auf dem Areopag. 16. Jh. London, Victoria and Albert Museum

Ihr verehrt etwas, was ihr gar nicht kennt

Unter der Regierungszeit des Kaisers Nero war der Apostel Paulus als Gefangener von Jerusalem aus nach Rom gebracht worden. Auf Befehl des Kaisers ereilte ihn dort zwischen 64 und 68 n. Chr. das gleiche Schicksal wie viele andere Christen auch: Er wurde zum Tode verurteilt.

Einige Jahre vor seiner Ankunft in Rom verweilte Paulus auf der Flucht vor seinen Gegnern längere Zeit in Athen. Seiner Gewohnheit gemäß ging er am Sabbat in die Synagoge und sprach dort zu den Juden. Er sprach auch Philosophen an und wollte ihre religiösen Ansichten kennenlernen.

So durchstreifte er die Stadt und begegnete auf der Agora einigen griechischen Philosophen. Nachdem diese dem Paulus eine Zeitlang zugehört hatten, bezeichneten ihn viele als Schwätzer. Andere aber wollten Genaueres über seine Lehre wissen. Deshalb führten sie ihn zum Areopag (Arēopagus), dem obersten Gerichtshof, auf dem Areshügel:

Philosophi quidam: „Volumus scire, quae sit haec nova doctrina[1], quae a te verbis sapientibus proponitur. Tu enim res quasdam novas auribus nostris infers. Volumus ergo scire, quidnam sentias."

Stans autem medio in Areopago Paulus ait:

„Viri Athenienses, per omnes sententias, quas dicitis, vos quasi superstitiosos[2] esse video. In viis enim versans et simulacra vestra mirans inveni etiam aram, in qua scriptum erat:

IGNOTO DEO

Quod ergo ignorantes colitis, hoc ego vobis nuntio:

Deus, qui fecit terram et omnia, quae in ea sunt, non in templis a hominibus aedificatis habitat, cum ipse det omnibus vitam. In Deo ipso enim vivimus et sumus.

Et hominibus diem statuit, quo de omnibus hominibus iudicaturus est."

Cum autem Paulus de resurrectione[3] mortuorum locutus esset, quidam eum deridebant, quidam vero dixerunt:

Audiemus te de hoc iterum. Quidam quidem ei crediderunt.

[1] doctrīna *Lehre*

[2] superstitiōsus, a, um *abergläubisch*

[3] resurrēctiō, -ōnis *f* *Auferstehung*

Marcus Antonius hält vor dem römischen Volk seine berühmte Leichenrede für Cäsar. Marlon Brando in der Verfilmung des Shakespeare-Dramas „Julius Caesar". USA 1953.

„Ratschläge für einen schlechten Redner"

Seit Demosthenes und Cicero gehört die Ausbildung im Fach Rhetorik zu den Grundpfeilern der Allgemeinbildung. Der bekannte deutsche Schriftsteller Kurt Tucholsky (1890–1935) gibt im Folgenden „Ratschläge für einen schlechten Redner":

Fang nie mit dem Anfang an, sondern immer drei Meilen vor dem Anfang! Etwa so: „Meine Damen und Herren! Bevor ich zum Thema des heutigen Abends komme, lassen Sie mich Ihnen kurz ..." Hier hast du schon so ziemlich alles, was einen schönen Anfang ausmacht: eine steife Anrede; der Anfang vor dem Anfang; die Ankündigung, dass und was du zu sprechen beabsichtigst, und das Wörtchen kurz. So gewinnst du im Nu die Herzen und Ohren der Zuhörer. Denn das hat der Zuhörer gern: Dass du mit dem drohst, was du sagen wirst, sagst und schon gesagt hast. Immer schön umständlich. Sprich nicht frei – das macht einen so unruhigen Eindruck. Am besten ist es: Du liest deine Rede ab. Das ist sicher, zuverlässig, auch erfreut es jedermann, wenn der lesende Redner nach jedem viertel Satz misstrauisch hochblickt, ob auch noch alle da sind. [...] Sprich nie unter anderthalb Stunden, sonst lohnt es gar nicht erst anzufangen. Wenn einer spricht, müssen die anderen zuhören – das ist deine Gelegenheit! Missbrauche sie!"

Welche Ratschläge für einen guten Redner kannst du aus diesen „Tipps" erschließen?

Der Redner ohne Manuskript und Mikrofon

Der Redner der Antike war ja im Unterschied zum Redner der Neuzeit zu einem gewichtigen Teil und wohl zum gewichtigeren Teil ein richtiger Schauspieler: Er hatte seine sorgfältig vom ersten bis zum letzten Wort ausgefeilte, geschliffene Rede ohne jedes Manuskript, ja ohne jeden Spickzettel wie ein Schauspieler auswendig – und natürlich wortgetreu – vor dem Volk vorzutragen; er war auf der Rednerbühne nicht anders als der Schauspieler auf der Theaterbühne von der Scheitellinie bis zur Zehenspitze und wieder von der Zehenspitze bis zur Fingerspitze den kritischen Blicken der Zuschauer ausgesetzt und hatte so wie jener nicht nur mit seinem Mundwerk, sondern mit seinem ganzen Körper, mit Mimik und Gestik, förmlich zu agieren – Cicero hat dafür in seinen rhetorischen Schriften einmal das treffende Wort von der **eloquentia corporis**, 'der Beredsamkeit des Körpers' geprägt. Und schließlich und hauptsächlich: Der Redner erzielte alle seine Wirkungen wie der Schauspieler nicht durch den toten geschriebenen Buchstaben, sondern durch das lebendige gesprochene Wort.

(Klaus Bartels, Diese unsere Welt – Redner ohne Manuskript und Mikrofon. Von der verlorenen Mündlichkeit der antiken Rhetorik, Sendung des Bayerischen Rundfunks vom 2.3.1986)

Übersetzungstest

Die Bekehrung des Kerkermeisters

Aliquando Paulus apostolus[1] oppidum quoddam Macedoniae petiverat, ut ibi Deo summam laudem afferret. Ad cives versus: „Veremini“, inquit, „Deum meum et deorum vestrorum obliviscimini!“

Cives autem istis verbis superbis ita irati erant, ut eum in vincula conici iuberent.

Paulus magno metu coactus a Deo suppliciter petivit, ut auxilium sibi afferret. Postridie mire evenit, ut calamitas ingens carcerem[2] deleret et portas aperiret. Statim custos carceris – Paulum effugisse ratus – se interficere voluit. Paulus autem virum hortatus est: „Cave, ne putes me effugisse! In carcere manere malebam quam tibi perniciem afferre.“

Quod cum custos cognovisset, aperte confessus est: „Vis Dei tui mihi persuasit. In Deum tuum semper credam. Deum tuum semper sequar. Omnibus civibus hanc rem miram referam et te in domum meam recipiam.“

[1]apostolus: *vgl. Fw.*

[2]carcer, carceris *m Kerker, Gefängnis*

a Füge die folgenden Formen von Deponentien sinnvoll in die Sätze ein:
loquaris – fatetur – queri – loquens

1. Stultum est ? de rebus adversis, ubi culpa est tua.
2. Iudex est lex ? .
3. De inimico non ? male, sed cogites.
4. ? scelus is, qui iudicium fugit.

b Bilde die Tempusreihe zu: obliviscor – arbitramur – ingreditur

c Konjugiere im Indikativ Präsens und Futur:
1. loquor et hortor 2. confiteor et imitor 3. proficiscor et sequor

d Bestimme die Verbformen und übersetze:
in regione pulchra versati sumus – cur irasceris? – ut ego arbitror – homines falsa arbitrantes – orator senatores hortatus – amicas sequemur – iniurias non patiar

e Das ist doch klar!
Mache die folgenden Sätze von constat abhängig und übersetze sie:
1. Multi homines vitia sua queruntur. 2. Antiquis temporibus philosophi a Graecia Romam proficiscebantur. 3. Mulieres, viri, iuvenes, senes templa ingressi sunt.

f Ersetze die Partizipien durch einen lateinischen Relativsatz und übersetze.
Beispiel: cives in re publica versantes → cives, qui in re publica versantur ...
1. filius matrem diligens 2. liberi parentes verentes 3. iudex sceleratum hortatus 4. puellae a magistro monitae

Lucas Cranach d.Ä.: Der Apostel Paulus. 16. Jh. Paris, Musée du Louvre. Nach der Überlieferung wurde Paulus in Rom durch das Schwert hingerichtet – die Kreuzigung blieb ihm, aufgrund seines römischen Bürgerrechts, erspart. Auf vielen Darstellungen des Apostels findet sich deshalb ein Schwert als Hinweis auf seinen Märtyrertod.

g Ersetze die Formen von **monere** durch **hortari** und die von **decedere** durch **proficisci**.
1. moneo – moneant – monebat – monebunt – monete! – monerent – monuisti – monuerant
2. decederemus – decedit – decesseratis – decedens – decessissem – decede! – decedent – ne decesseris!

h Übersetze: 1. Parentes **arbitrati** liberos non satis discere saepe eos ad studendum hortantur. 2. Liberi **veriti**, ne nullum tempus ludendi habeant, verba parentum neglegunt. 3. Magister **ratus** liberos omnia bene didicisse res novas explicat.

i Ergänze jeweils den richtigen Kasus und übersetze: 1. Utamur recte (tempus nostrum)! 2. Numquam (hoc beneficium) obliviscar. 3. Sequimini (bona consilia)! 4. Alexander (labores) itineris questus non est.

j Übersetze und sortiere folgende Verben in zwei Spalten. Wenn du die vorgegebene Reihenfolge beibehältst, ergeben sich aus den Anfangsbuchstaben beider Reihen zwei Lösungswörter, die eine berühmte Stadt beschreiben.
reris – aperiuntur – ereptus es – oblitus es – miramur – traderis – efficitur – referri – negleguntur – arbitrantur – aucti sunt

k Fehlerdiagnose in Partnerarbeit
Schüler A wählt die richtige Übersetzung aus und Schüler B erklärt den oder die Fehler in den beiden anderen Übersetzungen. Bei Satz 2 werden die Rollen getauscht.

1. **Arbitror eloquentiam sine sapientia plurimum mali afferre, nihil umquam boni.**

1.1 Ich glaube, dass rhetorische Fähigkeiten ohne Bildung sehr viel Schlechtes, niemals etwas Gutes bringen.
1.2 Ich glaube, dass rhetorische Fähigkeiten ohne Bildung ein sehr großes Übel sind, niemals etwas Gutes bringen.
1.3 Ich glaube, dass rhetorische Fähigkeiten ohne Bildung sehr viel Schlechtes und nicht irgendein Gut bringen.

2. **Quibus verbis dictis orator arti libros recte legendi se dedit.**

2.1 Mit diesen gesagten Worten widmete sich der Redner der richtigen Kunst, die Bücher zu lesen.
2.2 Nach diesen Worten widmete sich der Redner der Kunst, Bücher richtig zu lesen.
2.3 Nach diesen Worten widmete sich der Redner mit Kunst der richtigen Lektüre seiner Bücher.

Schule, Schüler, Lehrer

Schüler mit geöffneter Buchrolle. Römisches Relief aus dem 2./3. Jh. n. Chr. Trier, Rheinisches Landesmuseum.

Felix Guten Morgen! Du siehst ja nicht gerade begeistert aus.

✧ *Du weißt doch, das frühe Aufstehen macht mir zu schaffen. Um 6.30 Uhr musste ich aus den Federn – da ist ja noch Nacht!*

Felix Ein Glück, dass wir nicht im alten Rom zur Schule gehen mussten. Denn da hätte unser Unterricht bereits vor Sonnenaufgang begonnen, und damals hatten die Kinder und Jugendlichen den ganzen Tag, also bis zum späten Nachmittag, Schule. Da war der **ludus** wirklich kein „Spiel" – wenn ihr wisst, was ich meine.

✧ *Das klingt ja nicht sehr erhebend. Aber hatten die Kinder damals wenigstens nette Lehrer? Unsere Pauker sind ja meistens ganz in Ordnung.*

Felix Na ja, von den römischen Lehrern hört man nicht viel Gutes. Der Unterricht war damals wohl ziemlich langweilig und öde; die Schüler hatten sehr viel auswendig zu lernen. Außerdem müssen die meisten Lehrer echte Schreihälse gewesen sein und offenbar haben sie ihre Schüler auch regelmäßig geschlagen, vor allem mit dem Stock. Besonders schmerzhaft waren dabei Schläge auf die Finger oder auf den blanken H...

✧ *Das ist ja die Höhe! Also, wenn ich Kinder hätte und so ein Typ würde meine Tochter oder meinen Sohn derart gemein behandeln, würde ich schnurstracks zum Direktor gehen. Ich würde dafür sorgen, dass der Lehrer entlassen wird. Der würde was erleben!*

Blick in eine mittelalterliche Schulstube: Der **magister** *erklärt und interpretiert einen Text. Die aufmerksamen Schüler notieren seine Bemerkungen in ihre Exemplare. Nicht viel anders muss man sich den Unterricht im alten Rom vorstellen. Buchmalerei aus dem 15. Jh. Prag, Nationalbibliothek.*

FELIX Aber gerade da liegt ja das Problem. Damals gab es keine Schulpflicht, also gab es auch keine Schulen und Lehrer, die vom Staat bezahlt wurden. Die Eltern mussten selbst für ihre Kinder das Schulgeld bezahlen. Und die Lehrer betrieben ihren Unterricht wie ein Geschäft. Sie mieteten einen Raum und boten dort ihre „Ware" an, häufig in einer **taberna** an einer der belebten Geschäftsstraßen. Die Passanten strömten an den weit geöffneten Türen und Fenstern vorbei und konnten, wenn sie wollten, beobachten, was im „Klassenzimmer" vor sich ging. Oft kam es sogar vor, dass eine Klasse mitten auf dem Bürgersteig, im Freien, unterrichtet wurde. Da war es dann mit dem konzentrierten Lernen schnell vorbei, wie ihr euch vorstellen könnt.

✧ *Das sind zwar keine sonderlich guten Bedingungen, aber das rechtfertigt doch noch lange nicht, Kinder zu schlagen, nur weil sie etwas nicht wissen!*

FELIX Da hast du Recht. Du musst dich aber auch in die Situation eines römischen Lehrers versetzen. Für den Unterricht konnte er nur sehr wenig verlangen, weil die Eltern sonst zur billigeren Konkurrenz gegangen wären. Außerdem war die Zahlungsmoral der römischen Eltern sehr schlecht. Der Lehrer musste also seinem geringen Einkommen häufig auch noch hinterherrennen. Deshalb waren viele Lehrer frustriert – was dann wiederum die Kinder ausbaden mussten. Und die Eltern fanden die Prügeleien offenbar nicht so schlimm …
Außerdem hatten die Lehrer in der Bevölkerung ein sehr geringes Ansehen, ihr Beruf galt als einer der niedrigsten.

✧ *Gab es keine Lehrer, deren Tätigkeit höher geachtet wurde?*

FELIX Das hing von der jeweiligen Schulart ab. Die meisten römischen Kinder gingen, wenn es sich ihre Eltern überhaupt leisten konnten, nur vier Jahre zur Schule, das heißt mit elf Jahren war Schluss. Da hatten sie gerade einmal einigermaßen Lesen, Schreiben und ein wenig Rechnen gelernt. Das musste reichen – dann begann das Berufsleben. Die Lehrer dieser „Grundschulen" waren also die, denen es nicht gutging. Bessergestellt waren dagegen diejenigen, die an höheren Schulen unterrichteten, vergleichbar mit dem heutigen Gymnasium oder der Universität.

✧ *Ich sehe schon, Schule war damals kein sonderlich schönes Erlebnis. Aber kommt jetzt, wir müssen uns beeilen und zusehen, dass wir nicht zu spät kommen!*

Sog. „Togatus Barberini". Ein römischer Patrizier mit zwei Ahnenbildnissen. 1. Jh. n. Chr. Rom, Musei Capitolini.

Früher war alles besser

Der römische Redner Messalla beklagt, dass Bildung und Erziehung junger Menschen in der Kaiserzeit immer schlechter würden. Dabei benennt er verschiedene Ursachen.

L

Quis non fatetur disciplinam atque humanitatem a vetere gloria discessisse? Cuius rei has causas inveni: desidiam[1] iuventutis, neglegentiam[2] parentum, inscientiam[3] magistrorum. Haec mala – primum in urbe orta – brevi tempore per Italiam fusa sunt; nunc etiam in provincias progrediuntur.

De huius temporis vitiis mox plura loquar; antea autem vobis concedentibus referam, quantam diligentiam maiores nostri in educando praestiterint.

Antiquis temporibus, cum filius natus erat, non in cella nutricis[4] emptae, sed in gremio matris educabatur. Hinc infans[5] propinquae committebatur, quacum per omnem diem morabatur. Ita puero neque erat facultas dicendi, quod erat turpe, neque faciendi, quod honestum non videbatur.

At temporibus nostris infans mandatur alicui ancillae Graecae, cui adiungitur servus plerumque improbus. Nec quisquam puerum impellit ad recte se gerendum, quoniam omnia permittuntur. Quid vero liberi moribus corruptis postea facient? Quae vitia parentibus ignaris imitabuntur? Equidem suspicor adulescentes vitia occulta et nocturna, quae nominare me pudet, cognoscere velle. Opinor eos nullam occasionem vitium cognoscendi omittere.

His rebus evenientibus ne magistri quidem adversus resistunt. Qui disciplinam quoque parum docent. Itaque iuvenes ad istam inscientiam desidiamque deducuntur.

[1] dēsidia *Faulheit*
[2] neglegentia: *Subst. zu* neglegere
[3] īn-scientia *Unkenntnis*
[4] nūtrīx, nūtrīcis *f Amme*
[5] īnfāns, īnfantis *Säugling, Baby*

Ü

a 1. Fasse schriftlich in wenigen Sätzen die in **L** geäußerten Ansichten zusammen. 2. Klagen über die Jugend hört man auch heute. Was könnte Messalla heutzutage an Eltern, Lehrern und Jugendlichen kritisieren?

b In der Pädagogik unterscheidet man heute den autoritären, den demokratischen und den permissiven Erziehungsstil. Informiert euch über diese Erziehungsstile. Begründet aus **L**, welchen Messalla ablehnen und welchen er befürworten würde.

c Übersetze:
modus vivendi – spes fugiendi – hac oratione habita – libros recte legendo – bello confecto – in discendo versari – de bene vivendo dicere – nullo resistente – parentibus invitis – paratus ad pugnandum – occasio gratias agendi – consilium Italiam relinquendi – his rebus cognitis – memoriam discendo exercere

Manifestation altrömischer ***virtus:*** *der Porträtkopf eines Patriziers aus republikanischer Zeit.*

d Muss man immer rückwärtsblicken?

Multi homines arbitrantur praeterita solum tempora bona fuisse. At futura verentur. Imprimis scriptores Romanorum tempus praeteritum mirabantur. Qui exemplis virorum clarorum usi cives suos impulerunt, ut mores maiorum imitarentur. Rati enim sunt cives – virtute maiorum cognita – id studere, ut eadem virtute essent. Num omnibus voluntas imitandi inest? Nonne cogitando et agendo nova et bona invenire possumus?

e Bilde zu den angegebenen Formen des Präsensstammes die entsprechenden Formen des Perfektstammes und umgekehrt:
egreditur – mirabantur – oblitae eratis – pollicemur – profectus sum – queritur – ratus eram – sequantur – tueris – videor

f Auf welche Deponentien sind die folgenden Fremdwörter zurückzuführen? *Konfession – Experte – aggressiv – Patient – Hortativ – Nation – arbiträr – Intuition – konsequent*

g Eltern über ihre Kinder

Bei der Abendeinladung eines Neureichen unterhalten sich ehemalige Sklaven, die es nach ihrer Freilassung zu etwas gebracht haben. Dabei spricht Echion, ein Fabrikant von Löschpumpen, den ebenfalls eingeladenen Lehrer Agamemnon an – nicht ohne einen Hintergedanken!

Videris mihi, Agamemnon, dicere: „Quid iste stultus argutat[1]?" Nam tu, qui potes loquere, non loquis. Tu rides verba virorum simplicorum. Sed aliqua die tibi persuadeam, ut ad villam meam venias. Inveniemus, quod cenabimus. Et iam tibi discipulus[2] crescit – cicaro[3] meus. Cum enim tempus illi est, caput de tabula non tollit. Iam numeros dividit et libentissime pingit[4]. Ceterum linguam Latinam coepit non male appetere, etsi magister eius non vult laborare et plus docet quam scit. Emi ergo nunc puero aliquae libra, quia volo illum ad domusionem[5] aliquid de iure gustare[6]. Habet haec res panem[7], nam litteris satis inquinatus[8] est.

[1] argūtāre *schwätzen*
[2] discipulus *Schüler*
[3] cicarō *Lausebengel*
[4] pingere *malen*
[5] domūsiō, -ōnis *Hausgebrauch*
[6] gustāre *mitbekommen*
[7] pānis *Brot*
[8] inquinātus *bekleckert*

1. Übersetze den Text. 2. Finde heraus, an welchen Stellen Echion, dessen Muttersprache wohl nicht das Lateinische ist, selbst sprachliche Fehler macht. 3. Stelle dar, welchen Bildungsstand Vater und Sohn aufweisen.

h Der vertrottelte Professor (scholasticus) – aus einer Witzesammlung:

1. Scholasticus somno se daturus, quia sibi pulvinus (Kopfkissen) non erat, servum iussit vas in lectum ponere. Qui cum respondisset vas durum esse, ille rogavit, ut vas pennis compleretur.
2. Scholasticus filium suum sepeliverat (sepelīre begraben). Cum magistro eius occurreret, dixit: „Da mihi veniam, quod filius in ludum non iit: Mortuus enim est."

Schulstrafe im Mittelalter. Flugblatt von A. Dürer. Ein Magister im pelzbesetzten Talar maßregelt seine Schüler.

E

1. Quicumque puer diligenter verba discit, laude dignus est.
   Quicumque (quisquis) diligenter discit, laude dignus est.
2. Puer: „Paene verba discere oblitus sum. Sed amicus me monuit. Amico gratias agere debui. At gratias agere oblitus sum."

L

Benimmkurs in der Schule

Im folgenden Dialog zeigt Erasmus von Rotterdam, wie zu seiner Zeit der „Anstandsunterricht" ablief:

PAEDAGOGUS – DISCIPULUS

P: Te non in aula[1], sed in caula[2] natum esse et auribus accipio et oculis cerno; adeo moribus es rusticis! Hominis docti multum refert non solum magna humanitate esse, sed etiam mores commodos colere. Quo celerius eos coles, eo magis[3] laudaberis. Audi modo, quod tibi praecipiam: Quotiens sermonem habes cum aliquo, cui debes honorem, te surgere et in loco consistere oportet. Aperias caput[4]! Os sit nec triste nec protervum[5], sed iucundum. Oculos vertas in eum, quocum sermonem habes. Praeterea salutes, quamcumque dominam tibi notam vides. Ne tua sponte multa et levia dixeris; sed primo tecum deliberes, tum respondeas paucis verbis adiciens semper cognomentum[6]! Postremo genu[7] flectas, cum respondisti. Si praeceptorum meorum memor eris, te laudabit, quisquis te viderit. Multa alia narrare possum, sed nunc age, exemplum aliquod nobis praebe! Quantum temporis afuisti a parentum domo?

D: Iam sex fere menses.

P: Te respicere oportuit ea, quae tibi praecepi. Adde „domine"!

D: Iam sex fere menses, domine.

P: Cupisne eos visere?

D: Cupio, domine, te concedente.

P: Iterum peccavisti: Etiam genu flectere debuisti. Sed satis est – nunc disciplinae paene oblitus sum. Hodie non auctores antiquos legemus, sed numeros litteris praeferemus. Tempus igitur est numeros addendi[8], multiplicandi, dividendi.

[1]aula *Fürstenhof*
[2]caula *Schafstall*
[3]magis *mehr*
[4]caput aperīre *die Mütze abnehmen*
[5]protervus, a, um *frech*
[6]cognōmentum *Titel*
[7]genū, -ūs *n* *Knie*
[8]addere, multiplicāre: *vgl. Fw.*

Ü

a Stelle aus **L** (Z. 1–13) Wörter und Wortverbindungen zusammen, die – aus der Sicht des paedagogus – den Anstand ausdrücken und positive Werte darstellen.

b Diskutiert, ausgehend von den Ausführungen des Lehrers in **L** (Z. 6-13), Merkmale guten Benehmens und gestaltet ein Plakat „Tipps für gutes Benehmen".

c Übersetze die folgenden Sentenzen:
1. Quidquid agis, prudenter (klug) agas et respice finem.
2. Quemcumque quaerit calamitas, facile invenit.
3. Quidquid natum est, aliquando perire debet.
4. Quodcumque a duce imperatum erit, milites facient.

d Übersetze:
1. Potui multa narrare, sed tacui. 2. Longum est omnes philosophos Graecos nominare. 3. Quis autem hanc sententiam nescit: „Si tacuisses, philosophus mansisses."? 4. Iam pridem (schon längst) vos quoque philosophiae studere oportuit.

e Neues vom vertrottelten Professor (scholasticus)
1. Scholasticum iter parantem quidam rogavit: „Quaeso, emas mihi duos servos quindecim annorum." Ille respondit: „Nisi eos invenero, tibi unum servum triginta annorum emam."
2. Scholasticus viro cuidam in via occurrens dixit: „Audivi te mortuum esse." Is respondit: „At adhuc, ut vides, vivus sum." Tum scholasticus: „Sed is, qui mihi hoc narravit, fide dignior est quam tu."

f Eltern über ihre Kinder: Vom späteren Kaiser Claudius
Der römische Schriftsteller Sueton berichtet in seiner Biographie über den römischen Kaiser Claudius auch von dessen Kindheit. Niemand in der Kaiserfamilie hätte damals gedacht, dass aus dem schwächlichen Jungen ein bedeutender Herrscher werden würde ...

Puer autem et adulescens per omne fere tempus variis morbis adeo vexatus est, ut ad nullum munus idoneus putaretur. Diu sub paedagogo fuit. Claudius ipse queritur istum hominem consulto[1] magistrum suum factum esse, ut se quibuscumque de causis quam saevissime puniret.
Mater Antonia eum „portentum[2]" saepe dicebat nec „perfectum a natura, sed inceptum tantum"; si quem propter socordiam[3] reprehendit, eum esse „stultiorem filio suo Claudio" dixit.

[1]cōnsultō *Adv.* *absichtlich*

[2]portentum *Missgeburt*

[3]socordia *geistige Trägheit*

Erasmus von Rotterdam

Erasmus von Rotterdam (1466–1536) war einer der bedeutendsten Vertreter des sog. Humanismus, einer geistigen Bewegung, die entsprechend dem antiken Ideal der **humanitas** eine umfassende Bildung und eine menschenwürdige Lebensgestaltung erstrebte. In dieser Zeit hatten neben den Universitäten besonders die sog. Lateinschulen entscheidende Bedeutung für die Bildung. Schüler und Studenten erfuhren Latein als lebendige Sprache, die sie verstehen und sprechen (!) mussten.

Hans Holbein d.J.: Bildnis des Erasmus im Rund. 1530/32. Basel, Kunstmuseum.

Ambrosius Holbein: Bildnis eines Jungen. Die kleine mit Silberstift, Rötel und weißer Kreide angefertigte Zeichnung ist Anfang des 16. Jh.s entstanden – in der gleichen Zeit wie der lateinische Text dieser Lektion.

1. Nemo contendat (contenderit) discipulos ludum semper laetos intrare.
   Quis non credat (crediderit) etiam Erasmi discipulos libenter e ludo exisse?
2. Saepe discipuli deliberant: „Quid fingamus, ut magistrum effugiamus?“

Wir wollen schulfrei!

NICOLAUS – HIERONYMUS – COCLES – PAEDAGOGUS

N: Iam diu et animus et caelum nos vocant ad ludendum.

H: Mirum est, ni magister hoc vetat.

C: Quid igitur faciamus? Incertus sum, quomodo magistro persuadere possimus.

N: Emittamus aliquem legatum. Qui magistrum requirat!

H: Vix quisquam ei persuadeat, ut nobis ludere permittat; nam potius clavam[1] eripias e manu Herculis quam ab illo ludendi licentiam[2]. Se quoque aliquando puerum fuisse oblitus est.

C: Tamen libenti animo hanc legationem suscipiam. Dulcibus verbis precando perficere conabor, ut nos dimittat.

Cocles magistrum adit.

C: Salve, magister optime!

P: Quid vult nugamentum hominis[3]? Quid moliatur? Quid spectet?

C: Nos omnes supplices te obsecramus, ut nobis permittas foris ludere.

P: Vos semper cupidi estis ludendi. Quaecumque dicitis, ad ludos pertinent.

C: Cras[4] vehementer operam dabimus studendo.

P: Haud scio, an me decipere velitis. Quis vestrum promittat hoc certe futurum esse?

C: Ego periculo vitae meae hoc promittere non dubito.

P: Immo culi[5] periculo potius! – Sed audi, quod constitui: Exeant pueri e schola ludendi causa. *Cocles sine mora redit, ut nuntium deferat.*

C: Bene locutus licentiam magistri consecutus sum. Sed non multum afuit, quin me pelleret.

H: Praedicamus ingenium tuum. Nemo dubitet, quin tu sis alter Cicero! Sed dic, quid magister exegerit a nobis?

C: Cras summo studio eum delectare debemus.

[1] clāva *Keule*
[2] licentia *hier: Erlaubnis*
[3] nūgāmentum hominis *Nichtsnutz*
[4] crās *Adv. morgen*
[5] cūlus *Hintern*

Ü

a Versucht, die Szene sinngerecht vorzutragen.
Wer wagt eine szenische Umsetzung?

[1]dē *hier:* *mit*

b Übersetze:

1. Quis hoc credat? 2. Nihil magis laudaverim quam sapientiam. 3. Vix quisquam putet vos e patria abituros esse. 4. Iniuriam facilius facias quam feras. 5. Quid aliud dicam? 6. Quid tibi respondeam?

c Stelle die richtige Zuordnung her:

Jussiv	Hoc faciamus!	Er dürfte/könnte ...
Hortativ	Quid faciam?	Hoffentlich ...!
Potentialis	(Utinam) maneat!	Was soll ...?
Deliberativ	Hoc faciat!	Wenn er doch ...!
Optativ (erfüllbar)	Hoc faciat/fecerit.	Er soll ...!
Optativ (unerfüllbar)	Utinam maneret!	Lasst uns ...!

d Übersetze und bestimme jeweils die Bedeutung des Konjunktivs:

1. Ne praeterieritis occasionem linguam Latinam discendi! 2. Inveniamus locum ad ludum idoneum! 3. Utinam puella vocabula (!) didicisset! 4. Vix quisquam putet vos hunc librum lecturos esse. 5. Taceat! 6. Ignoscas aliis multa, nihil tibi! 7. Qui dedit beneficium, taceat; narret, qui accepit!

e Aus Marcos Tagebuch

Weil Marcos Vater ein Stellenangebot in Deutschland angenommen hatte, ist die italienische Familie nach München gezogen. Nach mehreren Jahren kehrt die Familie zurück nach Rom. Marco schreibt seine Gedanken hierzu in seiner „Geheimschrift" Latein im diārium (Tagebuch) nieder:

Heri (gestern) Romam venimus. Ibi in villa avi habitamus, qui saluti nostrae providens deliberat, quomodo vitam iucundiorem facere possit. Tamen condicionem meam queror: Quis patriam mihi tam alienam nunc esse credat? Utinam pater Germaniam ne reliquisset! Horarum numquam obliviscar, quibus una cum familiaribus pediludio (pedilūdium Fußballspiel) delectatus sum. Vellem ad eos redirem! Nemo enim dubitaverit, quin patria vera ibi sit, ubi amicos habemus. Sed quid faciam? Parentes sequi debeo.

Nuper pater me hortatus est: „Utinam animo bono sis! Ne timueris futura! Spero te Romae facillime amicos novos inventurum esse." Velim pater vere locutus sit! Nam sine amicis perirem!

f Neues vom vertrottelten Professor (scholasticus)

1. Alter e geminis (geminī Zwillinge) decesserat. Scholasticus, cum alterum, qui adhuc vivebat, conveniret, ex eo quaesivit: „Dic mihi: Tune es mortuus – aut frater tuus?"

2. Scholasticus audivit corvos (corvus Rabe) ducentos annos vivere posse. Ergo sine ulla mora corvum emit eumque aluit, ut hanc rem probaret.

Quintilian. Holzschnitt aus der „Nürnberger Chronik" von Hartmann Schedel. 15. Jh.

E

1. Cocles consilium init legationem suscipiendi. / legationis suscipiendae.
2. Legationem suscipiendo / Legatione suscipienda Cocles ceteris discipulis adest.
3. Cocles legationis perficiendae causa magistrum adit.
4. Nam Cocles idoneus ad legationem perficiendam est.
5. In legatione perficienda bene loquitur.

Die Schule besuchen – sinnvoll oder nicht?

Schon der berühmte Redner Quintilian hatte in seinem Werk gefordert, Kinder in einer Schule gemeinsam unterrichten zu lassen und nicht einzeln bei privaten Lehrern zu Hause. Wir hören mit, wie drei **viri docti** auf dem Forum über dieses Thema diskutieren:

L

ARISTIDES PAEDAGOGUS: Rectum verumque Quintilianus in libro suo memorat: Aetate puerili[1] homines plurimum memoriae mandant. Itaque liberi tum, cum sunt idonei ad discendum, in scholam mittantur. Adeant unum ex his magistris, qui in foro operam dant, ut liberos instruant. Quos magistros maxime idoneos puto ad liberos instruendos.

MARCUS CLAUDIUS SENATOR: Equidem istud minime concedo. Liberos potius intra muros privatos institui volo. Magister enim, qui multos discipulos educat, in docendo parum potest singulis consulere. Praeterea timeo, ne in turba discentium mores puerorum vitiis imitandis paulatim corrumpantur. Certum est etiam maiores nostros pariter filios ac filias domi educavisse.

QUINTUS CURTIUS ORATOR: Sed domi quoque mores corrumpi manifestum est. Interdum magister ille domesticus[2] mala exempla praebendo liberis nocet; neque servorum improborum facinora liberis educandis prosunt.

ARISTIDES PAEDAGOGUS: Nunc vero amplius explicabo, cur Quintilianus liberos in scholam mitti velit: Pueri non solum humanitatis augendae causa in scholam veniant, sed etiam ad sensum communem[3] discendum et ad firmas amicitias coniungendas. Adde, quod aemulatio[4] animos accendit, ut ceteris cum discipulis se ipsos conferant. Cum puer prorsus turpe ducat ab altero superari, ad hanc ignominiam[5] vitandam studium quoque discendi augebit. Nam liberi magis bona fama quam verbis magistri aut parentum impelluntur.

[1] puerīlis, e *kindlich*
[2] domesticus, a, um *häuslich, Haus-*
[3] sēnsus commūnis *Gemeinschaftssinn*
[4] aemulātiō, -ōnis *f* *Rivalität, Konkurrenz*
[5] īgnōminia *Schande*

Ü

a Stellt aus **L** die Argumente zusammen, die für und die gegen den Unterricht in der Schule sprechen. Überlegt weitere Argumente und diskutiert das Thema in der Klasse.

b Recherchiert auf den Internetseiten von Privatschulen, welche Vorteile diese für sich in Anspruch nehmen. Diskutiert die Ergebnisse.

c Verwandle Gerundium in Gerundivum und umgekehrt.
iniuriis accipiendis – mala exempla praebendo – hostibus aggrediendis – cupidus carmen audiendi – occasio amicae videndae – exemplo statuendo

d Übersetze:
1. in ludis spectandis 2. ad labores ferendos educare 3. locus ad castra collocanda idoneus 4. in puella instruenda tempus consumere 5. filii educandi causa

e Gerundium oder Gerundivum?
1. occasio ludos spectandi 2. modus vivendi 3. ad oppidum oppugnandum 4. cupidus audiendi 5. de gloria paranda dicere 6. hostes aggrediendo sociis auxilio venire 7. in libris legendis 8. spes amicam videndi 9. de amicis eligendis deliberare 10. ad bona utenda

f Übersetze folgende **nd**-Formen treffend als Adjektive:

1. discipuli laudandi	2. liber legendus
3. puella amanda	4. ludi spectandi
5. exemplum imitandum	6. fortuna querenda
7. iniuria non ferenda	8. res deliberanda
9. fabula narranda	10. virtus miranda

g Unterscheide und bestimme:
1. morituri – monendi – monentis – monitis
2. amici diligendi – amici diligentis – amico diligenti – amici dilecti
3. studium discendi – studium discentis – studendo discimus

h Benenne die jeweilige Konstruktion und gib die Sinnrichtung an, die in allen Beispielsätzen zum Ausdruck gebracht wird.

Comes	auxilium laturus	venit.
	ut auxilium ferret	
	ad auxilium ferendum	
	auxilio	

i Neues vom vertrottelten Professor (scholasticus)
1. Scholasticum, qui ad nationes exteras iter fecerat, familiaris epistulā rogavit, ut sibi quosdam libros emeret. Qui autem precis oblitus postquam domum rediit, familiari occurrit et: „Epistulam“, inquit, „quam mihi de libris emendis scripseras, non accepi.“
2. Vir quidam scholastico occurrit et: „Servus“, inquit, „quem mihi vendideras, de vita decessit.“ Scholasticus: „Hoc mirum est. Dum apud me erat, nihil eiusmodi faciebat.“

Ein Lehrer – mit griechischer Barttracht – erteilt Unterricht in einem reichen Privathaus. Römisches Relief. 2. Jh. n. Chr. Trier, Rheinisches Landesmuseum.

E

1. Parentes Romae quoque liberos instituendos magistro mandabant.
2. Liberi bene instituendi sunt.
   Liberi magistris bene instituendi sunt.
3. Magistris studendum est, ut liberi bene instituantur.
4. Liberis bene consulendum est.
   A magistro liberis bene consulendum est.
5. Discipuli non verbis acribus reprehendendi sunt; interdum autem ad diligentiam hortandi sunt.

Ideale Schüler – ideale Lehrer – ideale Eltern

Quintilian führt aus, was er von Schülern, Lehrern und Eltern erwartet.

L

Praeceptor docendi peritus primo ingenia perspiciat eorum, qui ei educandi sunt. Diligens sit in cogitando, quemadmodum cuiusque animus tractandus[1] sit: Alii saepe hortandi sunt, alii imperiis magistrorum parentumve resistunt; metus magistri alios continet, alios rumpit. Quot liberi, tot sunt ingenia diversa. Est autem optandum, ut discipuli laude excitentur neve in rebus inanibus occupati sint.
Magister ipse nec ea, quae ei corrigenda sunt, neglegat nec in reprehendendis discipulorum dictis factisque iniquus sit! Libenter respondeat liberis interrogantibus, non interrogantes ultro evocet[2]! Etiam hoc praeceptori videndum est, ut eodem die res diversas discipulis offerat. Varietas enim ipsa animos recreat. Contra difficile est in uno labore versari.
Parentibus quidem magna adhibenda est cura, ut liberi magistro idoneo instituendi tradantur; a praeceptore enim non solum rationi, sed etiam moribus discipulorum consulendum est.
Discipuli vero monendi sunt, ut praeceptores pariter diligant ac ipsa studia. Supra magistros imitandos sibi sumant. Intellegant docentium dicta sibi usque respicienda esse. Postremo sine ullo gemitu officium praestent nec sub specie laborandi nihil agant.

[1] tractāre *behandeln*

[2] ēvocāre *heraus-, aufrufen*

Ü

a Welche Anforderungen stellt Quintilian an einen guten Lehrer und was erwartet er von den Schülern? Überlege, ob aus deiner Sicht wichtige Gesichtspunkte ergänzt werden sollten.

Gerundivum: prädikatives Gerundiv – Dativus auctoris

b Übersetze:
1. Hoc vobis agendum est. 2. Hoc neglegendum non fuit. 3. Ira philosopho deponenda est. 4. Iniuriae ferendae non sunt. 5. Omnibus leges servandae sunt. 6. Hostibus parcendum est. 7. Rei publicae consulendum est. 8. Divitias sibi custodiendas esse custos dicit. 9. Mihi occasionem hoc conficiendi omittendam esse non puto.

*Die Personifikation der **Grammatica** fragt mit dem Zeigestock (**baculus**) in der Hand ihre Lateinschüler ab. Illustration aus dem 10. Jh. (Paris, Bibliothèque Nationale).*
Im Mittelalter war die lateinische Sprache die Grundlage aller Bildung: Lesen und Schreiben lernte man in der Schule an einfachen lateinischen Texten, vor allem Bibeltexten. Die Nationalsprachen waren noch nicht Gegenstand schulischer Bildung.

c Setze die passende nd-Form ein und übersetze:
legendum – educandos – regendam – faciendum
1. Nonnulli Romani filios servis Graecis **?** tradiderunt.
2. Librum amico **?** mitto. 3. Imperator pontem in flumine **?** curavit. 4. Cives rem publicam consulibus **?** commiserunt.

d So dachten die alten Römer!
1. Nemo ante mortem beatus dicendus est. 2. Multitudo non est sequenda. 3. Der Dichter Juvenal meint, es gebe nur einen vernünftigen Wunsch an die Götter: Orandum est, ut sit mens sana (sānus gesund) in corpore sano. 4. Cato d. Ä. forderte immer wieder Folgendes: Ceterum censeo Carthaginem esse delendam! 5. Pacta (Verträge) sunt servanda.

e Aus einer lateinischen Erstlesefibel
Im Mittelalter lernten Schüler das Lateinische auf ähnliche Weise wie du heute. Man begann mit einfachen Sätzen und lernte daran die Konjugationen und Deklinationen sowie die Syntax. Ein „Schulbuch" wurde dabei besonders gerne im Anfangsunterricht verwendet, nämlich die sog. „Dicta Catonis". Die große Beliebtheit dieses Buches kann man noch heute im Spanischen erkennen: Die Lesefibel der spanischen Erstklässler nennt man nach diesem Lateinbuch „Catón".

1. Einfache Hauptsätze
a) Parentes ama! b) Datum serva! c) Cum bonis ambula! d) Priusquam voceris, ne accesseris!
e) Saluta libenter! f) Magistratum metue!
g) Coniugem ama! h) Vino tempera! i) Pugna pro patria! j) Neminem riseris! k) Virtute utere!
l) Litteras disce!

2. Zweizeiler
a) Cum moneas aliquem nec se velit ille moneri,
   si tibi sit carus, noli desistere (a) coeptis.
b) Quod dare non possis, verbis promittere noli,
   ne sis ventosus (prahlerisch), dum vir bonus esse videris.
c) Multorum disce exemplo, quae facta sequaris,
   quae fugias: Vita est nobis aliena (= altera) magistra (!).

Dürfen Eltern wirklich alles?

Der Schriftsteller Aulus Gellius (2. Jh. n. Chr.) hat für seine Söhne unter dem Titel **Noctes Atticae** *eine Art Schulbuch verfasst, in dem sich Texte aus den verschiedensten Wissensgebieten finden.*

Iterum atque iterum quaeritur in philosophorum sermonibus, an iussis[1] parentum semper parendum sit. Ea de re Graeci nostrique, qui de officiis scripserunt, tradiderunt tres sententias esse, quae spectandae sint.
Earum una est: Omnia, quae parentes imperant, facienda sunt. Altera est: In quibusdam parendum est, in quibusdam non obsequendum[2]. Tertia est: Filio filiaeve nullo modo necessarium est parentibus parere.
Hanc tertiam sententiam, quoniam primo conspectu nimis turpis est, amplius explicabo: Aut recte imperant parentes aut perperam[3]. Si recte imperant, non quia imperant, parendum est, sed quoniam rectum est imperium. Si perperam imperant, nequaquam[4] obsequendum est, quod liberos falsa facere non oportet. Inde philosophi ita concludunt[5]: Numquam patri vel matri parendum est. Sed istam sententiam probari numquam accepi, cum sit argutiola[6]. Neque vero illa prima sententia vera et proba videri potest: Quid enim, si pater imperabit patriam prodere, matrem necare, si alia quaedam imperabit turpia aut impia? Quid facias? Media igitur sententia optima atque tutissima esse videtur.

[1]iussum *Befehl*
[2]obsequī *gehorchen*
[3]perperam *Adv. falsch*
[4]nēquāquam *Adv. keineswegs*
[5]conclūdere *logisch folgern*
[6]argūtiola *Spitzfindigkeit*

Familie im alten Rom – ein Lexikonartikel

Die römische Familie kam der modernen Vorstellung von der Größe einer F. sehr nahe: Sie bestand aus Mann, Frau und Kindern. Dabei dürfte die übliche Kinderzahl zwischen einem und drei gelegen haben. Der Gesetzgeber begünstigte in der Kaiserzeit zwar Dreikinder-F. durch Privilegien für beide Eltern, doch führte diese auf Augustus zurückgehende staatliche Regulierung in den meisten Fällen nicht zu dem erwünschten „Reproduktionsverhalten" – man praktizierte lieber Geburtenkontrolle durch Empfängnisverhütung und Abtreibung. Die Kern-F. blieb in der Regel unter sich. Groß-F., bei denen man mit erwachsenen Geschwistern oder mit (Groß-)Eltern unter einem Dach lebte, waren die Ausnahme. Spätestens mit der Hochzeit wurde [...] ein eigener Hausstand gegründet. [...] Auch die noch unverheirateten jungen Männer zogen etwa ab dem 18. Lebensjahr einen Junggesellen-Haushalt vor. Aber nur mit der Zustimmung des Vaters! Denn der hatte kraft der allumfassenden väterlichen Gewalt (**patria potestās**) theoretisch bis an sein Lebensende in allen Fragen die letzte Entscheidung. Das galt auch in finanzieller Hinsicht: Ohne eine freiwillige Unterhaltszahlung seitens des Vaters in Form eines

Goldglasporträt aus dem 4. Jh. n. Chr. Brescia, Museo Civico.

Darstellung eines Neugeborenen. Römisches Relief. 2. Jh. n. Chr. St-Germain-en-Laye, Musée des Antiquités.

● In welcher Hinsicht gleichen die antiken Verhältnisse den heutigen, in welcher nicht?

dem Sohn zur Verfügung gestellten Sondervermögens sah es mit der ersehnten (relativen) Selbständigkeit schlecht aus. [...]

Das Verhältnis der Ehepartner zueinander, das für das Klima in der **F.** grundlegend war, beruhte auf erheblich anderen Voraussetzungen als heute: Die römische Ehe war grundsätzlich eine auf nüchternen Vernunftüberlegungen beruhende, oft von den Vätern ausgehandelte Verbindung. Gerade in den gesellschaftlich führenden Kreisen war die „romantische" Liebesheirat die Ausnahme. Zweck einer Heirat war es vielmehr, legitime Nachkommen hervorzubringen, um auf diese Weise zum Fortbestand der **gens** beizutragen. Scheiterte das an der Unfruchtbarkeit der Frau, so war das nach altrömischer Auffassung ein gesellschaftlich akzeptierter Scheidungsgrund. Eine emotionale Basis mussten sich die Eheleute also erst im tagtäglichen Zusammenleben erarbeiten. Zu einer intensiveren erotisch-sexuellen Beziehung führte das häufig nicht; viele römische Männer glichen dieses Manko durch Konkubinate und regelmäßige Bordell-Besuche aus – und in der Kaiserzeit setzte sich auch manche Frau über das Norm-Ideal der **univira** (einer Frau, die nur einen einzigen Mann im Leben hat) nicht nur durch Wiederheirat, sondern auch durch außereheliche Liebesverhältnisse hinweg. [...]

Dass die **F.** als Stütze gesellschaftlicher Stabilität seit der späten Republik erhebliche Risse bekommen hatte, ist nicht zu übersehen. Die Zahl der Scheidungen war hoch; aber auch die Widerstände, überhaupt eine **F.** zu gründen, waren nicht gering. Zerstört wurden die Beziehungen innerhalb einer **F.** aber auch wesentlich öfter als in der modernen Welt durch die Unerbittlichkeit des Todes: Die Kindersterblichkeit war extrem hoch, und bei der relativ niedrigen Lebenserwartung ließ der Tod der Mutter oder des Vaters viel mehr Kinder und Jugendliche als Halb- oder Vollwaisen zurück.

(K.-W. Weeber, Alltag im Alten Rom, Zürich 1995, S. 85–89)

Ein Vater mit seiner kleinen Tochter an der Hand. Römischer Grabstein. 2. Jh. n. Chr. Metz, Musée d'Art et d'Histoire.

Übersetzungstest

Wir haben keine Lehrer!

Der Schriftsteller Plinius möchte lieber Lehrer in seiner Heimatstadt Como engagieren als die Kinder zur Ausbildung in eine entfernte Stadt schicken.

Nuper, cum in patria mea fui, venit ad me salutandum amici cuiusdam filius. Hunc ego rogo: „Studesne?" Respondit: „Sic est." – „Ubi?" – „Mediolani[1]." – „Cur non hic? Cur domo abisti?" Et pater, qui ipse puerum adduxerat: „Quia nullos hic praeceptores habemus. Quid faciam?" – „Quare nullos? Aequum est liberos vestros potius hic discere quam alibi[2]. Ubi enim aut iucundius viverent quam in patria aut melius educarentur quam sub oculis parentum aut minore sumptu quam domi? Melius est pecuniam colligere et praeceptores conducere. Quaecumque nunc in liberos instituendos alibi impenditis[3], adicite his praemiis, quae praeceptores exigunt! Ego certe, qui nondum liberos habeo, paratus sum pro patria nostra dare tertiam partem eius, quod vos collegeritis. Proinde diligenter deliberate id, quod vobis proposui. Cupio id quam plurimum fore, quod dare debeo. Nihil honestius liberis vestris praestetis, nihil gratius patriae. Quicumque hic nati sunt, hic magistris educandi tradantur. Utinam quam optimos praeceptores afferatis, ut mox multi liberi in nostrum oppidum contendant discendi causa."

[1] Mediōlānī *in Mailand*

[2] alibī *anderswo*

[3] impendere *bezahlen*

Schüler mit Schreibtafeln und Griffel auf dem Schulweg. Römisches Relief. 1. Jh. n. Chr. Saintes, Musée Archéologique.

a Welche vier Formen sind verallgemeinernde Relativpronomina? Übersetze die anderen Wortformen.
quidam – quicumque – quae – alicui – quisquis – cuique – quidem – quibus – cuiusdam – quo – quoque – quoniam – quorum – quondam – quoquo (modo) – quacumque

b Schadenfreude!
Welcher der folgenden Sätze enthält einen Irrealis, Imperativ, Prohibitiv, Potentialis, Deliberativ, Realis oder Optativ?
1. Desiste me ridere! 2. Paene cecidi, quia istud saxum non videram. 3. Utinam istud vidissem! 4. Sed quid faciam? Nunc pes dolet. 5. Iterum: Ne me riseris! 6. Tibi idem eveniat. 7. Tum ego item gauderem pedem tibi dolere!

c Ersetze **quam** mit Substantiv durch einen Ablativ des Vergleichs und übersetze:
1. Nihil utilius est quam sol. 2. Nihil celerius est quam fama. 3. Nihil est peius quam bellum civium. 4. Facta difficiliora sunt quam verba. 5. Certe nihil potest esse dulcius quam amor. 6. Deus nobis nihil melius dedit quam rationem et orationem. 7. Quem magis quam coniugem maritumve amemus atque diligamus?

Ein Vater fragt seinen Sohn die gelernte Lektion ab. Grabrelief eines römischen Knaben aus dem 3. Jh. n. Chr.

d Lesen bildet!

1. Pauci homines multum temporis in legendo consumunt. 2. Legite sententias philosophorum et memoria tenete eas, quas legistis! 3. Doleo, quod apud multos libri quidam neglecti iacent. 4. Ne dubitaveritis interdum librum utilem legere! 5. Constat nullum librum tam malum esse, ut non prosit.

e Verbinde je ein Substantiv aus 1. mit einem passenden Wort aus 2. zu einem sinnvollen Ablativus absolutus und übersetze.

1. magistro – porta – castris – Augusto – matre – his rebus – obsidibus – Cicerone – militibus – avo – familiari
2. iubente – occupatis – invita – imperatore – redditis – consule – vivo – conscriptis – nuntiatis – rediente – patente

f Übersetze. Bedenke dabei die verschiedenen Übersetzungsmöglichkeiten beim Komparativ und Superlativ (Elativ).

1. Quam celerrime cucurrerunt. 2. Bellum pessimum omnium est. 3. Oratio eius acrior est. 4. Asperrimis verbis me reprehendit. 5. Nunc nobis domus amplior est. 6. Antiquis temporibus Cicero non clarior auctor existimatus est Plinio. 7. Laude dignior es quam illa. 8. Hominibus convivia iucundiora sunt laboribus.

g Ein Brief in die römische Vergangenheit

Ein „Austauschschüler" aus dem alten Rom ist in einer modernen Schule zu Gast und schreibt einen Brief an seinen Freund.

Iam diu, ut mihi persuasum est, tibi epistulam mittere debebam; sed quaecumque hoc loco cognosco, tam mira sunt, ut vix credam, quod video. Numquam putavi posteris mores tam miros fore.
Quod ex his intellegi potest:
In ludo, in quo nunc versor, maxima turba discentium est. Quamvis istum ludum „gymnasium" nominent, paucas tantum horas corpora ibi exercentur. Saepe plus quam triginta discipuli in una classe (!) sedent et raro moventur. Longum est ostendere, quae illic discere debent.
Liberi maximis curribus in ludum trans-portantur neque quisquam servus tabulam et stilos[1] ferens sequitur. Immo magnae gravesque perae[2] ab iis portantur. Romae nemo nostrum eas ferre debet – nam apud nos servorum est liberis auxilio venire.
Ut magistri irascantur, quidam discipuli non solum clamant, sed etiam ineptiis[3] utuntur, quibus uti nobis ipsis numquam licuit. Magistri autem raro irasci videntur neque discipulos virgis[4] puniunt, sed interdum epistulam quandam eorum parentibus mittunt.
Multa alia tibi scribere possum, sed nunc tempus est cenandi. Tibi polliceor me aliam epistulam mox scripturum esse. Vale.

[1]stilus *Schreibgriffel*
[2]pēra *Schulranzen*
[3]ineptiae, -ārum *Streiche*
[4]virga *Rute*

h Die folgenden Substantive kannst du leicht erschließen (vgl. S. 144 f.):

1. aeternitas, familiaritas, necessitas, veritas, gravitas, felicitas
2. absentia, adulescentia, inimicitia, pueritia, duritia
3. altitudo, fortitudo, longitudo, pulchritudo
4. actor, cursor, emptor, lector, motor, rector

Von Büchern und Bibliotheken

„Samstagvormittag – ich stehe in einer Buchhandlung und lasse meinen Blick über das reichhaltige Angebot gleiten. Ich bin noch unentschlossen und weiß eigentlich noch gar nicht, was ich mir kaufen will. Im Grunde bin ich an so vielen Dingen interessiert: Kürzlich erzählte mir jemand von einem spannenden Fantasyroman, in dem es ziemlich mysteriös zugeht. Andererseits mag ich auch Problembücher über Freundschaft und so. Und in diesem Regal sehe ich wunderbare Bildbände, die sich mit meiner Lieblings-Automarke beschäftigen.
Ein Buch nach dem anderen nehme ich zur Hand, betrachte die Abbildungen und lese mal hier, mal da. Nein, das gefällt mir nicht. Und was die Bücher kosten! € 18,– sind mir dann doch zu teuer. Da gehe ich lieber in die Leihbücherei. Dort findet man auch immer etwas Aktuelles."
In einer ähnlichen Situation hat sich sicherlich bereits jeder einmal befunden. Wie aber kam man in der Antike und im Mittelalter an Lesestoff? Wie sahen damals Bücher aus und wie wurden sie hergestellt?

Papyrusstaude

Antike

Ein Buch an jeder beliebigen Stelle aufzuschlagen und bequem darin zu schmökern war auf Grund der Buchform schon gar nicht möglich: Ein Buch war eine bis zu zehn Meter lange und ca. 25 Zentimeter hohe Rolle (**volūmen**), die man beim Lesen mit beiden Händen abwickeln und aufrollen musste.
Außerdem fehlte antiken Textrollen etwas, das heutzutage, in Zeiten des Buchdrucks, selbstverständlich ist, nämlich ein einheitliches Druckbild. Jeder Text war handgeschrieben, kein Exemplar glich dem anderen. Buchhändler beschäftigten zur Vervielfältigung eines Buchtitels Schreibsklaven, denen der Text diktiert wurde. Wollte ein Kunde eine Abbildung in seinem Buch sehen, musste er sie sich von einem speziellen Maler anfertigen lassen – für teures Geld.

Rekonstruktion einer häuslichen Bibliothek in Pompeji.

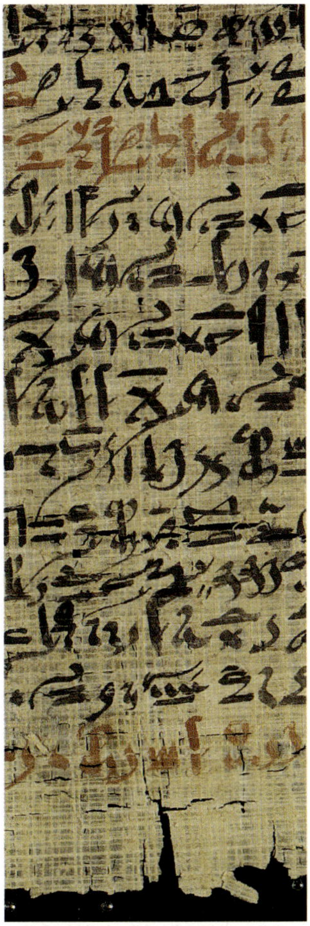

Auf diesem Ausschnitt eines antiken ägyptischen Papyrus kann man die gitterförmig gelegten Papyrus-Fasern gut erkennen – über 2000 Jahre nach deren Verarbeitung.

Der Stoff, auf dem man in der Antike schrieb, hieß Papyrus. Die Stängel der Papyruspflanze schnitt man der Länge nach in feine Streifen, dann wurden diese gitterfömig übereinandergelegt und mit Hilfe eines Stampfers so lange geklopft, bis sie miteinander verklebten. Papyrus wurde in großen Mengen in Ägypten produziert und nach Rom importiert. Je nach Qualität hatte dieses „Papier" weißgelbe bis schokoladenbraune Farbe. Papyrus war also ein preiswertes Schreibmaterial, weshalb es in allen Lebensbereichen Verwendung fand. Papyrusfunde aus Ägypten, wo sie wegen der klimatischen Verhältnisse am besten erhalten blieben, dokumentieren Urkunden, Briefe, Akten von Behörden, Sitzungsprotokolle, Rechnungen, Kaufverträge, Testamente und vieles mehr. Deshalb sind gerade Papyri unschätzbar wertvolle Quellen für das ganz alltägliche Leben der damaligen Zeit.

Dennoch spielten Bücher mit literarischem oder fachwissenschaftlichem Inhalt bei weitem nicht die Rolle wie in heutigen Tagen. Im Haushalt eines „Durchschnittsrömers" befand sich in der Regel überhaupt kein Buch, nur wenige Römer wie beispielsweise Cicero besaßen eine Privatbibliothek. Die größte bekannte römische Privatbibliothek umfasste 62 000 Papyrusrollen.

Die wenigen Menschen, denen genügend Zeit zur Verfügung stand, um sich mit Literatur zu beschäftigen, suchten daher eine öffentliche Bibliothek auf. Allerdings war es meist nicht möglich, ein Exemplar mit nach Hause zu nehmen. Man musste vor Ort lesen, das heißt die Büchereien waren sog. Präsenzbibliotheken. Der Besucher forschte im Katalog nach dem Titel und beauftragte dann einen der Bibliothekssklaven, ihm dieses Buch aus einem der vielen Schränke, in welchen die Papyri aufbewahrt wurden, zu holen und an seinen Leseplatz zu bringen.

Die berühmteste Bibliothek der Antike befand sich in Alexandria: Schätzungen vermuten einen Bestand von ca. 700 000 Schriftrollen. Leider fiel ein Großteil dieser Bibliothek in der Mitte des 1. Jahrhunderts v. Chr. einem verheerenden Brand zum Opfer. Der Verbleib der restlichen Bestände ist unklar. In Rom gab es im 4. Jahrhundert n. Chr. nicht weniger als 28 öffentliche Bibliotheken.

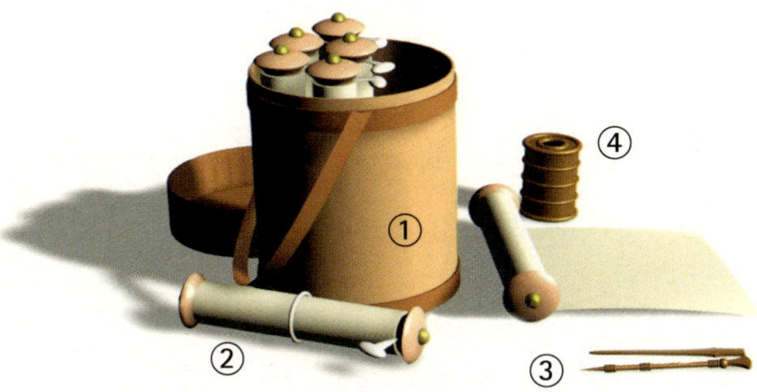

*① **capsa** (Behälter für Buchrollen), ② **volumen** (Buchrolle) mit **titulus** (Anhänger für den Buchtitel), ③ **stili** (Griffel), ④ ein Tintenfass*

Ein grundsätzlicher Wandel in der Buchkultur setzte ungefähr ab dem 4. Jahrhundert n. Chr. ein. Weil Papyrus ein erschwinglicher, aber auf Dauer wenig haltbarer Beschreibstoff für Bücher war, setzte sich ein anderes, wesentlich strapazierfähigeres Material immer mehr durch, das sog. Pergament. Aus Tierhäuten von Kalb, Schaf, Ziege oder Esel hergestellt, stellte es ein ideales Schreibmaterial dar: Hell wie guter Papyrus und beinahe unbegrenzt haltbar – allerdings auch wesentlich teurer.

Mit dem Beschreibstoff veränderte sich auch das Aussehen des Buches entscheidend. Nun klebte man die Blätter nicht mehr aneinander zu einer langen Rolle, sondern der Buchbinder legte sie aufeinander und band sie an einer Seite – das Buch in derjenigen Gestalt, wie wir sie auch heute kennen, war entstanden (**cōdex**).

Ein Pergamentcodex war eine sehr kostspielige Angelegenheit, denn für einen großformatigen „Wälzer" mit mehreren hundert Seiten benötigte man schnell die Häute einer ganzen Schafherde. Deshalb ist leicht nachzuvollziehen, dass man sich genau überlegen musste, welche Texte überhaupt würdig waren, auf solch wertvollem Material niedergeschrieben zu werden.

Genau dieser Umstand führte dazu, dass es viele Texte bereits in der Antike nicht mehr auf den neuen Beschreibstoff „schafften" und zusammen mit dem Papyrus, dem sie einst anvertraut worden waren, für immer verschwanden.

Autoren wie Cicero oder Horaz, die als vorbildhafte Klassiker galten und deshalb auch den kommenden Generationen nicht vorenthalten werden durften, wurden jedoch in einer Vielzahl von **cōdicēs** überliefert und fanden so Eingang in die Epoche des Mittelalters.

Mittelalter

Das zweite, entscheidende Auswahlkriterium für die Übertragung antiker Literatur auf Pergament entwickelte sich mit dem Christentum, das sich seit der Spätantike kontinuierlich ausbreitete und die nichtchristlichen Kulte verdrängte.

Nun galt es nicht mehr nur nach der Größe und Qualität eines antiken (und damit nichtchristlichen) Autors zu fragen, sondern jetzt musste ein Text auch die „Prüfung" bestehen, ob er überhaupt für einen Christen als Lektüre geeignet sei.

Klösterliche Schreibstube: Während ein Mönch diktiert, schreibt ein zweiter den Text.

Palimpsest: Abgebildet ist eine Seite aus einem Codex des 4. Jh.s n. Chr. mit einem Text aus Ciceros Werk **De re publica.** *Um 700 n. Chr. wurde das Pergament wiederverwendet und ein Bibelkommentar darübergeschrieben. Rom, Vatikanische Sammlungen.*

Diese Auswahlkriterien bedingten, dass der breite Strom der antiken Literatur auf seinem Weg durch die Jahrhunderte bereits in der Spätantike und dann vor allem im Mittelalter wichtige Engstellen zu passieren hatte und dabei immer mehr zu einem dünnen Rinnsal wurde. Die Vielfalt der antiken Literatur war sehr viel größer, als dies die erhaltenen Texte zunächst vermuten lassen!

Die Herstellung der Codices erfolgte in den kulturellen Zentren des Mittelalters, in den Klöstern, durch Mönche, die als Schreiber tätig waren.

Ein Spezialfall mittelalterlicher Buchkultur ist ein Verfahren, das man gewissermaßen als Pergamentrecycling bezeichnen kann. Erachtete man die Texte eines bestimmten Codex nämlich als unwichtig, wurde das Buch nicht etwa weggeworfen, sondern in seine Einzelblätter zerlegt. Hierauf wusch man die Schriftzeichen ab oder schabte sie von der Oberfläche. Die Blätter waren damit bereit zur Neubeschriftung und wurden zu einem neuen Codex, einem sog. Palimpsest, zusammengebunden.

Der ursprüngliche Text auf diesen neuerlich beschriebenen Blättern war damit aber nicht für alle Zeiten verloren! Mit Hilfe chemischer und neuerdings auch bestimmter fototechnischer Methoden kann man diesen heute wieder lesbar machen.

Ein berühmtes Beispiel für einen solchen Palimpsest ist Ciceros **De re publica**, ein Werk, das den Literaturwissenschaftlern nur sehr bruchstückhaft bekannt war, weil offenbar kein einziges vollständiges Exemplar den weiten Weg aus der Antike in die Neuzeit schaffte. In der Mitte des 19. Jahrhunderts beobachtete allerdings ein Bibliothekar, dass sich auf den Blättern eines mittelalterlichen Pergamentcodex, der christliche Texte enthielt, noch eine ältere, ganz schwach lesbare Schrift befand. Nachdem er die Blätter mit einer Chemikalie eingestrichen hatte, wurde diese wieder sichtbar, und schnell war klar, dass es sich um Ciceros verloren geglaubtes Werk handelte. Jahrhundertelang lag es unerkannt, verborgen im Pergament des Codex.

Eine Seite aus der Göttinger Gutenberg-Bibel. Um 1454. Göttingen, Staats- und Universitätsbibliothek.

Neuzeit

Seitdem die Herstellung von Papier aus Pflanzenfasern (Leinen, Hanf), wie sie ursprünglich in China erfunden worden war, auch in Europa bekannt wurde und zusehends Verbreitung fand, stand auch wieder ein preiswerter Beschreibstoff zur Verfügung (ab dem 12. Jahrhundert).

Mit der Erfindung des Buchdrucks durch den Mainzer Johannes Gutenberg (Mitte des 15. Jahrhunderts) war es dann endlich möglich, Bücher in größeren Stückzahlen und damit auch billiger auf den Markt zu bringen.

Erst dann konnte eine Buchkultur entstehen, wie wir sie noch heute pflegen.

Habemus papam!

Als diese Worte am 19. April 2005 in Rom erklangen, hat die ganze Welt sie verstanden. Vielen Menschen ist wieder bewusst geworden: Latein ist über Jahrhunderte hinweg bis in unsere Zeit die Sprache der Kirche geblieben. Weltweit werden immer wieder Gottesdienste in lateinischer Sprache abgehalten; und der Papst predigt manchmal sogar auf Lateinisch.

Joseph Ratzinger, so hieß Papst Benedikt XVI. vor seiner Wahl, hat an vielen Orten Deutschlands gewirkt.
Sein Studium der Katholischen Theologie und der Philosophie und seine Ausbildung zum Priester führten ihn nach München und Freising, wo er mit 31 Jahren als einer der jüngsten Professoren Deutschlands seinen Dienst antrat. Er lehrte an den Universitäten von Bonn, Münster, Tübingen und Regensburg, bis er wieder nach Oberbayern zurückkehrte als Erzbischof von München und Freising. Wenig später wurde er zum Kardinal und unter seinem Vorgänger Papst Johannes Paul II. 1981 zum Präfekten der Glaubenskongregation ernannt, was seinen Umzug nach Rom bedeutete. Nun wirkt er als Papst Benedikt XVI. (*lat.* **benedictus** der Gesegnete) in Rom als Oberhaupt der Römisch-Katholischen Kirche. Sein offizieller Titel lautet **Pontifex Maximus**, höchster Priester.

Zur Zeit der Römer bezeichnete man damit den Vorsteher des Kollegiums der ***pontifices****. Als bedeutende Person der römischen Staatsreligion war er zuständig für die verschiedenen Götterkulte im römischen Reich. Seit Augustus trugen diesen Titel die römischen Kaiser; ihnen wurden göttliche Ehren zu Teil. Dass die Christen es deshalb im römischen Reich* *zunächst sehr schwer hatten, habt ihr auch schon gehört. Erinnert euch an Nero, der ihnen den Brand Roms anlasten wollte. Ihr werdet in den folgenden Lektionen erfahren, dass die Christen auch unter anderen Regenten als Staatsfeinde betrachtet wurden, da sie sowohl die römische Götterverehrung ablehnten als auch den Kaiser nicht als Gott akzeptierten. Doch selbst die grausamsten Strafen konnten viele nicht von ihrem Glauben abbringen. Erst unter Kaiser Konstantin (306–337 n. Chr.), der sich kurz vor seinem Tod selbst zum Christentum bekehrte, wurde ihre Religion offiziell anerkannt.*

Inzwischen sind göttliche und weltliche Macht, also Kirche und Staat, voneinander getrennt. Ein Staatsoberhaupt oder ein Chef einer Regierung soll keine Religion als verpflichtend einführen oder Einfluss nehmen auf den Glauben der Bürger. Trotzdem ist es wichtig und wünschenswert, dass die Päpste am weltlichen Leben Anteil nehmen und sich zu aktuellen politischen und gesellschaftlichen Problemen äußern. Eine der Möglichkeiten, dies zu tun, sind die sogenannten Enzykliken, die päpstlichen „Rundschreiben" (zu griech. enkýklios epistolé: 'allgemeiner Rundbrief'); sie richten sich an die Bischöfe und die Gläubigen. Die amtliche Erstfassung einer Enzyklika ist meist in lateinischer Sprache gehalten.

Goldglas mit den Porträts der Apostel Petrus und Paulus. 4. Jh. n. Chr. Goldgläser mit christlichen Darstellungen wurden in großer Zahl im Stuck der römischen Katakomben gefunden. Rom, Bibliotheca Vaticana.

Dies macht Papst Benedikt XVI., der Italienisch, Französisch, Englisch und Spanisch spricht und außerdem altgriechische und hebräische Texte liest, keine Schwierigkeiten. Wir wissen, dass er früh mit dem Lateinischen Bekanntschaft machte – schon in der zweiten Schulklasse las er im sog. „Missale", dem Messbuch für Priester, und fand es „furchtbar spannend, in diese geheimnisvolle Welt der lateinischen Liturgie (Ablauf der Messfeier) einzudringen und herauszubringen, was da gesagt wird."
Natürlich werden die Enzykliken heute in die wichtigsten modernen Sprachen übersetzt und auch die Predigten in der (jeweiligen) Landessprache abgefasst; sonst würden die päpstlichen Botschaften zu wenige Menschen erreichen. Und das wäre schade, denn immerhin wollte Papst Benedikt XVI. auf dem ersten Weltjugendtag, den er im Sommer 2005 in Köln besuchte, über eine Million Gläubige aus vielen Ländern und Konfessionen hören. Manch römischer Kaiser wäre neidisch geworden ...

a Sammelt weiteres Material darüber, wie die lateinische Sprache in der christlichen Kirche weitergelebt hat, z. B. in Inschriften, Gebeten, Liedern, Büchern und in sprachlichen Elementen der Liturgie.

b Für die römisch-katholische Kirche gilt Petrus als erster Papst. Informiert euch über seine Bedeutung in der Bibel und über seine Stellung in den verschiedenen christlichen Konfessionen.

c Sucht Belege, die in Wort und Bild den Einfluss anderer Religionen im antiken Rom belegen. Veranstaltet jeweils dazu eine kleine Ausstellung, eventuell in Form einer Collage.

Pietro Perugino: Das Martyrium des heiligen Sebastian. 1495. Rom, Galleria Borghese.

E

1. Cognovimus, quanto studio Romani deis sacra fecerint.
2. Christiani quia deos Romanorum neglexerunt, multis imperatoribus odio erant. Multi imperatores Christianos oderant.
3. Certe memoria tenetis Neronem Christianos accusavisse, cum tota Roma flammis deleta esset. Certe meministis Neronem acriter et severe in eos animadvertisse.
4. Audite nunc scriptorem clarum, qui narrat imperatorem quendam militibus Christianis imperavisse, ut sacra facerent deis, quos illi non colerent.

Jesus contra Jupiter

Während der römische Staat sonst fremden Religionen gegenüber recht tolerant war, wurden die Christen zeitweise systematisch verfolgt und grausam umgebracht. Nach den ersten Verfolgungen unter Nero und Domitian war lange Zeit unklar, wie man sich den Christen gegenüber verhalten sollte. Erst die Maßnahmen des 3. Jh.s stützten sich auf formelle kaiserliche Verordnungen, in denen von den Christen unter anderem das Opfern an heidnischen Altären verlangt wurde. Die letzte große Verfolgungswelle fand unter der Regierungszeit des Kaisers Diokletian (284–305 n. Chr.) statt. Der christliche Schriftsteller Laktanz überliefert uns dazu die folgende Begebenheit aus den ersten Jahren der Regierung Diokletians:

L

Imperator Diocletianus pecora immolare et in eorum iecoribus[1] futura explorare consueverat. Aliquando quidam Christiani, cum interessent tali sacrificio, imposuerunt frontibus suis immortale signum[2], ut daemones[3] expellerent.
Haruspices[4] rati hoc modo sacra turbata esse rursus immolabant, sed in iecoribus signa non apparuerunt. Iterum atque iterum hostiae necatae nihil ostendebant, donec haruspex quidam suspicatus est eo non respondere sacra, quod rebus divinis homines profani[5] interessent.
Imperator ubi haec cognovit, ira arsit et praecepit, ut non ii tantum, qui sacris interfuissent, immolarent, sed universi, qui essent praesentes. Quia multum eius intererat etiam milites cogi ad nefaria sacrificia, edidit se in eos, qui non paruissent, verberibus vindicaturum esse.
Tunc quidem Diocletianus nihil amplius adversus legem aut religionem Dei fecit. Post autem ab iis, qui maxime nos oderant, ad insequendos Christianos deductus est. Bene memini, quae scelera tum commissa sint.

[1] iecur, -oris *n* *Leber*

[2] immortāle sīgnum *n* *Kreuzzeichen*

[3] daemonēs, -um *m Pl.* *Dämonen*

[4] haruspex, -icis *m* *Weissager, Opferschauer*

[5] profānus, a, um *ungeweiht, gottlos*

Der heilige Georg als Gefangener vor Kaiser Diokletian. Serbisch-orthodoxe Ikonenmalerei aus dem 17. Jh. Patriarchat von Pec.

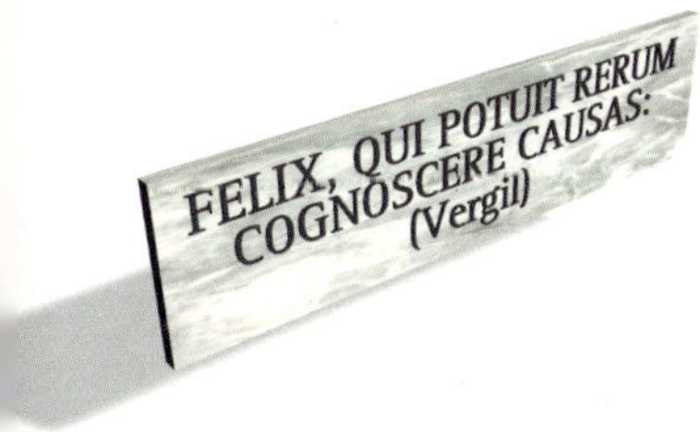

a Welches Bild von Kaiser Diokletian wird in **L** gezeichnet? An welcher Stelle in **L** wird der Kaiser „entlastet"? Warum werden die Christen von den Römern als „**homines profani**" bezeichnet?

b Stelle aus **L** Substantive, Adjektive und Verben zusammen, die zum Sachfeld „Religion und Opfer" gehören. Welche Ausdrücke zeigen, dass ein christlicher Autor den Text verfasst hat?

c Welche Perfektformen in **L** bezeichnen einmalige Handlungen, welche stellen rückblickend Tatsachen fest?

d Übersetze und gib die Stammformen der jeweiligen Verben an: **poscis – didicisti – cognoscimus – crescebam – quiescent – discite – crevisse – cognovisse**

e **Cognovisse** und **scire** sind Synonyme. Bilde jeweils die entsprechende Form des anderen Verbs: **cognoverat – sciunt – cognovero – scirent – cognovimus – sciet – sciebant – cognovissent – sciamus**

f Warum steht in den folgenden Glied- bzw. Relativsätzen von **L** der Konjunktiv?
1. **Christiani, cum interessent ...** (Z. 2 f.) 2. **quod ... homines profani interessent** (Z. 8 f.) 3. **ut non ii ... immolarent** (Z. 10 f.) 4. **qui non paruissent** (Z. 13) 5. **quae scelera ... commissa sint** (Z. 18)

g 1. **meminisse, currere, novisse, contendere, scire, memoria tenere, properare, non ignorare.**
Ordne die Verben zwei verschiedenen Wortfeldern zu.
2. Stelle ein lateinisches Wortfeld zusammen für „wahrnehmen, erkennen".

h In den sogenannten „Märtyrerakten" finden wir Aufzeichnungen über „Christenverhöre" durch römische Prätoren. Eines davon behandelt den Fall des Christen Speratus und einiger weiterer Christen. Es lautete etwa folgendermaßen:

PRAETOR: Omnes, qui se Christianos esse confiterentur, iussu imperatoris puniri cognovistis.
SPERATUS: Poenarum iam acceptarum semper meminero. Imperator enim nos odit semperque oderit.
PRAETOR: Multum vestra interest ad bonam mentem redire et deis Romanorum immolare. Religio nostra simplex est. Iuramus per genium[1] imperatoris nostri et pro salute eius oramus – id, quod etiam vos facere debetis.
SPERATUS: Nos dominum Deum nostrum colere consuevimus, quem nemo vidit nec his oculis videre potest, quia est in caelo.
PRAETOR: Moram XXX dierum habete et deliberate!
SPERATUS: Christianus sum; et omnes praesentes mecum consentire[2] scio.

[1] genium *Schutzgeist*

[2] cōnsentīre *übereinstimmen*

Perfektopräsentien — "normales Verb"
Perfekt — Präsens
Plusquamperfekt — Imperfekt
Futur II — Futur I

Der Löwe, der eine Karotte frisst

Schon hatte Cäsar das Zeichen gegeben. Das Gitter ging hoch und ein donnerndes Gebrüll kam immer näher aus dem schwarzen Loch. Die Christen drängten sich in der Mitte der Arena enger zusammen. Die Menge sprang auf, um besser sehen zu können. Heiseres Gemurmel, das wie ein Steingeröll vom Hang herunterrollte. Lärm der Erregung, Schreie der Angst. Die erste Löwin lief auf schnellen und weichen Tatzen aus dem Tunnel. Das Spiel begann. Der Löwenwärter Bondani Cajus, mit einem langen Spieß bewaffnet, war grad dabei, zu überprüfen, ob auch alle Tiere an dem Spiel des Schreckens teilnahmen. Schon wollte er erleichtert aufatmen, als er bemerkte, dass dicht an dem Tor ein Löwe stehengeblieben war und friedlich an einer Karotte kaute, ohne die Arena zu betreten. Cajus fluchte einmal kurz, denn es gehörte zu seinen Pflichten, aufzupassen, dass sich keines der wilden Tiere im Zirkus untätig herumtreibe. Er kam also heran bis auf eine Entfernung, die Sicherheitsvorschriften und Arbeitshygiene vorschrieben, und stach den Löwen in sein Hinterteil, um ihn zu reizen. Dieser aber, zu Cajus' großer Verwunderung, sah sich nur träge um und wedelte einmal mit dem Schwanz. Cajus stach ihn das zweite Mal, diesmal etwas heftiger. „Hau ab", sagte der Löwe.

Cajus kratzte sich am Kopf. Der Löwe hatte ihm unzweideutig zu verstehen gegeben, dass er nicht agitiert werden möchte. Cajus war kein schlechter Mensch, aber er fürchtete, dass ihn der Aufseher, wenn er seine Pflichtverletzung sähe, zwischen die Verurteilten werfen würde. Andererseits – hatte er keine Lust, mit dem Löwen einen Streit anzufangen. Er versuchte ihn also zu überreden. „Du könntest mir doch den Gefallen tun", sagte er zum Löwen. „Bin ich denn blöd?", antwortete der Löwe und kaute weiter an seiner Karotte. Bondani begann zu flüstern: „Ich sage ja nicht, dass du gleich jemanden fressen sollst. Es würde genügen, wenn du draußen ein bisschen mitliefest, ein bisschen mitbrülltest, nur so zum Alibi."

Der Löwe schwenkte den Schwanz. „Mensch, ich sage dir: Ich bin nicht blöd. Sie werden mich da sehen und niemand wird später glauben wollen, dass ich keinen gefressen habe." Der Wärter seufzte. Er fragte wehmütig: „Warum machst du eigentlich nicht mit?" Der Löwe sah ihn aufmerksam an. „Du hast das Wort Alibi gebraucht. Hast du denn nie darüber nachgedacht, warum wohl alle diese Patrizier nicht selbst in die Arena gehen und die Christen fressen, sondern sich unser – der Löwen – bedienen?" „Ich weiß nicht. Übrigens sind das vorwiegend ältere Leute, mit Asthma, Verdauungsbeschwerden." „Ältere Leute ...", brummte der Löwe ironisch. „Von Politik hast du keine Ahnung. Sie wollen einfach ein Alibi besitzen." „Ein Alibi – aber gegen wen?" „Gegen das Neue, das da keimt. In der Geschichte muss man sich stets nach dem Neuen, das keimt, orientieren. Hast du denn niemals daran gedacht, dass die Christen an die Macht kommen könnten?" „Die Christen – an die Macht?" „Natürlich. Man muss bloß zwischen den Zeilen lesen können. Es scheint mir, dass sich Konstantin der Große früher oder später mit ihnen aussöhnen wird. Und was dann? Überprüfungen, Rehabilitationen. Dann werden die da in den Logen leicht sagen können: Wir waren es nicht. Das waren die Löwen." „Tatsächlich, daran habe ich nicht gedacht." „Siehst du. Aber darum geht es nicht. Mir geht es um meine eigene Haut. Wenn etwas passieren sollte, werden alle bezeugen, dass ich eine Karotte gegessen habe. Wenn auch, unter uns gesagt, die Karotte ein scheußliches Zeug ist." „Und doch fressen deine Kollegen die Christen, dass es nur so kracht", sagte Cajus boshaft. Der Löwe verzog sein Gesicht. „Primitives Gesindel. Kurzsichtige Konjunkturritter. Fallen auf alles rein. Ohne Sinn und Verstand. Koloniale Finsterlinge." „Hör mal ...", stotterte Cajus. „Ja?" „Wenn diese Christen, weißt du ..." „Was – Christen?" „Na, an die Macht kämen ..." „Na und?" „Könntest du dann bezeugen, dass ich dich zu nichts gezwungen habe?" **„Salus rei publicae summa lex tibi esto"** (Das Heil des Staates sei dir höchstes Gebot), sagte salbungsvoll der Löwe und wandte sich wieder seiner Karotte zu.

Slawomir Mrozek

a Kläre zunächst folgende Begriffe aus dem Text: *Arbeitshygiene, Rehabilitation, agitieren, Alibi, Patrizier, primitiv, Konjunktur, kolonial*

b Wie werden die Christen im Text bestraft?

c Erläutere, wogegen die Christen verstoßen haben und welche Gefahr dies darstellte.

d Erkläre das Verhalten des Löwen, der eine Karotte frisst. Was ist der eigentliche Antrieb für sein Handeln?

e Aus welchen Gründen bittet Bondani den Löwen am Schluss um ein Alibi, falls dessen Vermutungen zutreffen sollten?

f Der Erzähler arbeitet im vorliegenden Text mit der Darstellungsform der Satire. Informiere dich über ihre charakteristischen Merkmale und versuche, sie im Text zu belegen.

g Welcher ernste Hintergrund ist in der Erzählung zu erkennen?

h Was meint der Löwe, wenn er von dem Neuen spricht, „das da keimt"? Hat sich seine Ahnung tatsächlich bewahrheitet?

Theodosius I. der Große. Darstellung auf einem zeitgenössischen Silbermedaillon. Solche Silbermedaillons wurden an hohe Würdenträger des Reiches verschenkt. 4. Jh. n. Chr. Madrid, Königliche Akademie.

1. Temporibus antiquis Christiani interdum iniuria afficiebantur. Hodie quoque multis hominibus propter religionem iniuria fit.
2. Quidam dixit: „Inimicos nobis amicos futuros esse censeo, si ipsi eis amici fieri volumus.
3. Tamen inter homines semper bella fiebant, semper fient.
4. Itaque non solum optemus, ut toti orbi terrarum pax fiat, sed etiam finem belli facere studeamus.“

Wie viel ist ein Mensch wert?

In der Regierungszeit des Kaisers Theodosius (379–395 n. Chr.) wurde das Christentum im Jahre 391 n. Chr. zur alleinigen römischen Staatsreligion erhoben. Theodosius vereinte als letzter Kaiser für kurze Zeit noch einmal das ganze Römerreich in einer Hand. Nach seinem Tod wurde es endgültig geteilt. Vielleicht war dies der Anlass für die folgende Legende über ihn:

Imperator Theodosius tres filias forma pulchra habebat. Quas interrogavit, quantus esset amor patris. Filia natu maior[1] respondit se patrem certe plus diligere quam se ipsam, altera se eum tantum diligere quantum se ipsam. Tertia autem dixit: „Nihil sine causa fit. Itaque tantum te diligo, quanti es, neque plus neque minus.“ Eo fiebat, ut illa tertia non tanta dote tantisque opibus a patre affecta sit quam sorores; et viro pauperi nupsit.

Paulo post factum est, ut imperator bellum gereret cum rege Aegypti. A quo subiectus et e regno suo eiectus Theodosius filiis epistulam misit, ut se adiuvarent. Sed filia natu maior timens, ne hoc fieri non possit sine magno sumptu, marito dixit: „Nostrum officium non est patri succurrere. Satis est ei quattuor milites auxilio mittere.“ Etiam altera marito persuasit, ne quicquam patri praeberet praeter victum et vestem, donec viveret. Imperator cum hoc audivisset, summo dolore affectus est. „Quid ergo“, inquit, „nunc faciam? Quid fiet de me, cui filiae non adsunt? Vires me deficient, nisi tertia filia mihi auxilio venerit.“

Quae cum cognovisset, quanta inopia premeretur Theodosius, impetravit, ut maritus suus, quamquam opibus non valeret, exercitum conscriberet, hostem cingeret, patrem incolumem reduceret.

Quo facto imperator dixit: „Laudata sit hora, qua haec filia mihi nata est! Quae sola mihi restat. Tametsi eam minus dilexi ceteris filiis, illa mihi providit, cum aliae me deseruissent. Itaque fiat, ut ei post mortem meam universum imperium tribuatur.“

[1] nātū māior *älter*

Ü

a 1. Warum liebt Theodosius seine dritte Tochter weniger als die anderen beiden?
2. Erläutere die Worte der dritten Tochter „tantum te diligo, quanti es“.

fieri

b Informiert euch in Nachschlagewerken bzw. im Internet über die Textsorte „Legende". Weist ihre Merkmale an **L** nach. Stellt Legenden zu euren Namenspatronen vor.

c An welcher Stelle der Legende erhält der Leser eine Antwort auf die in der Überschrift gestellte Frage?

d Bestimme Tempus und Genus verbi der deutschen Verbformen und gib den zugrunde liegenden Infinitiv an:
1. Kaiser Theodosius wird unterworfen. 2. Die Tochter wird den Vater unterstützen. 3. Dafür war er ihr dankbar. 4. Du wirst mein Freund. 5. Aus Trauben wird Wein gemacht.

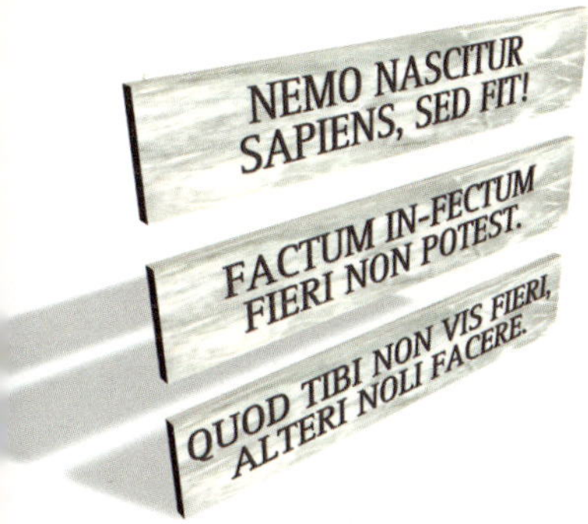

e Bilde jeweils die entsprechende Form des Aktivs:
fio, fieri, fiat, fies, fierent, fiebat, factum est, interfectus esset, perficitur, affici, efficiuntur, confecti erant

f Wer kennt die Antwort?
1. Qui (wie) fit, ut aliorum vitia magis cernamus quam nostra?
2. Qui fit, ut pauci sorte sua contenti vivant?
3. Qui fit, ut omnibus temporibus inter gentes bella fiant?
4. Qui fit, ut nonnulli libenter pauperes adiuvent?

g Unterscheide:
1. amici vestri sumus – amici vestri fimus 2. dives fis – dives eris 3. liberi fietis – liberamini – liberatis – liberabimini 4. firmus fio – confirmo – confirmor – confirmabo – firmus sum

h Amicus certus in re incerta cernitur ...
Tarquinius Superbus exul[1] dixit se denique cognovisse, quos habuisset amicos veros, quos falsos, cum paucis, qui se adiuvissent, gratias agere posset. Res secundae[2] enim amicos parare, res adversae eos probare consueverunt.

[1]exul, -ulis *m* *Verbannter*

[2]rēs secundae *Glück*

i Unterscheide und bestimme:
1. reducit – reducet – reducat 2. intererat – intererit – intersit 3. inisset – iniret – inierit 4. oritur – orietur – oriatur 5. offert – offerret – offeret 6. cingo – cinge – cingi

j In welchen Komposita hat das Präfix **sub-** seine ursprüngliche Bedeutung?
sustinere, subire, succedere, subigere, suscipere, subicere, succurrere

k Fülle die Lücken der Sätze durch jeweils eines der folgenden Fremdwörter und gib seine Bedeutung an: *Tribut, Defekt, Subjekt, opulent, Defizit, reduziert.*
1. Beim Übersetzen eines lateinischen Satzes bestimmen wir immer ? und Prädikat. 2. Der Wagen hat einen leicht zu behebenden ? . 3. Seine Krankheit ist der ? dafür, dass er sich früher nie geschont hat. 4. Im ersten Jahr der Selbständigkeit macht man oft ein ? . 5. Wir waren bei einem ? Festessen eingeladen. 6. ? Ware ist oft vom Umtausch ausgeschlossen.

E

1. Diocletianus – eum Christianos crudeliter oppressisse constat – imperium Romanum in partes quattuor divisit.
   Diocletianus, quem Christianos crudeliter oppressisse constat, imperium Romanum in partes quattuor divisit.
2. Constantinus – quare (is) Maxentio restiterit scitis – signum Dei in somno vidit.
   Constantinus, qui quare Maxentio restiterit scitis, signum Dei in somno vidit.
3. Tum proelium inierunt, quo confecto Constantinus victor discessit.

Ein Mönch auf Zeitreise

Der folgende Text stammt von Jacobus von Vitry († 1240), der – wie er selbst zugibt – gerne exempla, d. h. beispielhafte Ereignisse oder Erzählungen, in seinen Predigten verwendete, um „Kirchenschläfer" wieder zum Hinhören zu bewegen. Jacobus wusste, wodurch die Kirchenbesucher angesprochen werden konnten: „Magis enim moventur exemplis quam ... profundis (bedeutungsvolle) sententiis."

Gemeinsame Mahlzeit von Mönchen im Refektorium eines Klosters. Flämische Buchmalerei. 15. Jh.

L

Abbas[1] quidam, quem magna cupiditate de vita aeterna cogitavisse scimus, inter alia etiam gaudia paradisi[2] secum considerabat. Neque enim comprehendebat, quomodo sancti sine taedio tam diu versari possent uno in loco.

Aliquando ille vir, dum ambulat in silva prope abbatiam[3], avem pulcherrimam in arbore sedentem aspexit; propius sub illam arborem accedens eius cantu suavissimo ita delectabatur, ut aliquamdiu cum ea luderet. Vespere autem cum redisset passibus celeribus ad portam abbatiae, istic omnia mutata esse repperit: Nec ianitorem[4] cognovit nec ipse ab eo cognitus est. Qua re perturbatus: „Qui fit", inquit, „ut intrare mihi neges? Paulo ante in silvam exii. Nunc requiro, ut portam aperias mihi, quem abbatem monasterii[5] esse constat." Neque vero cuiquam in monasterio notus erat.

Monachi[6] maxime commovebantur ea re, quae quomodo evenisset nesciebant. Itaque consulere librum statuerunt, in quo nomina priorum abbatum ex ordine conscripta esse sciebant. Denique invenerunt trecentos annos esse praeteritos, ex quo[7] ille abbas monasterii fuerat.

Quid ergo haec fabula, qua narrata homines semper mirantur, nobis dicit? Quod numen Domini hac fabula nobis ostenditur? Mille anni in aeterna beatitudine sine ullo taedio erunt tamquam unus dies, qui praeteriit; atque pluris aestimandum est Deum facie ad faciem cernere quam cum ave pulchra ludere.

[1] abbās, abbātis *m* *Abt*
[2] paradīsus *Paradies*
[3] abbātia *Abtei*
[4] iānitor *Türhüter, Pförtner*
[5] monastērium *Kloster*
[6] monachus *Mönch*
[7] ex quō *seit(dem)*

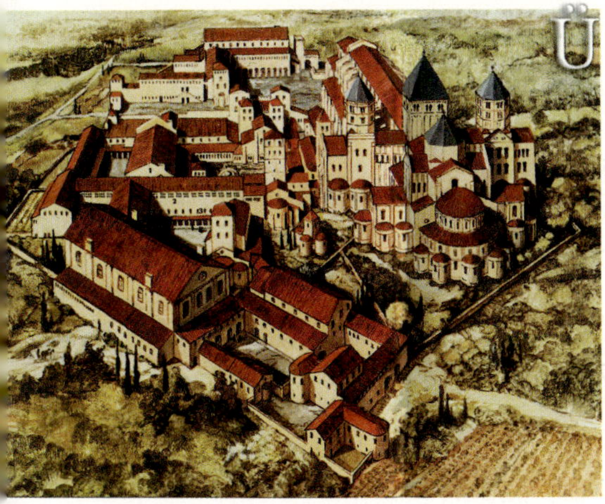

Rekonstruktionszeichnung der berühmten Abtei von Cluny (Frankreich). Die im 12. Jh. fertiggestellte Klosterkirche war die größte Kirche des Abendlandes. Ihre Ausmaße wurden erst von dem im 16. Jh. errichteten Petersdom in Rom übertroffen.

Ü

a Was kann sich der Abt am Anfang des Exempels nicht vorstellen? Erläutere, welche Lehre der Leser aus dem Erlebnis des Abtes ziehen soll.

b In Astrid Lindgrens Roman *Die Brüder Löwenherz* beschreibt der dreizehnjährige Jonathan seinem kleinen schwer kranken Bruder das wunderschöne Land Nangijala, in das er nach seinem Tod kommen werde. Als dieser Angst hat, dort lange Zeit alleine leben zu müssen, erzählt Jonathan, dass die Zeit in Nangijala nicht ebenso sei wie hier auf Erden. Selbst wenn er neunzig Jahre alt würde, käme ihm das vor, als dauerte es nur etwa zwei Tage, bis er da wäre. Denn so sei es, wenn es keine richtige Zeit gebe. Was erinnert in Jonathans Beschreibung an den Text von **L**?

c Gestaltet das in **L** beschriebene Exemplum in drei spielbare lateinische Szenen um:
1. Der Spaziergang – Der Mönch begegnet dem kleinen Vogel.
2. An der Klosterpforte – Dem Mönch wird die Rückkehr in die Abtei verwehrt.
3. In der Klosterbibliothek – Die Mönche forschen nach dem Namen des Fremden.

Wie könnten Einleitung (Z. 1–4) und Schluss (Z. 20–24) szenisch umgesetzt werden?

d Irrläufer gesucht
1. quam – quamquam – quantus – quomodo
2. quem – illa – haec – cuius – huc – isti
3. morari – precari – memorari – hortari – uti
4. dum – neque – tametsi – si – quia

e Lesetipps
1. Tibi dabo fabulas, quae narrant de Ulixe, quem praeclaras res gessisse constat. 2. Tibi dabo orationem Ciceronis, qui quam diligenter litteris studuerit scimus. 3. Tibi dabo carmina praeclara, quibus lectis cognoscere poteris, cur nobis tradita sint. 4. Tibi dabo litteras Plinii, cuius avunculum[1] virum nobilem fuisse legisti. 5. Tibi dabo librum „a Felice“ scriptum, quem ad linguam Latinam discendam adiuvare scio.

[1]avunculus *Onkel*

f Beschreibe die sprachlichen Besonderheiten in den folgenden Relativsätzen und übersetze möglichst gewandt:
1. Veniet hodie amicus meus, quem optimum duco. 2. Is artifex[2] est, quo meliorem Roma numquam peperit. 3. Fecit enim statuam praeclaram Veneris, qua statua omnibus artificibus praestitit. 4. Quo die statua in foro collocata est, eodem gloria amici aucta est. 5. Opus clarissimum ab eo factum esse per urbem nuntiabatur – id quod etiam ad aures imperatoris venit. 6. Et ille dixit: „Quam quisque didicerit artem, in hac se exerceat!“

[2]artifex, -icis *m* *Künstler*

August Macke: Der heilige Georg. 1912. Privatbesitz.

E

1. Saepe fit, ut fabulae conscribantur, quae sint idoneae ad homines docendos.
2. Homines enim, dum eas legunt, discunt.
3. In hac fabula sacerdos quidam exemplo utitur, ut religio Christiana facilius cognoscatur.
4. Audiamus igitur, quid dixerit sacerdos!

L

Georg schafft das Unmögliche

Prope quandam civitatem draco[1] ingens habitabat, quem saepe populum contra se armatum pepulisse constat. Praeterea scimus eum anima sua civibus perniciem attulisse. Ob hanc rem cives huic animali scelerato cottidie hominem sorte delectum offerebant; ita conati sunt, si eius furorem sedare possent. Aliquando autem male accidit, quod unica filia regis draconi sorte delecta est. Quoquo modo poterat, rex prohibere studuit, ne filia hoc crudeli modo moreretur. „Oderint", inquit, „me cives, dum natam meam servem!" Populus autem timens, ne omnes cives draconis animā perirent, regi non concessit, ut filiae parceret. Plenus timoris et multis cum lacrimis pater clamavit: „O me miserum! Quid faciam? Utinam ego iam mortuus essem!" Postremo filia ex urbe egressa est.

Eodem tempore sanctus Georgius equo vehens praeteriit. Simul vidit natam regis, interrogavit, quid haberet. Et illa: „Bone iuvenis, fuge celeriter, ne mecum moriaris!" Cui Georgius: „Ne timueris, filia, quia in Christi nomine tibi auxilio veniam! Equidem non excedam, donec mihi, quid habeas, fassa eris." Et illa: „Bone miles, bene non facis, quod mihi ades. Tu igitur, te precor, vide, ne mecum pereas!" Sed Georgio non persuasit. Dum loquuntur, subito draco apparuit. Georgius magnitudine draconis nullo modo perterritus statim equum ascendit; crucem prehendens atque Deo se mandans draconem praeceps aggreditur. Et profecto ei contigit, ut ferro bestiam graviter violaret et ad terram deiceret[2]. Deinde draconem in civitatem produxit civibusque dixit: „Ne obliti sitis huius facti! Ne timueritis! Nam me misit Dominus, ut a dracone vos liberarem! In Christum credite! Et unus quisque vestrum baptizetur[3]! Tum ego istum draconem occidam."

Ita regem omnesque cives commovit, ut baptizarentur; draconem autem sanctus Georgius gladio occidit.

[1] dracō, -ōnis *m* *Drache*

[2] dē-icere *niederwerfen*

[3] baptizāre *(griech.)* *taufen*

Ü

a Übersetze und beantworte:
1. **Cur sanctus Georgius filiam regis adiuvit? Quid impetravit?**
2. **Quid Jacobus illa fabula dicere voluit?**

b Überlegt, warum der heilige Georg im Mittelalter den Christen als großes Vorbild diente; nehmt dabei auf **L** Bezug.

c Gestaltet in Gruppen zur Georgsgeschichte eine Bildersequenz mit lateinischen Untertiteln und prämiert die gelungensten Werke.

d Suche aus den vorgegebenen Bindewörtern die Subjunktionen heraus. Gib deren deutsche Bedeutungen und den im Lateinischen erforderlichen Modus an: **cum, aut, nam, dum, quia, ut, quod, sed, si, tamen, ne, quamquam, et, donec**

e Unterscheide die folgenden Gliedsätze von **L** nach Subjekt-, Objekt- und Adverbialsätzen:
1. **male accidit, quod unica filia ... delecta est** (Z. 6 f.) 2. **Simul vidit natam ...** (Z. 15) 3. **interrogavit, quid haberet** (Z. 15) 4. **ei contigit, ut ... bestiam ... violaret** (Z. 24 f.) 5. **me misit Dominus, ut ... vos liberarem** (Z. 27 f.)

f Bestimme die Bedeutung der folgenden Konjunktive im Hauptsatz:
1. **Quid faciam?** (Z. 12) 2. **Utinam ... mortuus essem!** (Z. 12 f.)
3. **Ne timueritis!** (Z. 26 f.) 4. **Et unus quisque ... baptizetur** (Z. 28 f.)

g Unterscheide:
1. **ob – ab – ad** 2. **sedere – sedare – servare** 3. **dum – tum – tam**
4. **mori – more – mora** 5. **accipere – accidere – accedere**

h Höhenflug

Testudo[1], quia se in terra morari dolebat, aquilam[2], quam audiverat altissime volare, rogavit, ut se in altum[3] tolleret, ut ipsa quoque montes et campos et mare posset intueri. Quod cum aquila fecisset, eam demisit, ut in terram cadens frangeretur.
Fabula monet, ne quis altius volare velit, quam eius condicio aut natura patiatur.

1. Welche Textgattung liegt vor? 2. Worauf soll der letzte Satz den Leser aufmerksam machen? 3. An welche mythologische Figur der Antike erinnert die Botschaft des Textes?

[1]testūdō, -inis *f* *Schildkröte*
[2]aquila *Adler*
[3]altum *n* *Höhe*

I

Legenda aurea

Die Legende über den heiligen Georg stammt von einem christlichen Autor: Jacobus de Voragine war Dominikanermönch und später Erzbischof von Genua. Er sammelte im 13. Jh. Erzählungen über christliche Märtyrer und Heilige, die er dann als Zeugnisse für den Glauben und die rechte Frömmigkeit herausgab. Wegen seiner einfachen Sprache fand das Werk, das später den Titel „**Legenda aurea**“ erhielt, auch beim Volk Anklang.

Papst Gregor VII. neben einem Schreiber sitzend. Buchmalerei aus dem 12. Jh.

E

1. Draco ingens civibus pestem afferre solebat.
2. Neque quisquam contra eum pugnare audebat.
3. Sanctus Georgius animal aggredi ausus est.
4. Deo confidens equum ascendit.
5. Ecce! Nunc revertitur in urbem civesque commovet, ut in Christum credant.
6. Postquam in urbem revertit, omnes, qui a periculo liberati erant, gavisi sunt.

Papst Gregor spricht ein Machtwort

Im 11. Jh. entbrannte zwischen Papst Gregor VII. und dem deutschen Kaiser Heinrich IV. ein erbitterter Streit um die Besetzung hoher Kirchenstellen: Der Papst, der die Kirche aus ihrer weltlichen Abhängigkeit lösen wollte, untersagte dem Kaiser, Bischöfe in ihr geistliches Amt einzuführen. Der Kaiser, der seinen Einfluss auf die Kirche schwinden sah, wehrte sich, ließ durch die deutschen Bischöfe den Papst für abgesetzt erklären – und wurde schließlich 1076 in einer päpstlichen Verordnung (Bulle) vom Papst „gebannt" (d.h. aus der Kirche ausgeschlossen). Dem folgenden Text aus der „Bannbulle", der mit einer Anrufung des heiligen Petrus beginnt, ist zu entnehmen, wie der Papst sein Verhalten begründete:

L

Beate Petre[1], apostolorum princeps, aures tuas da mihi, servo tuo, quem adiuvare solebas et e manu eorum, quos me odisse scio, liberavisti! Tu mihi testis es, quod tua sancta ecclesia me invitum ad sua gubernacula[2] traxit; neque enim pro gloria mundi locum tuum arripui neque gavisus sum, quod ad sedem tuam ascendi. Ideo ex tua gratia, non ex meis operibus populus Christianus mihi paret. A Deo mihi data est potentia ligandi et solvendi in caelo et in terra. Tuae gratiae confisus omnia per tuam potestatem et auctoritatem facio.
Itaque Henrico[3] regi, quem contra tuam ecclesiam inaudita[4] superbia surrexisse constat, omnem potestatem regiam contradico[5]. Omnes Christianos a iure iurando, quod ei dederunt, absolvo; praeterea interdico, ne quis ei sicut regi serviat. Dignum enim est, ut is, qui ausus est honorem ecclesiae tuae neglegere, ipse honorem amittat. Et quia parere noluit nec ad Deum revertit, quem reliquit contemnendo mea monita, vinculo anathematis[6] eum ligo.

[1] Petrus *Petrus (Apostel und erster Papst)*

[2] gubernācula, -ōrum *Lenkung, Leitung*

[3] Henricus *Heinrich*

[4] in-audītus *unerhört*

[5] contrā-dīcere alicui aliquid *jem. etw. absprechen*

[6] anathēma, -atis *(griech.) Kirchenbann*

Ü

a Wie hat Papst Gregor VII. die Bannbulle inhaltlich gegliedert? Welchen Vorwurf weist der Papst entschieden zurück? Wie rechtfertigt er die Bannung Heinrichs?

b Finde die richtige Lösung:

consueverunt:	1. sie sind gewöhnt	2. sie gewöhnen sich
gaudio afficior:	1. ich erfreue	2. ich werde erfreut
redeat:	1. er wird zurückkehren	2. er soll zurückkehren
fidem habemus:	1. wir haben Vertrauen	2. wir halten unser Wort
coneris:	1. du wirst versuchen	2. du mögest versuchen

c Übersetze und bestimme die nd-Formen:

1. Ad sedem Petri non gloriae augendae causa, sed invitus ascendi.
2. Imperium Teutonicorum Henrico non iam regendum est.
3. Nam occasionem ad Deum revertendi omisit.

DISCE GAUDERE! (Seneca)

d Bestimme und übersetze. Bilde dann zu den Formen des Perfektstamms die entsprechenden des Präsensstamms und umgekehrt:
ausi sumus – confiditis – revertitur – gauderent – confisae erant – soles – reverterunt – audebo – gavisus esses – soliti estis – confisus – gaudeamus – revertor – augere

e Unterscheide genau:
1. audit – audiet – audet – auget 2. soleas – soles (!) – solus – solitus
3. confidit – conficit – conicit – condidit

f Ein Brief eines Mädchens aus der „Welt von Felix":
Paula amicis salutem dicit. Sitis contenti hac brevissima epistula! In itinere ipso respondere prohibita sum. Nam spectando, audiendo, legendo vires meae maxime fatigabantur. Tamen vobis, ut soleo, de me ipsa quam celerrime narrabo, ut gaudeatis. Multa didici, pulchras urbes intravi, monumenta vidi, aedificia miratus sum, res gestas virorum fortium audivi, navigare ausa sum, loca praeclara cognovi, gaudio affecta sum. Sum felix felixque manebo.
Valete et sperate me mox incolumem reversuram esse!

Christus verteilt die geistliche und die weltliche Macht, symbolisiert durch Schlüssel und Schwert.
In dieser mittelalterlichen Buchmalerei befinden sich Kaiser und Papst von Christus her gesehen auf einer Ebene. Diskutiert, ob diese Darstellung den Überzeugungen Gregors VII. entsprochen hätte.

Der verlorene Sohn

Dieser Text ist mit wenigen Änderungen der lateinischen Bibelübersetzung Vulgata entnommen. Jesus erzählt das „Gleichnis vom verlorenen Sohn“:

Homo quidam habuit duos filios; et dixit adulescentior ex illis patri: „Pater, da mihi partem pecuniae, quae me contingit[1]!“ Et divisit illis pecuniam.

Et post nonnullos dies adulescentior filius profectus est in regionem longinquam[2]; et ibi consumpsit pecuniam suam vivendo luxuriose[3]. Et postquam omnia consumpsit, facta est fames in regione illa, et ipse coepit egere. Et abiit, et porcos[4] cuiusdam civis regionis illius curavit. Et cupiebat complere ventrem suum de siliquis[5], quas porci manducabant[6], sed nemo illi dabat.

Secum autem consideravit: „Quanti mercenarii[7] in domo patris mei satis ciborum habent; ego autem hic fame pereo! Surgam et ibo ad patrem meum et dicam ei: Pater, peccavi; iam non sum dignus vocari filius tuus; fac me sicut unum de mercenariis tuis!“

Pompeo Batoni: Die Heimkehr des verlorenen Sohnes. 1770. Pawlowsk, Großer Palast.

Pater autem, cum illum videret, misericordia motus est et cecidit super collum eius et osculatus est[8] eum. Dixitque ei filius: „Pater, peccavi; non iam sum dignus vocari filius tuus!“ Dixit autem pater ad servos suos: „Statim ferte vestem optimam et induite illum, et date anulum[9] in manum eius! Et adducite vitulum saginatum[10] et occidite! Et manducemus, quia hic filius meus mortuus erat et revixit[11]; perierat, et inventus est!“ Et coeperunt cenare.

Filius alter autem ira motus dixit patri suo: „Ecce, tot annos pareo tibi et numquam precem tuam praeterii; et numquam dedisti mihi haedum[12], ut cum amicis meis cenarem. Sed postquam filius tuus hic, qui consumpsit pecuniam suam, venit, occidisti illi vitulum saginatum.“

At ipse dixit illi: „Fili, tu semper mecum es, et omnia mea tua sunt! Cenare autem et gaudere oportebat, quia frater tuus hic mortuus erat et revixit; perierat, et inventus est.“

[1] mē contingit *hier: mir kommt zu*
[2] longinquus *weit entfernt*
[3] luxuriosus *verschwenderisch*
[4] porcus *Schwein*
[5] siliqua *Schale*
[6] mandūcāre *essen*
[7] mercenārius *Tagelöhner*
[8] ōsculārī *küssen*
[9] ānulus *Ring*
[10] vitulus sagīnātus *gemästetes Kalb*
[11] re-vīvīscere (-vīxī) *wieder lebendig werden*
[12] haedus *junger Ziegenbock*

a Was soll mit dieser Erzählung verdeutlicht werden?

b Welche Person steht im Mittelpunkt? Suche eine Überschrift, die der Kernaussage des Textes besser gerecht wird.

c Dieser Abschnitt aus dem Neuen Testament erscheint dir im Vergleich zu anderen lateinischen Texten wahrscheinlich eher leicht. Versuche diesen Eindruck genauer zu erläutern, indem du Wortwahl, Satzbau und Satzverbindungen des Textes untersuchst.

d Auf S. 60f. siehst du fünf Bilder, die alle das Gleichnis vom verlorenen Sohn zum Thema haben – allerdings verschiedene Szenen der Geschichte zeigen. Beschreibe die Abbildungen und benenne die Zeilen des lateinischen Textes, die der jeweilige Künstler ins Bild gesetzt hat.

Kupferstich von Albrecht Dürer. 1496. Berlin, Kupferstichkabinett.

Gemälde von Palma Giovane. 1605. Venedig, Galleria dell' Academia.

Holzschnitt von Gustave Doré. 1865. Berlin, Archiv für Kunst und Geschichte.

Gemälde von Hieronymus Bosch. 1500. Rotterdam, Museum Boymans-van-Beuningen.

Übersetzungstest

Eine unheimliche Nacht

Vom alttestamentlichen König Belsazar (lat. **Balthasar**) wird folgende Geschichte erzählt:

Aliquando Balthasar rex amicis, ut solitus erat, convivium paravit. Subito vino commotus imperavit, ut afferrentur vasa aurea et argentea[1], quae patrem de templo Dei altissimi, quod esset in Ierusalem[2], raptavisse cognovisset. Ubi ministri reverterunt, rex et hospites e vasibus sacris bibere ausi sunt. Praeterea vasa deos aureos et argenteos et ferreos[3] appellaverunt.
Eadem hora factum est, ut apparerent digiti[4], qui quasi manus hominis aliquid in pariete[5] domus regiae scriberent. Semper homines rebus, quae quemadmodum fiant nesciunt, magis moventur, quam si eas intellegunt. Ergo in domo quoque regis omnium timor tantus erat, ut sedari non posset.
Etiam rex verens, ne periculum instaret, viros sapientes adduci iussit, quos signa explicare posse sciret. „Quicumque legerit“, inquit, „haec verba, tertius[6] in regno meo erit.“ Sed nemini contigit, ut signa legeret.
Tum regina meminerat Danielem[7] quendam in regno esse, quem peritissimum somnia[8] explicandi esse audivisset. Qui regi haec dixit: „Cum unum Deum altissimum in regnis hominum potestatem habere scires, tamen eum contempsisti idola[9] colens. Itaque fieri non potest, ut regnum tuum retineas.“ Profecto eadem nocte rex interfectus est.

[1]argenteus, a, um: *Adj. zu* argentum
[2]Ierusalem *(indekl.) Jerusalem*
[3]ferreus, a, um: *Adj. zu* ferrum
[4]digitus *Finger*
[5]pariēs, -ietis *m Wand*
[6]tertius: *nach seinem Vater und ihm selbst*
[7]Daniel, -elis *Daniel (alttest. Prophet)*
[8]somnium *Traum*
[9]idolum *hier: Götzenbild*

a 1. Von welchem lateinischen Verb ist der Begriff „Kompositum" abzuleiten? Was bedeutet er wörtlich?
2. Nenne jeweils das Verbum simplex:
deficere, praecipere, requirere, exigere.
3. Welche lateinischen Präpositionen stecken als Präfixe in folgenden Verben?
arripere, continere, accidere, prodesse.
4. Übersetze die folgenden Verben. Welche Bedeutungen sind nicht durch die Vorsilbe ermittelbar?
excedere, insequi, reducere, praecipere.
Die „Regeln zur Wortbildung" (S. 144 f.) können dir dabei helfen.

Belsazar. Westfälische Buchmalerei aus dem „Speculum humanae salvationis“. Um 1360. Darmstadt, Hessische Landesbibliothek.

b Das „Who is who" der römischen Kaiser

Binde die in Parenthese stehende Information jeweils als verschränkten Relativsatz ein.

Beispiel: Augustus, – Scitis: Is se principem appellavit –, primus imperator Romanorum fuit. → Augustus, quem se principem appellavisse scitis, primus imperator Romanorum fuit.

1. Tiberius, – Cognovimus: Is homines metuit. –, ex urbe Roma excessit et Capreas (nach Capri) se recepit. 2. Nero, – Audivistis: Is crudeliter in Christianos animadvertit. –, etiam matrem interfecit. 3. Vespasianus, – Constat: Is parcissimus fuit. –, dixit: „Pecunia non olet (stinkt)." 4. Titus, – Scimus: Is „amor hominum" nominatus est. –, dixit aliquando: Amici, diem perdidi. 5. Constantinus, – Legistis: Is ipse Christianus factus est. –, suam quemque religionem sequi permisit.

c Einer gewinnt!

Verteile die fünf Vokale a, e, i, o, u so, dass korrekte Verbformen von fieri entstehen. Jeder Vokal darf nur einmal verwendet werden.

1. fi ? s – 2. fi ? m – 3. f ? t – 4. fi ? nt – 5. futur ? s esse

d Setze die jeweils treffende Nebensatzeinleitung ein und übersetze: ut, ne (2), cur, cum, quin

1. Saepe fit, ? medici (medicus Arzt) nos adiuvent. 2. Non dubito, ? medici multos adiuvare possint. 3. Quidam medicum orabant, ? se vexaret. 4. Saepe timebam, ? aeger (krank) esses. 5. Scire velim, ? medicum non arcessiveris. 6. Medico gratias agamus, ? bene valeamus.

e Lexikon der Eigenschaften

Ordne den folgenden Adjektiven die untenstehenden Erklärungen zu: sceleratus, bonus, pius, miser, in-firmus, sapiens, pauper, felix

qui deo confidit, qui homines vexat, quem vires defecerunt, qui alios adiuvat, qui res familiares amisit, qui se ipsum odit, cuius consilia saepe petuntur, qui incolumis e bello revertit

Wer ist glücklich? Finde weitere (lateinische) „Definitionen".

f Der abergläubische Alexander

Alexander Magnus ab oraculo monitus est, ut eum, qui sibi e porta egresso primus occurrisset, interfici iuberet. Occurrit agaso[1]; Alexander imperavit, ut interficeretur. Agasoni roganti, quid commeruisset[2], responsum est ita iussisse Deum. „Si ita est", inquit, „o rex, alium delegit oraculum. Nam asinus[3] tibi prior occurrit." Agaso enim semper sequitur asinum, ut eum impellat. Alexander hoc commento[4] delectatus asinum pro homine occidit.

[1]agāsō, agāsōnis *m* *Eseltreiber*

[2]commerēre *verschulden*

[3]asinus *Esel*

[4]commentum *Deutung, Einfall*

g Die folgenden Verben kannst du leicht erschließen (vgl. S. 144 f.): concupiscere, pertimescere, convalescere, consuescere, consenescere

Das meistgelesene Buch der Welt – die Bibel

Mit Bibel – von griech. *biblíon* (Schriftrolle, Buch) – werden die beiden großen Schriftensammlungen des Alten und Neuen Testaments bezeichnet. Während das Alte Testament fast ausschließlich in hebräischer Sprache niedergeschrieben ist, liegt dem Neuen Testament ein griechischer Urtext zugrunde. Als diese Sprachen nicht mehr von allen verstanden wurden, kamen Bibelübersetzungen auf.

Die bedeutendste Übersetzung des Alten Testaments ins Griechische erfolgte im 3. Jh. v. Chr. und trägt den Namen **Septuaginta**, da sie angeblich von 70 (genauer 72) jüdischen Gelehrten angefertigt worden ist. Frühe lateinische Übersetzungen einzelner Bücher – man verwendet heute den Sammelbegriff „**Vetus Latina**" – entstanden ab dem Ende des 2. Jh.s. Ein einheitlicher biblischer Text wurde immer mehr als Notwendigkeit empfunden. Diese Aufgabe übertrug Papst Damasus seinem Berater Hieronymus (ca. 345–420), dem angesehensten Gelehrten seiner Zeit, der sein Werk im Jahr 405 abschloss. Die so entstandene Fassung der Bibel wurde auf dem Konzil von Trient (1546) als „**Vulgata editio**" (allgemein verbreitete Ausgabe) zum offiziellen Bibeltext der katholischen Kirche erklärt. Man legte damals fest, **... ut haec ... vulgata editio ... pro authentica** (gültig) **habeatur et ut nemo illam reicere** (zurückweisen) **... audeat.** Erst 1979 wurde sie nach einer erneuten Revision von der „**Nova Vulgata**" abgelöst.

Hieronymus beim Erarbeiten der Vulgata. Illustration aus der Bibel Karls des Kahlen. 9. Jh. Der erste Bildstreifen (S. 64) zeigt, wie Hieronymus Rom verlässt und nach Palästina reist, wo er Unterricht in Hebräisch erhält. Im zweiten Bildstreifen (S. 65) sehen wir ihn bei seiner Arbeit am Bibeltext, wobei ihm Berater und Schreiber zur Verfügung stehen.

Hieronymus überprüfte und verbesserte die vorliegenden frühen lateinischen Übersetzungen und berücksichtigte auch den hebräischen und griechischen Urtext. Ein Teil der Passagen wurde neu übersetzt. Manchmal äußerte er sich in Briefen an seine Freunde darüber, welche Schwierigkeiten sich bei der Bearbeitung der hebräischen Texte ergaben, und beklagte auch die schlechte Arbeit früherer Übersetzer. An seinen Freund PAMMACHIUS schrieb er: „Du wirst begreifen, wie schwer es ist, die Heilige Schrift zu verstehen, aber du wirst ebenso sehen, dass auch durch das Geschick der Übersetzer Texte, die in der Ursprache in sehr reinem Stil geschrieben sind, in unserer Sprache voll von Fehlern sind."

In der späteren Überlieferung bewunderte man Hieronymus als **„vir trilinguis“**, als Kenner der drei Sprachen Hebräisch, Griechisch und Lateinisch. Seine Arbeit am Bibeltext gilt als große Kulturleistung.

Die von ihm erstellte lateinische Fassung wurde zur Bibel für die Völker Europas, besonders im Westen. Durch sie ist der „Lehrmeister Europas", wie Hieronymus auch genannt wird, der meistgelesene Schriftsteller der Welt geworden.

Am Ende des Mittelalters versuchte man, die Vulgata ins Deutsche zu übersetzen. Das vom Humanisten ERASMUS nach wissenschaftlichen Gesichtspunkten verfasste Neue Testament (1516) motivierte den Reformator MARTIN LUTHER (1483–1546) zu seiner Übersetzung des Neuen Testaments ins Deutsche (1521/22); die langwierige und unter Mithilfe von PHILIPP MELANCHTHON erarbeitete Übersetzung des Alten Testaments war erst 1534 abgeschlossen. Für beide Konfessionen (evang. und kath.) im deutschen Sprachraum gedacht ist die neue „Einheitsübersetzung". Sie wurde 1980 herausgegeben.

RÖMISCHE  ZEITUNG

Philosophie Spezial

Liebe Leserinnen und Leser!

Die Römische Zeitung hat in der vorliegenden Sonderausgabe interessante Artikel über die Philosophie und einige ihrer Vertreter zusammengestellt.
Uns Römern war dieser Bereich zunächst ja völlig fremd. Wir waren beschäftigt mit der Arbeit auf dem Land, mit den täglichen Geschäften in Rom, mit dem Bau der Städte, mit der Ausrüstung und Erhaltung des Heeres oder mit der Verwaltung des Reiches. Viele von uns hatten weder Zeit noch Muße, sich über die Welt und die Menschen Gedanken zu machen.

Es waren die Griechen, die dies schon lange vorher getan hatten. Nach der Unterwerfung Griechenlands kamen griechische Gelehrte als Gesandte oder Sklaven nach Rom. Und mit ihnen gelangten auch philosophische Gedanken in unser Reich. Das heißt aber nicht, dass man erst Griechisch lernen muss, um darüber selbst lesen zu können. Manche Persönlichkeiten der griechischen Welt und viele Ideen ihrer Philosophen können wir auch in den Werken unserer lateinischen Literatur kennenlernen.
In der Sonderausgabe „Philosophie Spezial" haben wir nun Gelegenheit, einen kleinen Einblick in die antike Philosophie zu bekommen.

Die
Chefredaktion

Anm. des Verlegers: Wie wir alle wissen, gab es zur Römerzeit noch keine Zeitungen. Aber wenn es sie gegeben hätte, hätten sicher viele Römer sie gelesen. Viel Spaß mit der „Sonderausgabe"!

Aus dem Inhalt:

Sag deine Meinung

Noch immer ungeklärt ist die Frage, wie die Welt tatsächlich entstanden ist. Unsere neue Serie stellt verschiedene Theorien vor, zu denen unsere Mitbürger kritisch Stellung nehmen können.

Heute:
Die Atomisten S. 68

Tipps zur Ernährung

IN: Obst und Gemüse

OUT: Fleischgerichte

Erläuterungen dazu auf S. 76

Vor 300 Jahren: Tod durch Giftbecher

Im Jahr 399 v. Chr. starb ein griechischer Philosoph im Staatsgefängnis in Athen. Er war zum Tod durch Gift verurteilt worden. In einer letzten Rede wandte er sich an seine Freunde.

Mehr auf S. 70

Begegnung mit einem „Außerirdischen“

Sie leben unter uns – und doch fern dieser Welt. Im Gespräch mit unserem Reporter weist uns ein Epikureer neue Wege zum Glück.

Das ganze Interview auf S. 72

Ein Redner auf Abwegen

Er gilt als „König der Gerichtsprozesse“ und oberster Vertreter der Redekunst im römischen Reich. Nun veröffentlicht er auch philosophische Schriften. Sein aktueller Bestseller heißt „Über die Freundschaft“.

Lesen Sie einen Ausschnitt auf S. 78

Cicero gilt vielen als die am besten bekannte Gestalt des ganzen Altertums. Zeichnet die wichtigsten Stationen seines Lebenswegs nach: Cicero als Ehemann, Vater und Freund, als Redner, als Staatsmann und als Philosoph. Achtet dabei auf das Zusammenspiel von Leben und Werk.
Verteilt die Aufgabe auf verschiedene Gruppen und stellt die Ergebnisse in Form eines Übersichtsposters dar.

So stellte sich die antike Philosophie die vier Elemente Feuer, Erde, Luft und Wasser vor. Die Vorstellung von kleinsten, unteilbaren Urkörpern wurde in der Antike entwickelt und blieb im gesamten Mittelalter lebendig. Erst ab dem 18. Jh. allerdings war man in der Lage, die Atomlehre physikalisch-naturwissenschaftlich zu untermauern.

E

1. Cicero non is erat, qui (ut) Graecorum philosophos neglegeret.
2. Cicero, qui (cum) Graecorum philosophos magni aestimaret, Athenas profectus est.
3. Multos libros edidit, quos (ut eos) Romani legerent.
4. Cicero idoneus erat, qui de philosophia scriberet.
5. Etiam postea (homines) erant, qui de philosophia scriberent.

Wie ist die Welt entstanden?

Die Frage nach der Entstehung der Welt war ein zentrales Thema der griechischen Philosophie. Deren Gedankengut wurde über Jahrhunderte auch im römischen Reich diskutiert. Umstritten war vor allem die Lehre der sogenannten Atomisten (Leukipp und Demokrit). Diese hatten im 5. und 4. Jh. v. Chr. die Theorie entwickelt, dass die gesamte sichtbare Welt aus kleinsten, nicht mehr teilbaren Elementen entstanden sei, den Atomen. Der christliche Schriftsteller Laktanz wendet sich gegen diese Vorstellung:

L

Sunt philosophi, qui omnia ex crebris corpusculis[1] facta esse dicant; illos non puto dignos, quibus fides habeatur. Quis est, qui sciat, ubi sint minima illa corpuscula? Unde veniunt, qua discedunt? Quis illa umquam vidit? Quis sensit? An solus Leucippus – qui erat huius sententiae auctor – oculos habuit, solus mentem? Is sane solus omnium philosophorum caecus[2] stultusque fuit, qui palam proferret ea, quae nemo somniare[3] posset. Nam mundum – omnia sidera, omnia animalia, omnia aequora – corpusculis casu iunctis natum esse opinatus est.

Veteres philosophi iam conabantur, si invenirent materiam, ex qua omnia constarent; et inveniebant aquam, aerem, ignem, terram. Verum ille alia putavit esse primordia[4], quae nec videri nec tangi possent. „Tam minima sunt“, inquit, „ut nulla acies ferri[5] sit tam subtilis, qua dividi possint.“ Itaque illis nomen atomorum[6] imposuit. Ex horum motu etiam arbores fructusve fieri contendit. Sin autem ita esset, nulla res umquam semine[7] egeret, ut nasceretur. Homines autem semper serebant[8] atque semina humo mandata curabant, e quibus fructus efferrentur. Equidem non habeo, quod mundum ex atomis constare putem; itaque alia rerum primordia quaerenda sunt.

[1] corpus-culum *Körperchen, Teilchen, Atom*
[2] caecus *blind*
[3] somniāre *träumen*
[4] prīmōrdium *Anfang, Ursprung*
[5] aciēs ferrī *hier: Schärfe eines Messers*
[6] atomus *Atom, unteilbares Urkörperchen*
[7] sēmen, -inis *n* *Same*
[8] serere *säen*

Ü

a 1. Welche Gründe für die Ablehnung der von Leukipp entwickelten Theorie führt Laktanz an? 2. Inwiefern widerspricht Leukipps Vorstellung von der Entstehung der Welt der christlichen Lehre? 3. Zeige anhand von Wortwahl und Satzbau, dass Laktanz nicht immer sachlich argumentiert.

b In welchem der gekennzeichneten Nebensätze müsste im Lateinischen immer der Konjunktiv stehen? Begründe.
1. Jupiter, den die Römer für den obersten Gott hielten, wurde Vater der Götter und Menschen genannt. 2. Oft baten die Menschen ihn, dass er ihnen hilft. 3. Die Römer verehrten auch noch viele andere Götter, während die Christen dagegen, deren Religion sich im römischen Reich zunächst ausbreitete, nur an einen einzigen Gott glaubten. 4. Immer wenn sie gezwungen wurden, anderen Göttern zu opfern, weigerten sie sich standhaft. 5. Die Römer verstanden nicht, warum die Christen ihren Glauben nicht aufgeben wollten.

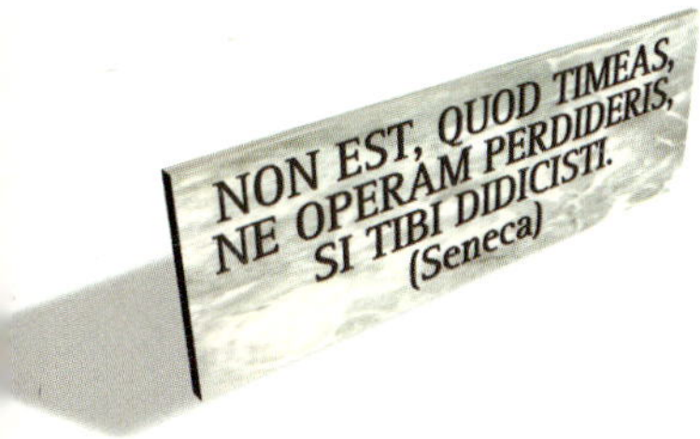

c Übersetze und entscheide, welche Relativpronomina durch ein kausales cum oder ein finales oder konsekutives ut ersetzt werden können:
1. Lactantius, qui religionem Christianam sequeretur, sententias Leucippi contempsit. Epistulam scripsit, qua verba philosophi negaret. 2. Sunt, qui censeant una cum corpore animum occidere. Nihil est, quod iis irascamur, quos multi magnos et felices appellent. 3. Imperatores, qui futura cognoscere cuperent, saepe sacra fecerunt. Tum haruspices venerunt, qui hostias spectarent.

d Übersetze folgende Aussagen des Laktanz und erkläre jeweils den Konjunktiv im Relativsatz:
1. Nihil est, quod Deus efficere non possit. 2. Quis est, qui non intellegat mundum divina providentiā[1] factum esse? 3. Deus terram fecit, quam homo cum ceteris animalium generibus habitaret. 4. Videmus nihil esse in universo mundo, quod sine ratione factum sit. 5. Si in hoc mundo nulla providentia est, quae regat, nullus deus, qui administret[2], unde mens humana orta est?

[1] prōvidentia *Vorsehung*

[2] administrāre *verwalten*

Atomtheorie

Jostein Gaarder erklärt in seinem für Jugendliche geschriebenen Roman *Sofies Welt* die Atomtheorie mit Hilfe der Legosteine:
„Legosteine haben ungefähr alle Eigenschaften, die Demokrit den Atomen zugeschrieben hat, und gerade deshalb kann man so gut damit bauen. Zuerst einmal sind sie unteilbar. Sie unterscheiden sich in Form und Größe, sie sind massiv und undurchdringlich. Legosteine haben außerdem Haken und Ösen sozusagen, mit denen sie sich zu allen möglichen Figuren zusammensetzen lassen können. Diese Bindung kann später aufgelöst werden, und dann werden wieder neue Gegenstände aus denselben Klötzchen gebaut. [...] Heute können wir fast behaupten, Demokrits Atomlehre sei richtig gewesen. Die Natur ist wirklich aus verschiedenen Atomen zusammengebaut, die sich an andere binden und sich dann wieder trennen. Ein Wasserstoffatom, das in einer Zelle auf meiner äußersten Nasenspitze sitzt, hat früher einmal zu einem Elefantenrüssel gehört. Ein Kohlenstoffatom in meinem Herzmuskel saß einmal im Schwanz eines Dinosauriers."

Lesenswert: Sofies Welt. Jostein Gaarders Roman über die Geschichte der Philosophie. München 1998.

Jacques-Louis David: Der Tod des Sokrates. 1787. New York, The Metropolitan Museum of Art.

E

1. Quid de Socrate scitis? Illud maxime memoratur, quod Socrates dicebat se nihil scire nisi hoc unum, quod nihil sciret.
2. Praeterea Socrates dicere solitus est eum esse simillimum deis, qui paucis rebus egeret, quod dei nulla re egerent.
3. Iuvenes quidam Socratem diligebant, quod se bene docuisset.
4. Quid ille de mulieribus cogitavit? Socrates mulieres magni aestimavit, quia non minus quam viri essent idoneae ad omnes disciplinas, si diligenter instituerentur.

Warum ging Sokrates ohne Furcht in den Tod?

L

Socrates, senex septuaginta annorum, ab inimicis accusatus est, quod adulescentes corrupisset et deos patrios negavisset. Quidam contenderunt Socratem cives impios reddidisse. Tamen ille tristis non erat, cum capitis damnatus mortem subiit. Audiamus, quid dixerit in ea oratione postrema, quam apud iudices haberet, cum capitis iam damnatus esset: „Magna me“, inquit, „spes tenet, iudices, mihi magno usui esse, quod mittor ad mortem. Quo facilius intellegatis, quod sentiam, haec audite: Aut mors sensus omnino omnes aufert aut morientes in alium quendam locum ex hoc mundo eunt. Quodsi sensus exstinguuntur et mors est similis somno, qui nocte nobis suavissimam quietem[1] affert, di boni, quid potius est quam mori! Quam rari sunt dies, qui sint iucundiores tali nocte! Sin vera sunt, quae dicuntur, mortem esse migrationem in eas oras, in quas ii, qui de vita decesserunt, praemissi sunt, id multo beatius est. Mihi libet eos, qui se iudices dicunt, effugere et ad eos venire, qui vere iudices[2] appellentur, et eos convenire, qui recte et cum fide vixerint. Ego libenter supremum diem obirem, si mihi liceret invenire ea, quae dico. Quantum solacium est eos videre, qui item iudicio iniquo affecti sint! Nec vero irascor iis, qui, ut accusarer aut capitis damnarer, nisi sunt – nisi quod se mihi nocere crediderunt. Sed tempus est iam hinc abire – me, ut moriar, vos, ut vitam agatis. Quid autem sit melius, di immortales sciunt; hominum quidem neminem hoc scire arbitror.“

[1] quiēs, quiētis *f* *Ruhe*

[2] iūdicēs: *Gemeint sind hier die Richter der Unterwelt (Rhadamanthus, Aeacus und Triptolemus).*

a 1. Welche Gesichtspunkte dafür, dass der Tod nicht zu fürchten sei, führt Sokrates an? 2. Welchen Gegensatz betont er mit der Aussage: „... ad eos venire, qui vere iudices appellentur ...“?

b Betrachtet das Gemälde auf S. 70 und beschreibt, wie der Maler die Todesstunde des Sokrates gestaltet hat.

[1]societās, -ātis *f* *Bündnis*

[2]avārus *geizig*

c Übersetze und erkläre jeweils den Konjunktiv im zweiten Satz:
1. Amicus omnes libros mihi donavit, quos frater eius reliquerat. Amicus se omnes libros mihi donare velle dixit, quos frater suus reliquisset. 2. Multi Socratem mirabantur, quod capitis damnatus orationem habuit. Athenienses Socrati crimini dederunt, quod adulescentes corrumperet. 3. Lacedaemonii Themistoclem accusaverunt, quod societatem[1] cum rege Persarum fecerat. Lacedaemonii Themistoclem accusaverunt, quod societatem cum rege Persarum ad Graeciam opprimendam fecisset. 4. Nulli avaro[2] adhuc satis erat, quod habebat. Nullus avarus adhuc inventus est, cui, quod haberet, esset satis.

[1]revocāre *zurückrufen*

d Eine Erklärung für das Verhalten des Sokrates
Socrates iterum atque iterum dicebat esse divinum quoddam, cui semper ipse paruisset; quod ‘daemonium’ (göttliche Stimme) appellabat. Mirum illud est, quod, cum capitis damnatus esset, aequissimo animo se dixit mori. Contendit enim se dei signo revocatum[1] non esse, cum domo egrederetur, ut se defenderet.

e Suche aus **L** je ein Beispiel für die folgenden Verwendungsweisen lateinischer Kasus: Genitiv der Beschaffenheit, Genitivus partitivus, Dativ des Zwecks, Dativ als Objekt, doppelter Akkusativ, Akkusativ als Objekt, Ablativ der Zeit, Ablativ des Vergleichs.

Sokrates. Römische Marmorkopie nach einem attischen Bronzeoriginal um 340 v. Chr. Rom, Museo Nazionale Romano.

Sokrates

Der athenische Philosoph Sokrates (um 470–399 v. Chr.) stammte aus einfachen Verhältnissen. Sein Vater war Steinmetz, seine Mutter Hebamme. Anfangs ging Sokrates dem Beruf des Vaters nach; bald wandte er sich jedoch geistigen Aufgaben zu und wurde öffentlicher Lehrer – ohne Auftrag und Bezahlung. Sokrates sah seine Aufgabe vor allem darin, im Gespräch mit seinen oft jungen Mitbürgern deren Meinungen über ein sittlich gutes Leben zu prüfen und ihre falschen Einstellungen zu widerlegen. Voraussetzung für richtiges Handeln war seiner Meinung nach die Selbsterkenntnis und die Einsicht in das eigene Nichtwissen. Indem er behauptete, er wisse nur das eine, nämlich nichts zu wissen, traf er alle, die glaubten, im Besitz eines festen Wissens zu sein. Als er erklärte, bei all seinem Tun lasse er sich von einer inneren „göttlichen Stimme“ leiten, hielt man ihn für einen religiösen Revolutionär. In hohem Alter wurde er dann von seinen Mitbürgern wegen angeblicher Gotteslästerung und Verführung der Jugend zum Tode verurteilt. Ruhig und gelassen trank er im Beisein seiner Freunde den Becher mit Gift.

Büste des Epikur. Um 270 v. Chr. Berlin, Staatliche Antikensammlung.

E

1. Scriptores tradunt philosophos Graecos causas rerum quaesivisse.
   Philosophi Graeci causas rerum quaesivisse traduntur.
2. Cicero a Graecis litteras didicisse putatur/traditur.
   Romani a Graecis litteras didicisse putantur.
3. Graeci multorum Romanorum magistri fuisse dicuntur.

Was braucht der Mensch zum Leben?

Ein Gespräch, in dem ein Anhänger der epikureischen Lehre (E) einem interessierten Römer (R) Rede und Antwort steht, hätte folgendermaßen verlaufen können:

L

R: Cur Epicurei vitam multorum hominum miseram esse putant?

E: Nos, cum liberi a curis et periculis simus, libenter videmus homines re militari, divitiis, re publica captos esse. Felices esse putantur; sed non omnes felices sunt, qui felices esse videntur. Cupidi sunt bella gerendi, opprimuntur aere alieno, semper negotia sua agunt.

R: Tu igitur periculis et curis hominum delectari videris.

E: Non delector, quia nonnulli homines periculis et curis vexantur, sed quia vitam privatam et a laboribus liberam ago. Quae vita tantam voluptatem praebet, quantam vix dicere queo. Nihil est dulcius quam intra muros doctrina sapientium aedificatos se recipere.

Das Bild der schützenden Mauern veranschaulicht das erstrebenswerte Dasein des epikureischen Philosophen: Er lebt zurückgezogen von der Welt im Gefühl der eigenen Sicherheit und Unabhängigkeit.

Quibus muris tegimur quasi arce summo monte posita. Inde eos spectamus, qui viam vitae quaerentes ultro citroque errant. Dies noctesque de fama et nobilitate certare inter se videntur et summo labore nituntur, ut maximas opes sibi parent. Quae est merces istius operae?

R: Epicurei pecuniam contemnere dicuntur. Nonne pecunia vobis opus est?

E: Neque corpori neque menti pecunia divitiaeque prosunt. Ut nobis praebeantur simulacra aurea, cibi praeclari, domus auro et argento et aere fulgentes[1], natura ipsa eas res non appetit. Suave etiam est ruri esse propeque lacum sub arboribus sedere, cum caelum ridet.
Naturam enim nihil aliud velle scimus, nisi ut dolores a corpore absint et mens metu sublato delectetur. Eam rectam esse viam sola ratio[2] nobis monstrat.

[1] fulgēre *glänzen*

[2] ratiō: *Gemeint ist hier die durch Philosophie gewonnene Einsicht, die die unbegründete Furcht besiegen und den Menschen glücklich machen kann.*

Ü

appello putat
cogis tenemus
videtis profert
tradunt dico

a Warum führen die meisten Menschen aus epikureischer Sicht ein bedauernswertes Leben? Welche Lebensform ist für den Epikureer erstrebenswert? Warum können die Epikureer nicht als schadenfroh bezeichnet werden, wenn sie „mit Vergnügen" auf die geplagte Menschheit blicken?

b Wandle die Verbformen (links) ins Passiv um und übersetze dann.

c Wandle die AcI-Konstruktion nach folgendem Beispiel in eine NcI-Konstruktion um und übersetze diese:
Putant amicum laetum esse. → Amicus laetus esse putatur.
1. Vident puellam tristem esse. 2. Tradunt Ciceronem nonnullos annos in Graecia versatum esse. 3. Dicunt Ciceronem ibi multos philosophos audivisse.

d Fülle die Lücken der folgenden Sätze mit einer der vorgegebenen Lösungen. Welche Konstruktion liegt jeweils vor?
1. Non sine causa ? plurimas artes a Graecis esse inventas. – Plurimae artes a Graecis inventae esse ? . *(dicunt homines/ dicuntur)*
2. Multi Romani ? philosophorum Graecorum discipuli fuisse. – ? multos Romanos philosophorum Graecorum discipulos fuisse. *(scriptores tradunt/traduntur)*

e Ut, ut und wieder ut!
1. Quis tam stultus est, ut bonum consilium neglegat?
2. Ut sementem[1] feceris, ita fructus capies. 3. Non, ut cenem, vivo, sed ut vivam, ceno. (Sokrates) 4. Ut desint vires, tamen est laudanda voluntas. (Ovid) 5. Ut Romam veni, Capitolium ascendi. 6. Unum os habemus, ne semper sententiam nostram dicamus, duas aures habemus, ut semper verba sapientium audire possimus.

[1] sēmentis, -is *f Aussaat, Saat*

f Nenne die Adjektive, von denen die folgenden Substantive abgeleitet sind:
nobilitas, dignitas, cupiditas, varietas, celeritas, humanitas, crudelitas, libertas, pietas, potestas

I

Die Epikureer

Die Epikureer sind Schüler des Epikur, der 306 v. Chr. seine Philosophenschule in Athen gründete. Der Kern seiner Ethik ist die Lehre vom persönlichen Glück. Erreicht werden soll es durch Unerschütterlichkeit, durch die Einsicht, dass Furcht vor den Göttern und vor dem Tod unvernünftig ist. Der Mensch soll sich an der **voluptas** (Lust) orientieren, d.h. die Freiheit von Schmerz, Begierden und Leidenschaften anstreben. Als geeigneter Weg zu diesem Ziel wird ein Leben der Zurückgezogenheit angesehen. Die Aufforderung an den Einzelnen, das Glück in sich selbst, d.h. auch unter Verzicht auf eine öffentliche Tätigkeit zu finden, hat gerade im Rom der ausgehenden Republik, als erbitterte innenpolitische Kämpfe tobten, viele Anhänger gewonnen.

Ein stoischer Philosoph auf dem Kaiserthron

Kaiser Mark Aurel. Römische Marmorskulptur. Um 160 n. Chr. Wien, Kunsthistorisches Museum.

Als der fast 40-jährige Mark Aurel im Jahre 160 n. Chr. römischer Kaiser wurde, lagen schwere politische Aufgaben vor ihm. Seine Regierungszeit war durch heftige Abwehrkämpfe gegen die Feinde des römischen Reiches und die Bemühung um Grenzsicherung gekennzeichnet.
Schon in jungen Jahren wurde er für die Philosophie der Stoa gewonnen, die von dieser Zeit an sein Leben prägte. Seine Gedanken kreisten vor allem um die Themen Weltall und Gottheit, Mensch und Kosmos, die eigene Seele und das Verhältnis zu den Mitmenschen. Sein in griechischer Sprache verfasstes Buch *Selbstbetrachtungen*, dem das folgende Selbstgespräch entnommen ist, hat er auf den Feldzügen für sich selbst geschrieben. Er wollte sich darin über sich selbst klar werden. Seine Regierungstätigkeit fasste er ganz im Sinne der Stoa auf. Seine Amtsführung war geprägt von Arbeit, Pflichterfüllung, Verantwortungsbewusstsein und Humanität. Er war davon überzeugt: Auch der Mensch ist ein Teil des Kosmos und hat sich in ihm zu betätigen.

„Wenn du beim Morgengrauen verdrießlich aufwachst, dann denk daran: Ich stehe auf zum Werk des Menschen. Und da bin ich schlechter Laune, wo ich mich anschicke, das zu tun, wozu ich da bin und wozu ich auf die Welt gekommen bin? Oder bin ich dazu bestimmt, im Bett zu liegen und mich zu wärmen?" „Aber das ist behaglicher!" „Bist du etwa zum Behagen geboren? Bist du zum Genießen oder zum Handeln da? Siehst du nicht die Blumen, die Vögel, die Ameisen, die Spinnen, die Bienen, wie sie ihre Arbeit tun und – soviel an ihnen liegt – so den Kosmos mit aufbauen? Und da zögerst du, die Aufgaben des Menschen zu erfüllen? Läufst nicht zu dem hin, was dir deine Natur gewiesen hat?"

Mark Aurel: Selbstbetrachtungen V, 1. Übersetzt von Ulrich Hommes

Die Stoa, nach der großen Säulenhalle (**Stoa**) in Athen benannt, in der die sogenannten Stoiker lehrten, war eine der bedeutendsten philosophischen Schulen der Antike. Sie propagierte die Geringschätzung von Macht, Reichtum, materiellem Glück und Ansehen und lehrte vor allem die Notwendigkeit, sich von den sogenannten Affekten und den Leidenschaften (**cupiditates**) zu befreien: Dazu gehörten Furcht, Hass, Schmerz, aber auch – im Gegensatz zur Lehre der Epikureer – Freude und Lust. Nur so könnten stoische Tugenden wie Gerechtigkeit, Tapferkeit, Selbstbeherrschung oder Menschlichkeit sowie das Ziel der inneren Ruhe und Unabhängigkeit erreicht werden. Begründet hat die stoische Lehre Zenon von Kition (um 300 v. Chr.). In der römischen Kaiserzeit vertrat vor allem Seneca (4 v. Chr. bis 65 n. Chr.) das stoische Gedankengut.

Die Attalos-Stoa in Athen. Die 116 m breite und 20 m tiefe Säulenhalle wurde Mitte des 20. Jh.s rekonstruiert und bietet seitdem annähernd dasselbe Bild wie im 2. Jh. v. Chr. Sie beherbergt heute das Museum der Agora.

Mit stoischer Ruhe

Adulescens quidam, postquam philosophos aliquamdiu audivit, a patre rogatus, quid didicisset in philosophis audiendis, dixit: „Id tibi ostendam.“
Cum nihil aliud diceret, pater se pecuniam perdidisse existimavit, quia filium ad philosophos audiendos misisset. Itaque in filium verberibus vindicare coepit. Adulescens autem patrem saevum aequo animo tulit. Tum patri rursus poscenti, ut aliquem profectum[1] ostenderet, filius explicavisse dicitur: „Hoc e philosophia rettuli, ut patris iram pati possim.“

[1] profectus, -ūs *Erfolg*

Ich und die Welt

Der Epikureer:
„Homines specto. Numquam officia publica praestare debeo. Voluptas mihi cordi est.“

Der Stoiker:
„Mala aequo animo tolero. Voluptates neglego. Cottidie officia publica praesto.“

Von Fleischverzicht und Seelenwanderung

In den *Metamorphosen* des römischen Dichters Ovid tritt der Philosoph Pythagoras auf. Er spricht von der Seelenwanderung und darüber, wie frevelhaft der Verzehr von Fleisch sei:

L

„O mortales, utinam desinatis corpora vestra cibis nefariis temerare[1]! Humus ipsa omnibus cenam praebet sine caede et sanguine: Sunt fructus omnis generis! Heu, quantum scelus est animal quoddam nece alterius vivere!

Nemo vestrum perspiciat, quare haec mira verba faciam. Proinde ne mihi terga dederitis, sed aures vestras mihi detis!

Unde incipiam?

Omnia mutantur, nihil perit. Spiritus noster errat et venit illinc[2] huc, hinc illuc et corpus alicuius animalis occupat. Cum eo miscetur ibique per paucos annos haeret. E feris[3] humana in corpora transit inque feras redit – nec umquam solvitur. Ut cera[4] in novas formas fingitur nec manet, ut fuerat, nec formas servat easdem, sed tamen ipsa eadem est, sic anima non mutatur. Quae cum aeterna sit et saepe in aliud corpus transeat, in fera etiam spiritus alicuius propinqui inesse possit.

Proinde desinatis, homines, caede nefaria animas cognatas expellere! Ne sit victa pietas libidine carnis[5]. Nos non solum corpora sumus, sed etiam animae, quae in pecorum corpora ire et condi possunt. Proinde omnibus animalibus, in quibus animae parentum aut fratrum aut sororum inesse possunt, parcamus neve ventrem compleamus cibis nefariis!

Nihil igitur est toto in orbe, quod formam servet. Cuncta fluunt – ipsa tempora labuntur motu assiduo[6], pariter ac flumen. Eodem modo corpora nostra mutantur nec, quod fuimus aut sumus, erimus. Fuit ille dies, quo habitavimus in gremio matris, quo natura nos in auras emisit. Editus in lucem iacuit sine viribus infans[7]. Inde nobis iuventus, quae celeriter transit, a natura subducitur. Et subito anus aut senex nominamur, quibus mors subeunda erit. At anima nostra supererit et ab alio corpore recipietur."

[1] temerāre *entweihen, beschmutzen*
[2] illinc *Adv.* *von dort*
[3] fera *Tier*
[4] cēra *Wachs*
[5] carō, carnis *f* *Fleisch*
[6] assiduus, a, um *unablässig*
[7] īnfāns, īnfantis *Säugling*

Ü

a In **L** wurden zwei Verse des Dichters Ovid unverändert übernommen. Versucht, diese mit Hilfe der Markierungen zu lesen:
„nec manet, ut fuerat, nec formas servat easdem" (Z. 12 f.)
„Editus in lucem iacuit sine viribus infans." (Z. 26 f.)

Die Seele des Toten verlässt in Vogelgestalt das Grab. - Das Wiegen des Herzens vor dem Totenrichter Osiris. Ägyptischer Papyrus. 1450 v. Chr. Kairo, Ägyptisches Museum.

Charon bringt in seinem Kahn Seelen über den Unterweltsfluss Styx. Relief auf einem römischen Sarkophag. 3. Jh. n. Chr. Rom, Vatikanische Museen.

St. Michael als Seelenwäger. Katalanisches Fresko. 12. Jh. Barcelona, Erzbischöfliches Museum.

b 1. Sucht im Text die Vergleiche, mit deren Hilfe die menschliche Seele und das Leben im Allgemeinen beschrieben werden. 2. Vergleicht die pythagoreische Vorstellung von der Seele mit den Theorien anderer philosophischer Richtungen und Religionen.

c 1. Suche aus **L** je ein Beispiel für folgende Verwendungsweisen des Konjunktivs: Optativ (erfüllbar), Potentialis, Deliberativ, Prohibitiv und Hortativ.
2. Bestimme den adverbialen Nebensinn des Relativsatzes in Z. 22.
3. Bestimme den Gliedsatz in Z. 5 und erkläre den Konjunktiv.

d Gibt es ein göttliches Wesen?
Eine der großen und grundlegenden Fragen der Philosophie überhaupt ist die Frage, ob es Gott gibt oder nicht. Auch die antiken Philosophen beschäftigten sich damit. Aristoteles zum Beispiel gab die folgende Antwort, die Cicero später in einem einzigen Satz formulierte:

Si(1) essent homines, qui auxilio nullius egentes multa saecula sub terra habitavissent in bonis et praeclaris domiciliis[1], quae essent ornata simulacris instructaque omnibus rebus necessariis, nec exissent umquam supra terram;

si(2) accepissent autem famā esse quoddam numen et vim deorum, quibus mundus[2] cordi est;

si(3a) deinde aliquo tempore – cupiditate cognoscendi permoti – ex illis sedibus excedere in eas regiones, quas nos habitamus, potuissent;

si(3b) repente terram et maria et caelum vidissent, nubium magnitudinem et ventorum vim cognovissent, solem aspexissent, qui – luce toto orbe fusa – diem efficeret;

si(3c) nocte totum caelum sideribus ornatum cernerent et cursus eorum aeternos;

si(4) homines haec omnia viderent –
profecto arbitrarentur (ii homines) et esse deos, qui sunt maximā potentiā, et omnia esse opera deorum, qui nobis provident.

1. Suche zwei Beispiele für den obliquen Konjunktiv. 2. Unterscheide und benenne die Dative, Akkusative und Ablative mit ihrem jeweiligen Fachbegriff. 3. Suche je ein Beispiel für die satzwertigen Konstruktionen Participium coniunctum, AcI und Ablativus absolutus. 4. An welcher Stelle des Gleichnisses ist es den Menschen erstmals möglich, auf die Existenz Gottes zu schließen? 5. Versucht, das Gleichnis des Aristoteles zeichnerisch umzusetzen.

[1]domicilium *Wohnung* [2]mundus *Welt*

Freundschaft über den Tod hinaus

Cicero gibt in seiner Schrift De amicitia ein Gespräch wieder, zu dem sich eine Gruppe von Freunden kurz nach dem Tode Scipios des Jüngeren eingefunden hat (129 v. Chr.). Dabei meldet sich unter anderem Laelius zu Wort.

Grabrelief des Sosias und des Kephisodoros. Athenisch, um 410 v. Chr. Berlin, Staatliche Antikensammlung.

Postquam Scipioni Africano mortuo praeclarum funus est factum, amici convenerunt et e Laelio, quem familiarissimum Scipioni fuisse constat, quaesiverunt, quomodo mortem Africani ferret.

Laelius tacitus primo secum deliberavit, tum respondit: „Si Scipionem me desiderare negem, certe mentiar. Moveor enim tali amico orbatus[1], qualis, ut arbitror, nemo umquam erit neque quisquam certe fuit. Sed hoc mihi solacium est: Scipio saepe dixit animos hominum divinos esse eosque, cum ex corpore exissent, in caelum redire. Certe scio Africanum quoque nunc vitam aeternam beatissimamque super nos agere. Itaque eius mortem non doleo, solam beatitudinem eius video. Nam dolorem suum neglegere et saluti amici consulere, haec est vera amicitia."

Deinde Laelius, cum a familiaribus, quid esset amicitia, interrogatus esset, dixit:

„Est enim amicitia nihil aliud nisi omnium rerum consensio[2] cum benevolentia[3] et caritate[4]. Quā nihil melius a deis immortalibus homini datum est. Talis amicitia tanta commoda habet, quanta vix queo dicere. Quid dulcius est quam habere amicum, quocum omnia sic loquaris ut tecum? Quantus esset fructus in rebus secundis, nisi haberes amicum, qui illis aeque ac tu ipse gauderet? Quid nos, cum in periculo simus vel morbo affecti simus, melius muniat contra fatum?

Sed vulgo homines tam diligentes non sunt: Quot pecora habeant, dicere possunt, at amicos quot habeant, non possunt dicere. Et in illis quidem parandis adhibent curam, in amicis autem deligendis neglegentes sunt. Nec habent indicia quaedam, quibus iudicent eos, qui ad amicitiam sint idonei. Sunt igitur homines maturi et firmi et constantes eligendi. Quibus indiciis autem amici falsi intelleguntur? Si invidia commoti te in rebus secundis contemnunt sive in adversis te deserunt. Qui vero semper gravem, constantem, stabilem[5] se praestiterit, hunc optimo iure amicum dicis. Fundamentum[5] autem amicitiae firmae fides est. Omnia ea in Africano meo inveniri potuerunt."

[1]orbātus *m. Abl. (einer Sache) beraubt*

[2]cōnsēnsiō, -ōnis *f Übereinstimmung, Einigkeit*

[3]benevolentia *Sympathie*

[4]cāritās, -ātis *f Wertschätzung, Liebe*

[5]stabilis, e; fundāmentum: *vgl. Fw.*

Ü

a Über Scipio Africanus

Scipio unterhielt einen Freundeskreis, der sich der griechischen Kultur gegenüber sehr offen zeigte. Sein Freund Polybios, ein Grieche, übte in philosophischen Fragen großen Einfluss auf Scipio aus.

Scipio sequens praecepta Polybii dabat operam, ne quando e foro rediret domum, priusquam sibi quocumque modo aliquem eorum, quos convenisset, familiarem et amicum reddidisset, sentiens nullam esse homini possessionem[1] meliorem.

[1] possessiō, -ōnis *Besitz*

Bei Sätzen wie diesem weiß man anfangs vielleicht gar nicht, wo man beginnen soll. Geht man allerdings nach einem planvollen Verfahren vor, ist die Übersetzung bald kein Problem mehr.

Schritt 1: Checkliste
1 Wo verläuft der Hauptsatz?
2 Finden sich satzwertige Konstruktionen wie AcI / NcI, Ablativus absolutus oder Participium coniunctum bzw. nd-Formen?
3 Hängt vom Hauptsatz ein Gliedsatz oder Relativsatz ab (Nebensatz 1. Grades)?
4 Hängen davon weitere Gliedsätze bzw. Relativsätze ab (Nebensätze 2. und 3. Grades)?

Schritt 2: Satzbauschema
zu 1: Der Hauptsatz wird in der Spalte „HS" notiert.
zu 2: Satzwertige Konstruktionen, die Bestandteil des Hauptsatzes sind, werden in besonderer Markierung (hier: *kursiv*) ebenfalls in dieser Spalte eingetragen.
zu 3 und 4: Nebensätze werden in die entsprechenden Spalten eingetragen.

HS	NS 1	NS 2	NS 3
Scipio *sequens praecepta Polybii* dabat operam,			
	ne quando e foro rediret domum,		
		priusquam sibi quocumque modo aliquem eorum,	
			quos convenisset,
		familiarem et amicum reddidisset,	
sentiens nullam esse homini possessionem meliorem.			

b Erstelle eine entsprechende Analyse zu einem Satz aus **L**, z. B. Z. 1–4.

Gerechter Krieg?

Der spanische Eroberer Hernán Cortés im Kampf gegen die Azteken (1519-21). Mexikanische Bilderhandschrift aus dem 16. Jh. Paris, Bibliothèque Nationale. Cortés eroberte mit wenigen hundert Mann Mexiko. Er zerstörte das Aztekenreich und dessen Hauptstadt Tenochtitlan. Er begründete damit das spanische Kolonialreich auf dem amerikanischen Festland.

Die Eroberung Südamerikas durch die Spanier begann sogleich nach der Entdeckung des Kontinents im Jahre 1492 und verlief blutig und grausam: Menschen wurden zu Tausenden in die Sklaverei geführt oder getötet, die Bodenschätze des Kontinents wurden ohne Rücksicht auf Urbevölkerung und Umwelt ausgebeutet. Dies alles dokumentiert ausführlich und eindringlich der *Bericht von den Verwüstungen der Westindischen Länder* (1542) des spanischen Priesters Bartolomé de Las Casas (1474-1566). Dieser sprach sogar persönlich beim spanischen König Ferdinand V. vor. Der König setzte eine Kommission ein, um Gegenmaßnahmen zu ergreifen. Sein Tod (1516) allerdings ließ diese Bestrebungen zunächst im Sande verlaufen. Doch Las Casas gelang es schließlich, auf Ferdinands Nachfolger Karl V. einzuwirken, sodass dieser eine für die Eingeborenen günstigere Gesetzgebung erließ.

Der große Erfolg dieses Berichts – er wurde in viele europäische Sprachen übersetzt – rief eine Reihe von Gegenschriften hervor, die das Vorgehen der Eroberer rechtfertigten und begründeten.

Einer der Gegner von Las Casas war der Hofhistoriograf Kaiser Karls V., Juan Ginés de Sepúlveda. Er verfasste mehrere Werke, die das harte Vorgehen gegen die Indianer rechtfertigten, unter anderem die Apologia pro libro de iustis belli causis aus dem Jahre 1550.

Um einen schnellen Überblick über den Text zu erhalten, wirst du vor jedem Abschnitt eine Kurzzusammenfassung finden.

OPTIMO IURE ISTI BARBARI[1] A CHRISTIANIS SUBIGUNTUR.

Erster Grund für die Unterwerfung: Indianer sind Wilde, ohne Verstand und ohne Kultur, weshalb sie den höherstehenden Zivilisationen selbstverständlich weichen müssen, wenn nötig unter Gewaltanwendung.

Primum omnes sunt naturā barbari, sine litteris, sine ratione, et multis barbarorum vitiis contaminati[2]. Eiusmodi autem gentes iure naturae humanioribus et praestantioribus populis parere debent, ut meliores mores accipiant. Si quidem imperium nostrum contemnunt, possunt armis cogi, et id bellum erit iustum, ut Aristoteles philosophus dicit.

Zweiter Grund: Die Indianer sind des Götzendienstes schuldig und vor allem wegen ihrer Menschenopfer zu bestrafen, die gegen das Naturgesetz stehen.

Isti barbari implicati[3] erant gravissimis facinoribus: Cuncti enim idola[4] colebant et plerique immolabant[5] homines contra legem naturae.

Dritter Grund: Man muss die Indianer unterwerfen, um künftigen Götzendienst und Menschenopfer zu verhindern.

Omnes homines lege divina et naturali[6] iubentur innocentes[7] homines servare, ne indignam mortem subeant. Cum igitur isti barbari multa innocentium milia ad impias daemoniorum[8] aras immolarent (constat enim in Nova Hispania[9] singulis annis

[1]barbarus *Barbar*
[2]contāminātus, a, um *beschmutzt*
[3]implicātus, a, um *m. Abl. verstrickt (in)*
[4]īdōlum *Götze*
[5]immolāre *opfern*
[6]nātūrālis, e *natürlich, Natur-*
[7]innocēns, entis *unschuldig*
[8]daemōnium *Dämon*
[9]Nova Hispānia *Südamerika*

amplius quam viginti milia hominum immolatos esse), id prohiberi hac una ratione potuit: Barbari imperio proborum et tam nefariis flagitiis resistentium hominum, quales sunt Hispani, subacti sunt.

Vierter Grund: Die Indianer müssen um ihres eigenen Seelenheiles willen unterworfen werden und den christlichen Glauben annehmen.

Homines maxime errantes et ad suam certam perniciem contendentes revocare atque etiam invitos ad salutem trahere ius est divinum et naturale. Immo officium nostrum est.

IURE IGITUR BARBARI SALUTIS SUAE CAUSA AD IUSTITIAM IMPELLUNTUR.

Ü

a 1. Überlege, welcher der von Sepúlveda genannten Gründe auch heute noch von Staatsmännern als legitimer Kriegsgrund angeführt werden könnte. 2. Begründe, warum die anderen Kriegsgründe Sepúlvedas in unserer Zeit nicht mehr akzeptiert werden können.

b Vergleiche die Argumente Sepúlvedas mit denjenigen Ciceros (S. 82) und stelle Gemeinsamkeiten und Unterschiede dar.

c Suche in der Tagespresse Begründungsmuster für gegenwärtige Kriege und überlege, ob man diese den Argumenten des Aristoteles, Ciceros (S. 82) und Sepúlvedas zuordnen kann.

Der große Gegenspieler von Sepúlveda, *Bartolomé de Las Casas* (1474–1566), war ein Mitglied des Dominikanerordens und als Jurist in den spanischen Kolonien in Amerika tätig. 1510 wurde er zum Priester geweiht – als erster Christ in der Neuen Welt. Unter dem Eindruck der Dezimierung und brutalen Versklavung der einheimischen Bevölkerung trat er immer energischer gegen die unmenschliche Behandlung von Indiosklaven ein und erreichte bescheidene Reformen der spanischen Indianerpolitik. 1542 wurden auf seine Veranlassung hin von der spanischen Krone schließlich Schutzgesetze erlassen, die die willkürliche Folterung und Tötung von Indianern verboten. Diese Gesetze wurden jedoch zunächst nicht umgesetzt. Las Casas wurde als 70-Jähriger 1544 Bischof von Chiapas (Mexiko) und setzte dort die von ihm vorgeschlagenen Schutzgesetze durch. Er wurde daraufhin in Madrid verleumdet und konnte nicht verhindern, dass die Gesetze 1545 wieder aufgehoben wurden. 1547 kehrte er nach Spanien zurück – setze sich aber auch dort weiterhin für die Rechte der Indios ein.

Die Theorie vom gerechten Krieg: zwei Stimmen aus der Antike

1. Aristoteles, *Politik*

Der griechische Philosoph Aristoteles (384 bis 322 v. Chr.) begründet die Rechtmäßigkeit von Kriegen aus seiner Beobachtung der Menschen. Demnach sei zu unterscheiden zwischen Leuten, die von Natur aus Sklaven sind, und solchen, die von Natur aus Herren sind. Während die Sklaven kaum mit Vernunft ausgestattet seien und ausschließlich anstrengende körperliche Arbeiten verrichteten, seien die – vernunftbegabten – Herren unter den Menschen zur körperlichen Arbeit nicht befähigt:

„Alle die freilich, die so weit entfernt sind wie der Mensch vom wilden Tier – in dieser Situation befinden sich die alle, deren Arbeit im Umgang mit dem Körper besteht, und das ist denn auch die von ihnen am besten geleistete Arbeit –, alle diese sind von Natur aus Sklaven, für die es besser ist, unter einer Herrschaft zu stehen."

Wie es also Menschen gebe, die von Natur aus Sklaven seien und zu ihrem eigenen Besten der Beherrschung durch andere bedürften, gebe es auch zwischen Völkern diese Grundunterscheidung:

„Die Einübung in das Kriegshandwerk darf nicht deswegen betrieben werden, um Leute zu versklaven, die es nicht verdient haben, sondern um erstens selber nicht von anderen versklavt zu werden, zweitens um die Oberherrschaft zum Nutzen der Beherrschten zu suchen [...] und drittens um die Zwingherrschaft über alle die zu bekommen, die wert sind, Sklaven zu sein."

(Politik, 1254 b16–20; 1333 b39–1334 a1; übers. von Franz F. Schwarz)

Das Innenbild dieser kleinen attischen Schale gehört zu den wenigen realistischen Wiedergaben eines Arbeitssklaven in der griechischen Kunst. Die zusammengeketteten Beine, der Eimer in der linken Hand und der Brocken in der rechten Hand legen es nahe, hier einen Bergwerkssklaven beim Sammeln silberhaltigen Gesteins zu erkennen. 5. Jh. v. Chr. Leiden, Rijksmuseum.

2. Cicero, *De re publica*

Der römische Philosoph und Staatsmann Cicero (106 bis 43 v. Chr.) lehnt sich in seinen Überlegungen an Aristoteles an:

„Krieg ist deshalb gerecht, weil bestimmten Menschen die Knechtschaft nützlich ist, und es geschieht zu ihrem Nutzen, wenn es richtig geschieht, das heißt, wenn den Schlechten die Möglichkeit zu Übergriffen genommen wird und wenn die Unterworfenen sich besser dabei befinden, weil sie, nicht unterworfen, sich schlechter befunden haben.
Jene Kriege sind ungerecht, die ohne Grund unternommen werden: denn ohne den Grund, sich zu rächen oder die Feinde zurückzuschlagen, kann kein gerechter Krieg geführt werden."

Andererseits entwickelt er eine neue Argumentation, die die Beistandspflicht zwischen Bündnispartnern im Falle eines Angriffs betont:

„Kein Krieg wird vom besten Staat unternommen außer für gegebenes Wort oder für die eigene Rettung.
Unser Volk aber hat sich durch die Verteidigung der Bundesgenossen schon aller Länder bemächtigt."

(Übersetzung nach K. Büchner)

Lucas Cranach d. Ä.: Das goldene Zeitalter. München, Alte Pinakothek.

Warum gibt es Kriege?

Diese Frage beschäftigt seit jeher Philosophen und Wissenschaftler wie etwa Biologen, Psychologen und Anthropologen und führte zu vielen unterschiedlichen Theorien.

Eine poetisch-mythologische Erklärung für das Phänomen „Krieg" versuchte der römische Dichter Ovid (43 v. Chr.–18 n. Chr.) in seinem Werk *Metamorphosen* zu geben:

Die vier Weltalter

„Als erstes entstand das goldene Menschengeschlecht, das keinen Rächer kannte und freiwillig, ohne Gesetz, Treue und Redlichkeit übte. Strafe und Furcht waren fern, keine drohenden Worte las man auf öffentlich angeschlagenen Erztafeln, keine bittflehende Schar fürchtete den Spruch ihres Richters, sondern sie waren auch ohne Rächer geschützt. [...] Noch umgaben keine steil abfallenden Gräben die Städte, es gab keine Tuba, keine Helme, kein Schwert: Ohne Soldaten zu brauchen, lebten die Völker sorglos in sanfter Ruhe dahin. Auch gab die Erde, frei von Pflichten und Lasten, von keiner Hacke berührt, von keiner Pflugschar verletzt, alles von selbst her. [...] Ewiger Frühling herrschte. Bald trug ungepflügte Erde auch Getreide, und ohne nach einer Brache neu bearbeitet worden zu sein, war der Acker weiß und voll schwerer Ähren. Ja, Ströme von Milch, ja, Ströme von Nektar flossen, und gelb tropfte Honig von der grünenden Steineiche.

Als die Welt Jupiter unterstand, folgte ein silbernes Menschengeschlecht, geringer als Gold, wertvoller als rötliches Erz. Jupiter verkürzte die Dauer des ehemaligen Frühlings, und durch die Winter, die sommerlichen Gluten, die ungleichmäßigen Herbste und den kurzen Frühling gliederte er das Jahr in vier Zeiträume. Damals suchte man zum ersten Mal Unterschlupf in Häusern; als Haus dienten Höhlen, dichtes Gebüsch und mit Rinde verflochtene Zweige. Damals versenkte man zum ersten Mal Samen der Ceres in langen Furchen, und die Pflugstiere stöhnten unter der Last des Joches.

Als drittes folgte darauf das eherne Geschlecht; es war grausam veranlagt und schneller bereit, zu den schrecklichen Waffen zu greifen, doch nicht frevelhaft.

Das letzte ist von hartem Eisen. Alsbald brach in das Zeitalter des schlechteren Metalls alle Sünde ein, es flohen Scham, Wahrheitsliebe und Treue; an ihre Stelle rückten Betrug, Arglist, Heimtücke, Gewalt und die frevelhafte Habgier. [...] Den Erdboden, der zuvor Gemeingut gewesen war wie das Sonnenlicht und die Lüfte, zeichnete der umsichtige Feldmesser mit einer langen Grenzlinie. Und man forderte vom ertragreichen Boden nicht nur Saaten und die Nahrung, die er uns schuldig war, sondern man wühlte sich in die Eingeweide der Erde. Und die Schätze gräbt man aus – Anreiz zu allem Bösen. Schon war das gefährliche Eisen erschienen und das Gold, das noch gefährlicher ist als Eisen. Da erscheint der Krieg, der beides zum Kampf verwendet und mit blutiger Hand klirrende Waffen schüttelt. [...]"

(Übers. von Michael v. Albrecht)

a Belege aus dem Text, welcher Charakterzug des Menschen – nach Ovid – besonders für die Existenz von Kriegen verantwortlich zu machen ist.

b Befragt eure Lehrer für Geschichte, Biologie und Religionslehre bzw. Ethik, welche Theorien zur Entstehung von Kriegen in diesen Wissenschaften diskutiert werden.

Übersetzungstest

Sind das noch „Spiele"?

Der Philosoph Seneca (4 v.–65 n. Chr.) beklagt in einem Brief das Verhalten der Zuschauermassen, die an den Grausamkeiten der Gladiatorenspiele Vergnügen finden, und berichtet, was er selbst einmal bei solchen Kämpfen erlebte:

Nihil tam periculosum[1] bonis moribus existimo quam in aliquo spectaculo[2] sedere; tunc enim per voluptatem vitia irrepunt[3]. Sentio me, cum a ludis revertar, crudeliorem et inhumanum[4] factum esse.

Nuper in meridianum spectaculum[5] veni iucundos ludos exspectans, quibus oculi delectarentur. At ferro et igne pugnabatur; exitus pugnantium semper mors erat. Nihil gladiatores habebant, quo tegerentur; totis corporibus nudi verbera excipiebant. Hoc quidem plerique praeferunt aliis pugnis. Mane[6] igitur pugnantes animalibus feris, postea spectatoribus[7] obici videntur.

[1]perīculōsus, a, um *gefährlich*
[2]spectāculum *Schauspiel*
[3]irrēpere *sich einschleichen*
[4]in-hūmānus, a, um
[5]merīdiānum spectāculum *Mittagsvorstellung (eine Art 'Pausenfüller')*
[6]māne *am Morgen*
[7]spectātor, -ōris *Zuschauer*

Um seine kritische Einstellung zu verdeutlichen, lässt Seneca auch einen faszinierten Zuschauer zu Wort kommen:

„Multi in arena pugnant, qui scelerati nominari possint. Alii fures esse, alii homines occidisse dicuntur. Qui puniantur, quia scelera commiserint!" – Quid ergo? Quia occiderunt, illi hoc patiantur. Sed quid est, quod tu miser hoc spectes? – „Occide! Quare tam timide[8] incurrit[9] in ferrum? Cur non libenter moritur?" Quo ex sermone intellegi potest vitandam esse turbam; neque enim desunt, qui mala exempla dent vitiaque nobis tradant.

[8]timidus *schüchtern, furchtsam*
[9]in-currere

a „Alternativprogramm" – aus einem Pliniusbrief

Plinius amico salutem dicit.
Omne hoc tempus in libris iucundissimo otio consumpsi. 'Quemadmodum', inquis, 'hoc in urbe potuisti?' Circenses[1] erant, quos mihi odio esse scis. Nihil novum, nihil varium, nihil, quod non semel[2] spectavisse satis sit. Itaque miror tantum numerum virorum iterum atque iterum equos currentes et homines curru vehentes videre cupere. Equidem per hos dies, quos alii rebus inanibus perdant, magnam operam do, ut otium meum in litteris inveniam, quibus maximam voluptatem capiam. Vale!

[1]circēnsēs *Zirkusspiele*
[2]semel *einmal*

b Weltmacht Rom

Ergänze den richtigen Kasus und übersetze:

1. Felix dicit: Mihi **?** (magnus honos) erat, quod vobis multa de Roma narravi. 2. Romani **?** (multa saecula) domini Italiae erant. 3. Caesar primus **?** (Romani) Britanniam occupavit. 4. Ibi Romani saepe fortius **?** (adversarii) pugnabant. 5. Romani imperium **?** (Galli) **?** (multi anni) tenebant. 6. **?** (Aetas) Marci Aurelii **?** (imperium Romanum) multae provinciae erant. 7. Copiae provinciis **?** (auxilium) veniebant.

c Bilde jeweils zwei richtige lateinische Wörter bzw. Wortformen, indem du verschiedene Einzelbuchstaben ergänzt:
s?nt – t?m – sci?t – m?tus – s?ne – ?t – ?fferre – ocul?s – er?t – ?n – n?men – ?bi – contend?t – igne? – conab?ntur

d Übersetze und erkläre die Konjunktive:
1. Cicero fatetur se litteris, quae a Graecis Romam pervenissent, studuisse. 2. Idoneus erat, qui de philosophia scriberet. 3. Cicero, qui Graecorum philosophos magni aestimaret, adulescens Athenas profectus est. 4. Multos libros edidit, quos legerent Romani.

e Die lateinischen Texte wurden lange in Großbuchstaben sowie ohne Worttrennung und Satzzeichen überliefert. Versuche, die folgenden Sentenzen zum Thema Freundschaft in unserer Schreibweise zu notieren und zu übersetzen:
1. IDEMVELLEATQUEIDEMNOLLEAMICITIAEST
2. AMICITIAQUAEDESINEREPOTESTVERANUMQUAMFUIT

f AcI oder NcI? Ergänze die richtigen Endungen:
1. Socrat? civ? bon? fuisse dicitur. 2. Philosoph? vitam simplicem egisse scimus. 3. Sed eius uxor nimis mal? fuisse narratur. 4. Socrat? eius iram bene toleravisse existimatur. 5. Mult? res de hac uxore narrat? iniqu? esse scimus.

g Bei Adjektiven drückt das Suffix **–bilis** die Möglichkeit aus, **-osus** die Fülle (vgl. S. 144 f.); erschließe:
1. mirabilis, comparabilis, mobilis 2. periculosus, perniciosus, otiosus, pretiosus, studiosus, umbrosus

Ein lesenswertes Buch über die Gladiatorenkämpfe im alten Rom: „Das Spiel mit dem Tod". Von Marcus Junkelmann, Mainz 2000.

Massenunterhaltung in Rom

Der normale Arena-Tag war dreigeteilt. Vormittags wurden in der Regel **venationes** veranstaltet, bei denen wilde und zahme Tiere in den unterschiedlichsten „Paarungen" aufeinandergehetzt wurden. Je exotischer die Tiere, die aus dem gesamten Reich in einer vorzüglich eingespielten Logistik allein zur Vernichtung nach Rom geschafft wurden, umso aufregender das Spektakel!
In der Mittagszeit wurden zum Tode verurteilte Verbrecher hingerichtet, häufig indem sie gegen Tiere „antreten" mussten. Fehlte es der „Hinrichtungsshow" an Dramatik und Raffinement, so begann das „verwöhnte" hauptstädtische Publikum unzufrieden zu murren.
Den Höhepunkt der Vorstellung bildeten die nachmittäglichen **munera**. [...] Unterschiedlich bewaffnete Gladiatoren traten in Einzel- oder (seltener) Gruppenkämpfen an, von Schiedsrichtern beaufsichtigt und vom Publikum frenetisch angefeuert, bis es einen den Kontrahenten „erwischte".

(K.-W. Weeber, Alltag im Alten Rom)

Hinweise zur Darbietung - für die Lehrer

a) Wortschatz

Die lateinischen Wörter und Wendungen sind in der Reihenfolge angeordnet, wie sie in den Texten vorkommen. In der Regel sind die folgenden „grammatischen Eigenschaften" beigefügt:

- *Genusendungen* bei Adjektiven (z. B. **magnus, a, um**);
- *Genusangaben* bei Substantiven der 3., der **u**- und der **e**-Deklination (z. B. **urbs, urbis** *f*);
- *Genitive* bei Substantiven der 3., der **u**- und der **e**-Deklination (z. B. **mons, montis**) sowie bei einendigen Adjektiven (z. B. **felix, felicis**);
- *Stammformen* bei Verben mit „unregelmäßiger" Perfektbildung (als „regelmäßig" gelten das **v**-Perfekt der **ā**- und **ī**-Konjugation sowie das **u**-Perfekt der **ē**-Konjugation);
- *Kasusrektionen* und *Verbvalenzen*, die vom Deutschen abweichen (z. B. **iubere** *m. Akk.*).

Im Kleindruck erscheinen:

- Vokabeln, die für die Bearbeitung einer Lektion wiederholt werden sollten (vor den Wortschätzen);
- Wendungen mit bereits bekannten Vokabeln (z. B. gratias agere);
- Präsensformen und deutsche Bedeutungen bereits bekannter Verben, deren Stammformen nachgetragen werden (z. B. dare, do, **dedi** geben);
- lateinische Vokabeln und deutsche Bedeutungen, wenn weitere Bedeutungen nachgetragen werden (z. B. contendere, contendo behaupten; kämpfen, sich anstrengen);
- Namen am Ende der Wortschätze (vgl. Namenverzeichnis).

In der rechten Spalte der Kapitelwortschätze finden sich deutsche Fremd- und Lehnwörter sowie einige geläufige englische Vokabeln, die sich auf das jeweilige lateinische Wort zurückführen lassen. Außerdem stehen hier als Merkhilfe bekannte Vokabeln der gleichen Wortfamilie (z. B. **ducere** bei **abducere**).
Die Wortschätze werden immer wieder ergänzt durch Lernhilfen, die auch der Motivation, der Vertiefung und Veranschaulichung dienen, deren Kenntnis jedoch in den Lektionstexten nicht vorausgesetzt wird:

- „Latein lebt": Hinweise zur kulturellen Bedeutung und zum Weiterleben der lateinischen Sprache;
- „Kontext": kurze, einprägsame lateinische Sätze zu Vokabeln, die unterschiedlich konstruiert werden können oder stark voneinander abweichende Bedeutungen haben;
- „Wortfamilien": Verdeutlichung von Wortbildungselementen und etymologischen Zusammenhängen;
- Sach- und Wortfelder sowie Abbildungen.

Diese Lernhilfen können nach dem jeweiligen Wortschatz, aber auch nach der Grammatik stehen; sie beziehen sich – je nach Thema – meist auch auf mehrere vorausgehende Wortschätze.

In diesem vierten Band gibt es darüber hinaus wiederholt auch Lernhilfen zur Wortbildung. Eine Zusammenfassung wichtiger „Regeln zur Wortbildung" findet sich auf S. 144f.

b) Grammatik

Die Grammatik wird Lektionen begleitend, entsprechend der Progression der Stoffkapitel, dargeboten.

Die grammatischen Erläuterungen sind einheitlich gegliedert nach Formenlehre (**F**), Syntax (und/oder Semantik) (**S**) und (in einigen wenigen Fällen) Textgrammatik (**T**). Die Darbietung ist konsequent auf das für den Schüler Wichtige beschränkt, wobei Leseverstehen und Sprachreflexion als Hauptziele des Unterrichts Auswahl und Umfang bestimmten.
Die sprachlichen Phänomene werden zumeist in induktiver Weise an Beispielsätzen erläutert. Dabei sind die Beispielsätze – soweit es der jeweilige Stoff erlaubt – so konzipiert, dass die Grammatik auch vor der Behandlung des Lektionstextes besprochen werden kann; sie enthalten, wie auch die **E**-Sätze im Lektionenteil, keine neuen Vokabeln. (Ausnahme: Vokabeln, die „Stoffträger" sind).

Die ergänzenden **Zusatzhinweise** (mit Grammadux-Symbol) machen die Schüler auf spezielle Schwierigkeiten aufmerksam und geben Tipps aus der Sicht des Praktikers.

initium	Anfang, Eingang	abīre	weggehen
memoria	Erinnerung, Gedächtnis; Zeit	alere	ernähren, großziehen
officium	Dienst, Pflicht(gefühl)	canere	singen, besingen, (ein Instrument) spielen
tempus	(günstige) Zeit, Umstände		
dulcis	angenehm, süß	praeterīre	vorbeigehen, übergehen
iūcundus	angenehm, erfreulich	apud *m. Akk.*	bei, nahe bei
pulcher	schön	falsō	fälschlich
trīstis	traurig, unfreundlich		

arbitrārī, arbitror, arbitrātus sum	glauben, meinen	
tuērī, tueor *m. Akk.*	betrachten, schützen, *(milit.)* sichern, sorgen für	*Tutor*
verērī, vereor, veritus sum	fürchten, sich scheuen; verehren	*Re-verenz, e. to revere*
cārus, a, um	lieb, teuer, wertvoll	*„Caritas"*
cōnfitērī, cōnfiteor, cōnfessus sum	(ein)gestehen	*Konfession, e. to confess*
mollis, e	weich, angenehm; freundlich	*Moll, mollig*
imitārī, imitor, imitātus sum	nachahmen	*imitieren, Imitation, e. to imitate*
mīrārī, mīror, mīrātus sum	bewundern, sich wundern	mīrus; *e. to admire*
versārī, versor, versātus sum	sich aufhalten, sich befinden	
hortārī, hortor, hortātus sum	auffordern, ermahnen	
rērī, reor, ratus sum	meinen	ratiō; *Rate, ratifizieren, e. (to) rate*
vidērī, videor, vīsus sum	scheinen, gelten (als)	vidēre; *Vision, audiovisuell*

Mūsa	Muse (Göttin der Künste und Wissenschaften)
Sapphō, Sapphūs *f*	Sappho (Dichterin der Griechen von der Insel Lesbos, um 600 v. Chr.)

Bedeutungsähnliche Verben

arbitrari – putare
reri – censere, existimare
vereri – timere

hortari – monere
tueri – spectare
– providere, consulere *m. Dat.*

F Verben: Deponentien (ā- und ē-Konjugation)

arbitror (passive Form)	ich glaube (aktive Bedeutung)

In allen Konjugationen gibt es einige Verben, die nur passive Formen bilden, jedoch aktive Bedeutung haben (Deponentien); sie haben also gleichsam ihre aktiven Formen „abgelegt" (**deponere!**).

a) Infinitiv Präsens

arbitrārī	glauben, meinen

b) Präsensstamm

		Präsens Sg.	Pl.	Imperfekt Sg.	Futur I Sg.
Indikativ	1. Pers.	árbitr-**or**	arbitrā-**mur**	arbitrā-**bā**-r	arbitrā-**b**-or
	2. Pers.	arbitrā-**ris**	arbitrā-**minī**	arbitrā-**bā**-ris	arbitrā-**be**-ris
	3. Pers.	arbitrā-**tur**	arbitra-**ntur**	...	arbitrā-**bi**-tur ...
Konjunktiv	1. Pers.	arbitr-**e**-r		arbitrā-**re**-r	
	2. Pers.	arbitr-**ē**-ris	...	...	
Imperativ		arbitrā-**re!**	arbitrā-**minī!**		

c) Perfektstamm

		Perfekt Sg.	Plusquamperfekt Sg.	Futur II Sg.
Indikativ	1. Pers.	arbitrātus, a, um sum ...	arbitrātus, a, um eram ...	arbitrātus, a, um erō ...
Konjunktiv	1. Pers.	arbitrātus, a, um sim ...	arbitrātus, a, um essem ...	

d) Stammformen

arbitrā-rī	árbitr-or	arbitrātus sum	ā-Konjugation
verē-rī	vere-or	veritus sum	ē-Konjugation

Die Deponentien der ā-Konjugation (z. B. **arbitrārī**) und der ē-Konjugation (z. B. **verērī**) haben die gleichen Endungen wie die entsprechenden aktiven Verben (z. B. **vocāre, monēre**) im Passiv (vgl. die Formentabellen S. 134 ff.).

gēns	Familienverband, Stamm, Volk	dēsīderāre	sich sehnen nach, vermissen
genus	Abstammung, Art, Geschlecht	cognōscere	erkennen, kennenlernen; *Perf.* kennen, wissen
aliēnus	fremd		
cupidus	(be)gierig (nach)	crēscere	wachsen
ferus	wild	√cum *m. Abl.*	mit, zusammen mit
fīnitimus	angrenzend, benachbart		

sequī, sequor, secūtus sum *m. Akk.*	folgen	*Sequenz, Suite*
patī, patior, passus sum	(er)leiden, ertragen, zulassen	*Patient, Passiv, Passion*
ūtī, ūtor, ūsus sum *m. Abl.*	benutzen, gebrauchen	ūsus; *e. to use*
loquī, loquor, locūtus sum	reden, sprechen	*Kolloquium*
avāritia	Geiz, Habgier	*e. avarice*
proficīscī, proficīscor, profectus sum	(ab)reisen, aufbrechen	
hūmānus, a, um	menschlich; gebildet	homō; *human, Humanität, e. human*
mihi tēcum est	ich habe mit dir zu tun	
aggredī, aggredior, aggressus sum	angreifen, herangehen	*aggressiv, Aggression*
latrō, latrōnis *m*	Räuber	
persequī, persequor, persecūtus sum	verfolgen	*e. to persecute*
experīrī, experior, expertus sum	erfahren, versuchen	*experimentieren, Experte*
nāscī, nāscor, nātus sum	entstehen, geboren werden	nātūra, nātiō; *naiv*
amīcīs ūtī	Freunde haben	
celeritās, celeritātis *f*	Schnelligkeit	celer
vestīgium	Fußsohle, Spur, Stelle	
oblīvīscī, oblīvīscor, oblītus sum *(m. Gen.)*	vergessen	*e. oblivion*
quamobrem	warum; *relativer Satzanschluss:* deshalb	

Alexander Magnus	Alexander der Große (356–323 v. Chr., König von Makedonien)
Eurōpa	Europa
Asia	Asien und Kleinasien (heutige Türkei)
Lȳdia	Lydien (Landschaft an der Westküste Kleinasiens, der heutigen Türkei)
Syria	Syrien (Landschaft in Asien zwischen Kilikien und Palästina)

F Verben: Deponentien (kons. und ī-Konjugation)

a) Infinitiv Präsens

sequ-ī folgen

b) Präsensstamm

		Präsens Sg.	Pl.	Imperfekt Sg.	Futur I Sg.
Indikativ	1. Pers.	sequ-**or**	sequ-i-**mur**	sequ-**ēba-r**	sequ-**a-r**
	2. Pers.	sequ-**e-ris**	sequ-i-**minī**	sequ-**ēbā-ris**	sequ-**ē-ris**
	3. Pers.	sequ-**i-tur**	sequ-**u-ntur**	…	…
Konjunktiv	1. Pers.	sequ-**a-r**		sequ-**e-re-r**	
	2. Pers.	sequ-**ā-ris**	…	…	
Imperativ		séqu-**e-re!**	sequ-**i-minī!**		

c) Perfektstamm

		Perfekt	Plusquamperfekt	Futur II
Indikativ	1. Pers.	secūtus, a, um sum …	secūtus, a, um eram …	secūtus, a, um erō …
Konjunktiv	1. Pers.	secūtus, a, um sim …	secūtus, a, um essem …	

d) Stammformen

sequ-ī	sequ-or	secūtus sum	kons. Konjugation
pat-ī	pati-or	passus sum	(i-Erweiterung)
experī-rī	experi-or	expertus sum	ī-Konjugation

Die Deponentien der konsonantischen Konjugation (z. B. **sequī**, **patī**) und der ī-Konjugation (z. B. **experīrī**) bilden ihre Formen genauso wie die entsprechenden aktiven Verben (z. B. **agere**, **capere**, **audīre**) im Passiv (vgl. die Formentabellen S. 134 ff.).

faber	Arbeiter, Handwerker	īgnārus	ohne Kenntnis, unwissend
monumentum	Denkmal	capere	fassen, nehmen, erhalten; erobern
posterī	Nachkommen	impedīre	hindern, verhindern
praeda	Beute	parcere	schonen, sparen
antīquus	alt, altertümlich	pōnere	(auf)stellen, (hin)legen, setzen
dīligēns	gewissenhaft, sorgfältig	temptāre	angreifen; prüfen, versuchen

intuērī, intueor	anschauen	tuērī; *intuitiv, Intuition*
ēgredī, ēgredior, ēgressus sum	herausgehen, verlassen	
hortus	Garten	*(Kinder-)Hort*
repente *Adv.*	plötzlich, unerwartet	
ingredī, ingredior, ingressus sum	betreten, beginnen	*Ingredienz*
propius *Adv.*	näher	prope
turbāre, turbō	durcheinanderbringen, stören	turba; *Turbine, Turbo, e. to trouble*
īrāscī, īrāscor *m. Dat.*	in Zorn geraten, zornig sein (gegen)	īra
querī, queror, questus sum *(m. Akk.)*	klagen; sich beklagen (über)	*Querele, Querulant*

Archimēdēs, Archimēdis	Archimedes (berühmtester Mathematiker und Mechaniker des Altertums, 287–212 v. Chr.)
bellum Pūnicum	Punischer Krieg
Mārcellus	Marcellus (römischer Feldherr und Eroberer von Syrakus 212 v. Chr.)
Syrācūsae, Syrācūsārum	Syrakus (Stadt an der Ostküste Siziliens)
Syrācūsānī, Syrācūsānōrum	Syrakusaner (Einwohner von Syrakus)

F Verben: Deponentien (Infinitive, Partizipien)

Auch von den Deponentien werden alle **Infinitive** und **Partizipien** gebildet:

Infinitiv Präsens	**hortā-rī**	auffordern
Infinitiv Perfekt	**hortā-tum esse**	aufgefordert (zu) haben
Infinitiv Futur	**hortā-tūrum esse**	auffordern werden
Partizip Präsens	**hortā-ns**	auffordernd
Partizip Perfekt	**hortā-tus**	einer, der aufgefordert hat
Partizip Futur	**hortā-tūrus**	einer, der auffordern wird

S Partizip Perfekt der Deponentien: Verwendung

a) Caesar milites hortatus profectus est.
(Die Soldaten ermahnt habend, brach Cäsar auf.)
Nachdem Cäsar die Soldaten ermahnt hatte, brach er auf.
Cäsar ermahnte die Soldaten und brach dann auf.

Das Partizip Perfekt bezeichnet die **Vorzeitigkeit**; zur Wiedergabe im Deutschen kann man einen Gliedsatz oder die Beiordnung wählen.

b) Caesar veritus, ne occasio omitteretur, statim profectus est.
(Fürchtend, dass die Gelegenheit versäumt werde, brach Cäsar sofort auf.)
Cäsar brach aus Furcht, die Gelegenheit zu versäumen, sofort auf.
Cäsar fürchtete, die Gelegenheit zu versäumen, und brach daher sofort auf.

Das Partizip Perfekt der Deponentien kann allerdings auch die **Gleichzeitigkeit** ausdrücken; häufig kommen vor:

veritus aus Furcht   arbitratus/ratus in der Meinung

Sachfeld Gefühle

gaudere
sich freuen

amare
lieben

diligere
hoch achten, lieben

sperare
erwarten, hoffen

irasci
in Zorn geraten, zornig sein

timere
Angst haben, fürchten

metuere
(sich) fürchten

vereri
fürchten, sich scheuen, verehren

gaudium
Freude

amor
Liebe

laetitia
Freude

spes
Hoffnung

voluptas
Lust, Vergnügen

ira
Zorn

timor
Angst, Furcht

metus
Angst

dolor
Schmerz

luctus
Trauer

invidia
Neid

odium
Hass

ingenium	Begabung, Talent	agitāre	(be)treiben, überlegen
pars	Teil, Seite, Richtung	convertere	verändern, (um)wandeln, verwandeln
pūblicus	öffentlich, staatlich		
agere	handeln, treiben, verhandeln	proinde	also, daher, ebenso

multum temporis	viel Zeit	
opera	Arbeit, Mühe	*Oper, Operation*
cōnsequī, cōnsequor, cōnsecūtus sum	erreichen, nachfolgen	sequī; *konsequent, Konsequenz, Konsekutivsatz*
bene valēre	(richtig) gesund sein	
dolēre, doleō	schmerzen, wehtun; bedauern	dolor; *kon-dolieren*
collum	Hals	*Kollier, De-kolleté*
valētūdō, valētūdinis *f*	Gesundheit(szustand)	valēre
premere, premō, pressī, pressum	(unter)drücken, bedrängen	*Presse, e. to press*
quamquam	*Subj. m. Ind.* obwohl *im Hauptsatz:* freilich	
tantum ingeniī	so viel (an) Begabung	
quid cōnsiliī?	welcher Plan? welcher Entschluss?	
aliquid honōris	irgendeine Ehre	
causa	Sache, Ursache, Grund; Prozess	
causam agere	einen Prozess führen	
in rē pūblicā versārī	sich politisch betätigen	
quasi *Adv.*	gleichsam	*„quasi"*
Cicerō, Cicerōnis	M. Tullius Cicero (Redner und Anwalt, Schriftsteller, 106–43 v. Chr.)	
gēns Tullia	Familie des M. Tullius Cicero	
Athēnīs	in Athen *(wo?)*	
Rhodī	auf Rhodos *(wo?)*	

S Genitivus partitivus

Cur ibi multitudo ***hominum*** stat?
Warum steht dort eine Menge *Menschen*?

Pars ***eorum*** in tabernis res varias emit, pars stat et spectat.
Ein Teil *von ihnen* kauft verschiedene Sachen in den Läden, ein (anderer) Teil steht herum und schaut.

Der Genitivus partitivus (hier: **hominum** bzw. **eorum**) bezeichnet die Gesamtheit, von der ein bestimmter Teil (hier: **multitudo** bzw. **pars**) genannt wird.

Der Genitivus partitivus steht hauptsächlich bei Maß- und Mengenangaben (z. B. **numerus, vis, copia, pars, multum, nihil**) sowie bei einigen Pronomina (z. B. **nemo, quis**). Er hat die Satzgliedfunktion des Attributs.

Beachte folgende Wendungen:

multum temporis viel Zeit	**quid consilii?** welcher Plan?	**quis vestrum?** wer von euch?
nihil novi nichts Neues	**tantum ingenii** so viel (an) Begabung	

T Einfache Texterschließung (1)

Um die Thematik und den Inhalt eines Textes zu erfassen, solltest du die folgenden Hinweise beachten:

Schon beim ersten Durchlesen eines Textes kann man die Thematik häufig an sog. **Schlüsselwörtern** ablesen. Wichtige Begriffe kommen entweder in wörtlicher Wiederholung oder in Umschreibungen immer wieder vor. Darüber hinaus ermöglichen vor allem solche Wörter einen raschen Einblick in die Thematik des Textes, die dem gleichen **Sachfeld** angehören, die also gleichermaßen etwas mit einem bestimmten Lebensbereich zu tun haben. Solche Sachfelder sind z. B. Handel, Politik, Religion, Philosophie. Zum Sachfeld Handel gehören die Wörter **taberna, mercator, argentum, pecunia, pretium, probare, emere**. Einige dieser Wörter haben zwar verschiedene Bedeutungen, wie **probare** (prüfen, billigen) oder **pretium** (Preis, Wert, Lohn), sie werden aber eben dadurch auf eine Bedeutung festgelegt, dass sie zusammen mit den Wörtern eines bestimmten Sachfelds verwendet werden.

Bei der ersten Begegnung mit einem Text kann man jedoch nicht nur dem Wortschatz wichtige Informationen entnehmen, sondern auch den verschiedenen **Satzarten**, die im Text vorkommen.
Werden viele **Aussagesätze** aneinandergereiht, so handelt es sich oft um eine sachliche Beschreibung oder einen Bericht. Bei den Verben und den Personalpronomina kommen dann hauptsächlich Formen in der **3. Person** vor, bei den Substantiven z. B. kein Vokativ.
In einem Dialog wechseln dagegen die Themen und Gedanken schneller, und es finden sich immer wieder **Ausrufe** und **Fragen**. Der Leser muss deshalb mit einem häufigen Wechsel der Verbformen in allen Personen (auch Imperativen), mit Personalpronomina der **1. und 2. Person** und Vokativen rechnen.

Hi

ars	Fertigkeit, Kunst; *Pl.* Eigenschaften	bonus, melior, optimus	gut, besser, der beste, sehr gut
cāsus	Fall, Zufall	persuādēre *m. Dat.*	überreden, überzeugen
dictum	Ausspruch, Wort	torquēre	drehen, schleudern, quälen
iter	Reise, Marsch, Weg	tamquam	wie; wie wenn, als ob
intellegere	(be)merken, verstehen		

prōpōnere, prōpōnō, prōposuī, prōpositum	darlegen, in Aussicht stellen	pōnere; *e. to propose*
ēloquentia	Redegewandtheit, Rhetorik	loquī; *eloquent*
obscūrus, a, um	dunkel, unbekannt	*obskur, e. obscure*
perdere, perdō, perdidī, perditum	verlieren, verschwenden; zugrunde richten	
cornū, cornūs *n*	Flügel (des Heeres), Horn	*e. horn*
inānis, e	leer, wertlos	
pollicērī, polliceor, pollicitus sum	versprechen	
Lūcīlius	Lucilius (Adressat der philosophischen Briefe Senecas)	
mī Lūcīlī *(Vok.)*	mein Lucilius	

T

Einfache Texterschließung (2)

Für die Erschließung eines Textes ist es auch wichtig zu wissen, welche **Textsorte** vorliegt:

Die **Erzählung** bzw. **Schilderung** von – meist vergangenen – Ereignissen erfolgt oft in kunstvoll gestalteter Sprache. Häufig wechseln wörtliche Rede, kürzere Sätze und Satzgefüge, bei denen auch die Verwendung der Tempora und der Pronomina beachtet werden muss. Außerdem treten oft satzwertige Konstruktionen (Partizipialkonstruktionen, AcI) auf.
Bei einem **Dialog** sind Teilnehmer und Thematik von größter Bedeutung. Je mehr Vorkenntnisse man in dieser Hinsicht hat, umso besser kann man die Äußerungen verstehen. Meist kann man davon ausgehen, dass die Sätze relativ kurz sind und einzelne Äußerungen auf vorher Gesagtes Bezug nehmen. Daher darf man über dem Einzelsatz nie den Sinnzusammenhang aus den Augen verlieren. Bei einem lebhaften Dialog ist mit einem schnellen Wechsel der Formen und Konstruktionen zu rechnen, d.h. auch mit Ausrufen, Aufforderungen und Fragen.

Ein **Brief**, der ja Teil einer Korrespondenz ist, ist nicht leicht zu verstehen, da viele Kenntnisse vorausgesetzt werden, die über den Text hinausgehen. Hier muss sich der Leser oft auch auf seine Kombinationsgabe verlassen, um z. B. aus einer Antwort auf eine vorausgehende Frage zu schließen. Das Niveau des Inhalts und der sprachlichen Gestaltung hängt vom Schreiber, aber auch vom Empfänger des Briefes ab. Die Inhalte sind vielfältig, man liest einerseits Berichte und Beschreibungen, andererseits Fragen und Wünsche. Häufig kommen deshalb auch Fragesätze, Imperative sowie alle Personalformen und Tempora (auch das Futur) vor.

Bei einer **Rede** sollte man über den Redner, seine Absichten und die Zuhörer Bescheid wissen, da die Ausführungen häufig nur vor diesem Hintergrund zu verstehen sind.
Die Sprache ist kunstvoll ausgefeilt und mit **Stilmitteln** geschmückt, so dass deren Kenntnis ebenfalls eine wesentliche Verständnishilfe darstellt.

Beliebte Stilmittel sind z. B.:

- **Alliteration** (gleicher Anlaut bei aufeinanderfolgenden Wörtern, z. B. **maria montesque**). Die Alliteration macht die Zusammengehörigkeit der Wörter deutlich und erzeugt einen akustischen Reiz.
- **Anapher** (Wiederholung eines Wortes am Anfang von Satzgliedern bzw. Sätzen, z. B. **te appello, te oro, te rogo**). Die Wiederholung hebt das Wort deutlich hervor und erleichert dem Hörer das Verfolgen der Gedanken.
- **Antithese** (Gegenüberstellung gegensätzlicher Begriffe, z. B. **in pace ... in bello**). Die Meinung des Redners kann durch den Gegensatz unterstrichen werden.
- **Asyndeton** (Wortreihen oder Sätze, die unverbunden nebeneinanderstehen, z. B. **veni, vidi, vici**). Durch diese Art von Reihung versucht der Redner, die Worte dem Hörer geradezu einzuhämmern.
- **Klimax** (Anordnung von Wörtern oder Wortgruppen mit ähnlicher Bedeutung, bei der die Aussage stufenweise gesteigert wird, z. B. **vincire, vexare, necare**). Die Klimax dient dazu, die Aussage durch die Steigerung hervorzuheben und die Hörer zu beeindrucken.
- **Parallelismus** (gleiche Abfolge von aufeinanderfolgenden Wortgruppen bzw. Satzgliedern, z. B. **Felix nihil timet, nonnulla agit, multa scit.**). Die (mehrfache) Wiederholung der gleichen Struktur erleichtert dem Hörer das Verständnis und hebt die inhaltlichen Parallelen durch die Form hervor.

Die Stilmittel sollen die Zuhörer vom Anliegen des Redners überzeugen und auch psychologisch beeinflussen.

diligentia	Sorgfalt, Umsicht	committere	anvertrauen; veranstalten, zustande bringen
facultās	Fähigkeit	corrumpere	bestechen, verderben
vitium	Fehler, schlechte Eigenschaft	ēvenīre	sich ereignen
singulus, a, um	je ein, jeder einzelne	mandāre	einen Auftrag geben, übergeben
turpis, e	unanständig, hässlich, schändlich	prōspicere	schauen auf, sehen

fatērī, fateor, fassus sum	bekennen, gestehen	
vetus, veteris	alt	*Veteran*
orīrī, orior, ortus sum	entstehen, sich erheben	*Orient*
fundere, fundō, fūdī, fūsum	(aus)gießen, zerstreuen	*Infusion*
prōgredī, prōgredior, prōgressus sum	vorrücken, weitergehen	*progressiv*
ēducāre, ēducō	erziehen	dūcere; *e. education*
cella	Kammer, Keller, Tempel(raum)	
gremium	Schoß	
hinc *Adv.*	von hier, hierauf	
morārī, moror, morātus sum	(sich) aufhalten	mora; *Moratorium*
facultās, facultātis *f*	Fähigkeit; Möglichkeit	*Fakultät*
ancilla	Dienerin, Sklavin	
adiungere, adiungō, adiūnxī, adiūnctum	hinzufügen, anschließen	
plērumque *Adv.*	meistens	
quisquam, quaequam, quidquam (quicquam)	irgendjemand *(in verneinten Sätzen)*	quis
nec quisquam	und niemand	
suspicārī, suspicor	vermuten, ahnen	
occultus, a, um	geheim, verborgen	*Okkultismus*
nocturnus, a, um	nächtlich	nox; *f. nocturne*
pudet, puduit	es beschämt	
mē pudet	ich schäme mich	
opīnārī, opīnor	glauben, meinen	opīniō
adversus *Adv.*	entgegen	
adversus resistere	dagegen Widerstand leisten	
parum *Adv.*	(zu) wenig	
dēdūcere, dēdūcō, dēdūxī, dēductum	hinführen, wegführen	dūcere; *deduktiv*

Tacitus	L. Cornelius Tacitus (römischer Historiker, etwa 55–120 n. Chr.)

S

❶ Ablativus absolutus (Wiederholung)

Wie du bereits weißt (vgl. 71–73 **S**), ist es für die Wiedergabe des Ablativus absolutus wichtig, diese Konstruktion im lateinischen Satz zu erkennen und dann die verschiedenen Übersetzungsmöglichkeiten (und Sinnrichtungen) zu beachten.

a) Erscheinungsform

hostibus (Germanis) fugientibus	Substantiv (Eigenname) + Partizip (PPA)
hostibus (Germanis) victis	Substantiv (Eigenname) + Partizip (PPP)
his / quibus victis	Pronomen + Partizip (PPP)
patre (Hannibale) vivo	Substantiv (Eigenname) + Adjektiv
patre (Hannibale) duce	Substantiv (Eigenname) + Substantiv

Beim Ablativus absolutus bildet ein Nomen (Substantiv, Eigenname oder Pronomen) mit einem Partizip eine sprachliche Einheit, die im Ablativ steht (KNG-Kongruenz). An Stelle des Partizips kann in einigen Wendungen auch ein Adjektiv oder Substantiv vorkommen (z. B. **vivo**, **duce**).

b) Übersetzungsmöglichkeiten, Sinnrichtungen

		Bello confecto	milites domum redierunt. milites gaudebant. milites se non receperunt.
Adverbialsatz	*Nachdem (als)* *Weil (da)* *Obwohl*	der Krieg beendet war,	kehrten die Soldaten nach Hause zurück. freuten sich die Soldaten. zogen sich die Soldaten nicht zurück.
Präpositional-ausdruck	*Nach* *Wegen* *Trotz*	der Beendigung des Krieges	kehrten die Soldaten nach Hause zurück. freuten sich die Soldaten. zogen sich die Soldaten nicht zurück.
Beiordnung		Der Krieg war beendet (zu Ende);	*danach* kehrten die Soldaten nach Hause zurück. *deshalb* freuten sich die Soldaten. *dennoch* zogen sich die Soldaten nicht zurück.

Temporale, kausale und konzessive Sinnrichtung (vgl. die Beispiele) treten häufig auf. Modale (z. B. 'indem ...') und konditionale (z. B. 'falls ...') Sinnrichtung sind selten.

❷ Gerundium (Wiederholung)

Wie du bereits weißt (78 **F** und **S**), wird das Gerundium mit **-nd-** gebildet, worauf die Kasusendungen der o-Deklination im Singular folgen, z. B. **mone-nd-i**, **audi-e-nd-i**.

Parallelismus
Anapher
Alliteration
Antithese
Klimax
Asyndeton

Im Deutschen wird das Gerundium mit einem **Infinitiv** oder einem **Substantiv** wiedergegeben:

occasio libros *legendi*
die Gelegenheit Bücher *zu lesen (zum Lesen* von Büchern*)*

paratus *ad pugnandum*
bereit *zum Kämpfen (zum Kampf, zu kämpfen)*

in ludendo ridere
beim Spielen lachen

docendo discere
durch Lehren lernen

Die Formen des Gerundiums werden auch zu **Deponentien** gebildet:

occasio milites *hortandi*
die Gelegenheit die Soldaten *zu ermahnen (zur Ermahnung* der Soldaten*)*

paratus *ad proficiscendum*
bereit *zum Aufbrechen (zum Aufbruch, (um) aufzubrechen)*

Das Gerundium ist also ein zu Verben gebildetes Substantiv (**Verbalsubstantiv**) mit aktiver Bedeutung. Mit den Formen des Gerundiums lässt sich der substantivierte Infinitiv Präsens Aktiv (bzw. der Deponentien) deklinieren.

Wortfamilien

Manche Stammformen zu Verben mit unregelmäßiger Perfektbildung kannst du leicht erschließen. Im Folgenden sind die erschließbaren PPP-Formen kursivgedruckt:

dūcere	dūcō	dūxī	*ductum*	führen, ziehen
abdūcere	abdūcō	abdūxī	abductum	wegführen
dēdūcere	dēdūcō	dēdūxī	dēductum	hinführen, wegführen
ēdūcere	ēdūcō	ēdūxī	*ēductum*	herausführen
mittere	mittō	mīsī	missum	(los)lassen, schicken; werfen
āmittere	āmittō	āmīsī	*āmissum*	aufgeben, verlieren
committere	committō	commīsī	commissum	anvertrauen; veranstalten, zustande bringen
dēmittere	dēmittō	dēmīsī	*dēmissum*	hinabschicken, sinken lassen
permittere	permittō	permīsī	*permissum*	erlauben, überlassen
prōmittere	prōmittō	prōmīsī	*prōmissum*	versprechen

Wortbildung

Die Suffixe –tas, -ia, -itia und –tudo drücken einen Zustand oder eine Eigenschaft aus:

facul-tas	neglegent-ia	consue-tudo
humani-tas	inscient-ia	

auris	Ohr	convertere	verändern, (um)wandeln, verwandeln
rūsticus, a, um	ländlich	debēre	müssen, sollen
addere	hinzufügen	oblīvīscī *m. Gen.*	vergessen
adicere	hinzufügen	respicere	zurückblicken, berücksichtigen

quīcumque, quaecumque, quodcumque	jeder, der; wer auch immer; *neutr.* alles, was	quī
quisquis, quidquid (quicquid)	jeder, der; wer auch immer; *neutr.* alles, was	quis
discipulus	Schüler	discere
cernere, cernō	sehen, bemerken	
rēfert	es ist wichtig	ferre
commodus, a, um	angemessen, angenehm, günstig	
quō ... eō	je ... desto	
modo *Adv.*	eben (noch); nur	
praecipere, praecipiō, praecēpī, praeceptum	(be)lehren, vorschreiben	capere
ōs, ōris *n*	Gesicht, Mund	*oral*
levis, e	leicht, leichtsinnig	
dēlīberāre, dēlīberō	überlegen, beraten	*Deliberativ*
postrēmō *Adv.*	kurz(gesagt); schließlich	
praeceptum	Vorschrift, Lehre	praecipere
memor, memoris *m. Gen.*	in Erinnerung an („eingedenk“)	memoria; *e. memory*
vīsere, vīsō, vīsī, vīsum	besichtigen, besuchen	*Visitation, Visite*
peccāre, peccō	einen Fehler machen, sündigen	
littera	Buchstabe	
praeferre, praeferō, praetulī, praelātum	vorziehen	ferre; *Präferenz*

Erasmus	Erasmus von Rotterdam (bedeutender Vertreter des europäischen Humanismus, 1466-1536)

qui - quis

qui	der; welcher	quis	wer
qui-cumque	jeder der; wer auch immer	quis-quis	jeder, der; wer auch immer
qui-dam	ein gewisser, irgendeiner	quis-que	jeder
		quis-quam	irgendjemand
ali-qui	irgendein	ali-quis	irgendjemand

F Verallgemeinernde Relativpronomina: quisquis, quicumque

a) quisquis
jeder, der;
wer auch immer

	m/f	*n*
Nom.	quisquis	quidquid

Quisquis es, lingua Latina tibi placebit.
Wer auch immer du bist, Latein wird dir gefallen.

Das verallgemeinernde Relativpronomen **quis-quis / quid-quid** wird zumeist substantivisch verwendet. Es kommt fast nur im Nominativ vor.

b) quīcumque
jeder, der;
wer auch immer

	m	*f*	*n*
Nom.	quicumque	quaecumque	quodcumque

Quicumque linguam Latinam discit, multa discit.
Wer auch immer Latein lernt, lernt vieles.

Carolus Magnus quacumque ratione humanitatem augere studebat.
Karl der Große bemühte sich, die Bildung auf jede (erdenkliche) Weise zu fördern.

Das verallgemeinernde Relativpronomen **quicumque** wird adjektivisch und substantivisch verwendet. An die Deklinationsformen des Relativpronomens **qui, quae, quod** wird **-cumque** angefügt.

S Realis

a) Multa narrare possum, sed taceo.
Ich könnte viel erzählen, aber ich schweige.

Multa narrare potui, sed tacui.
Ich hätte viel erzählen können, aber ich schwieg.

Bei Ausdrücken des Könnens, Sollens und Müssens kann sich der Sprachgebrauch im Lateinischen und Deutschen unterscheiden; dem lateinischen Indikativ entspricht im Deutschen ein irrealer Konjunktiv; z. B.:

possum	ich könnte	aequum est	es wäre gerecht
potui	ich hätte ... können	longum est	es würde zu weit führen
debui	ich hätte ... müssen	difficile est	es wäre zu schwierig
oportuit	es hätte sich gehört	meum est	es wäre meine Aufgabe/Pflicht

b) Paene cecidi.
Ich wäre fast (beinahe) gefallen.

Numquam putavi ...
Ich hätte niemals geglaubt ...

Diese unterschiedliche Verwendung der Modi kommt auch dann vor, wenn festgestellt wird, dass etwas beinahe geschehen wäre oder unvermutet eingetreten ist.

causa	Sache, Ursache, Grund; Prozess	pertinēre *(ad m. Akk.)*	betreffen, gehören (zu), sich erstrecken (bis)
aliquis, aliquid	irgendjemand		
supplex, supplicis	demütig bittend	suscipere	auf sich nehmen, sich (einer Sache) annehmen, unternehmen
dēcipere	täuschen		
persuādēre *m. Dat.*	überreden, überzeugen	forīs	außerhalb, draußen; im Krieg

nī *Subj.*	wenn nicht	
mīrum est, nī/nisī	es sollte verwundern, wenn nicht; höchstwahrscheinlich	
incertus, a, um	ungewiss, unsicher	
ēmittere, ēmittō, ēmīsī, ēmissum	entsenden, freilassen	mittere; *Emission*
requīrere, requīrō, requīsīvī, requīsītum	aufsuchen, sich erkundigen, verlangen	quaerere; *requirieren*
libēns, libentis	bereitwillig	libenter
lēgātiō, lēgātiōnis *f*	Gesandtschaft	
precārī, precor	bitten	prex
cōnārī, cōnor, cōnātus sum	versuchen	
mōlīrī, mōlior, mōlītus sum	(an)treiben; planen, unternehmen	
spectāre, spectō	betrachten, hinsehen; anstreben	
obsecrāre, obsecrō	anflehen, bitten	sacer
operam dare *(m. Dat.)*	sich Mühe geben (bei)	
an *im indir. Fragesatz*	ob (nicht)	
haud sciō, an	ich weiß nicht, ob nicht; vielleicht	
potius *Adv.*	eher, lieber	
cōnstituere, cōnstituō, cōnstituī, cōnstitūtum	beschließen	statuere; *Konstitution*
schola	Schule	
dēferre, dēferō, dētulī, dēlātum	hinbringen, melden, übertragen	ferre
quīn *im Hauptsatz*	vielmehr, warum nicht	
Subj. m. Konj.	dass nicht; *(in festen Wendungen)* dass	
nōn multum abest, quīn	es fehlt nicht viel, dass	
nēmō dubitat, quīn	niemand zweifelt daran, dass	
exigere, exigō, exēgī, exāctum	(ein)fordern, vollenden	agere; *exakt*

Wortbildung

Das Präfix **in-** drückt das Gegenteil oder eine Verneinung aus, das Präfix **dis-** eine Trennung:

in-certus **in-dignus** **dis-cedere** **di-mittere**

S Konjunktiv im Hauptsatz: Potentialis, Deliberativ

Die folgenden Konjunktive stehen in Aussage- bzw. Fragesätzen:

a) Potentialis

Quis hoc dubitet?	Hoc nemo credat/crediderit.
Wer *könnte* daran zweifeln?	Das *dürfte* keiner glauben.
Wer *dürfte* daran zweifeln?	Das glaubt *wohl* keiner.

Der **Konjunktiv Präsens** bzw. **Perfekt** kann im Hauptsatz dazu dienen, eine Aussage als möglich zu charakterisieren bzw. in ihrer Gültigkeit abzuschwächen.
Beide Tempora drücken den **Potentialis der Gegenwart** aus.
Zur Wiedergabe im Deutschen eignen sich Formulierungen mit 'könnte', 'dürfte' oder 'wohl' (beim dt. Ind. Präs. oder Futur).

b) Deliberativ

Quid faciam?	Quid facerem?
Was soll ich tun?	Was hätte ich tun sollen?

In Fragesätzen dient der Konjunktiv (meist der 1. Pers.) zum Ausdruck der Überlegung bzw. Unentschlossenheit (**Deliberativ**). Zur Wiedergabe im Deutschen eignet sich die Umschreibung mit 'sollen'.

Der **Konjunktiv Präsens** drückt den **Deliberativ der Gegenwart** aus.
Der **Konjunktiv Imperfekt** drückt den **Deliberativ der Vergangenheit** aus.

Latein lebt

Latein lebt natürlich auch in der **Schule** (schola).
Die Schüler und Schülerinnen werden in *Klassen* eingeteilt. Diese wurden früher sogar lateinisch durch*nummeriert*: Die Anfänger am Gymnasium (urspr. griech.) gingen in die *Sexta*, dann kamen *Quinta*, *Quarta*, Unter*tertia* usw. Die *Abiturienten* hießen Ober*primaner*; noch heute erwerben sie in Österreich die *Matura* (Reife).
Schüler und Schülerinnen stöhnen oft unter einem schwierigen *Pensum* (Tagewerk). Sie müssen *addieren*, *subtrahieren*, *multiplizieren*, *klassifizieren* und vieles mehr. Wenn sie keine *Disziplin* hielten, warf man sie früher in den *Karzer*, das Schulgefängnis.
Einen Lehrer nennt man heute noch *Magister*. Der Ober*studiendirektor* ist wörtlich der Leiter des Lernbetriebs, die *Sekretärin* hütete ursprünglich gewisse Geheimnisse (secreta). Sympathisch ist, dass die lateinische Sprache uns auch die *Pause* (pausa) und die *Ferien* (feriae) beschert hat.

idōneus, a, um	geeignet, passend	explicāre	erklären
accendere	anfeuern, anzünden	impellere	antreiben, veranlassen
cōnsulere	*m. Akk.* um Rat fragen *m. Dat.* sorgen für	īnstruere	aufstellen, ausrüsten, unterrichten

rēctus, a, um	gerade, recht, richtig	regere; *e. right*
memorāre, memorō	erwähnen, sagen	*Memorandum*
minimē *Adv.*	am wenigsten, überhaupt nicht	minimus
prīvātus, a, um	persönlich, privat; *Subst.* Privatperson	
paulātim *Adv.*	allmählich	
certus, a, um	sicher, zuverlässig	
pariter *Adv.*	ebenso, gleichzeitig	par
ac / atque *im Vergleich*	wie, als	
pariter ac / atque	ebenso wie	
manifestus, a, um	offenkundig; überführt	manus
nocēre, noceō	schaden, schädlich sein	
facinus, facinoris *n*	Handlung, Untat	facere
prōdesse, prōsum, prōfuī	nützen, nützlich sein	esse; *Prosit!*
cōnferre, cōnferō, cōntulī, collātum	vergleichen, zusammentragen	ferre
prōrsus *Adv.*	überhaupt, völlig	
vītāre, vītō	meiden, vermeiden	
magis *Adv.*	mehr, eher	
fāma	(guter / schlechter) Ruf	

Quīntiliānus — M. Fabius Quintilianus (Professor für Rhetorik und Verfasser eines bedeutenden Werkes über die Redekunst, etwa 35 – 95 n. Chr.)

F nd-Formen: Gerundiv(um)

Infinitiv	Gerundiv(um)	
vocāre	**vocandus**, a, um	ā-Konjugation
monēre	**monendus**, a, um	ē-Konjugation
audīre	**audiendus**, a, um	ī-Konjugation
agěre	**agendus**, a, um	kons. Konjugation
capěre	**capiendus**, a, um	(i-Erweiterung)

Das Gerundivum wird ebenso wie das Gerundium mit **-nd-** gebildet.
Es kommt auch bei Deponentien vor
(z. B. hortandus, a, um – aggrediendus, a, um).
Es tritt in allen Formen eines Adjektivs (der a- und o-Deklination) auf.

S

nd-Formen: Attributives Gerundiv(um)

a) Erscheinungsform und Übersetzung

Das attributive Gerundivum ist ein zu Verben gebildetes Adjektiv (**Verbaladjektiv**) mit passiver Bedeutung. Es stimmt nach der KNG-Regel mit dem Bezugswort überein. Der Nominativ und der Dativ sind sehr selten.

Genitiv:	**Mihi tempus libri legendi non est.** Ich habe keine Zeit zum Lesen des Buches.
	Libri legendi cupidus sum. Ich bin neugierig darauf, das Buch zu lesen.
	Libri legendi causa otium quaero. Um ein Buch zu lesen, suche ich Ruhe.
Akkusativ: (nach Präp.)	**Hic locus ad librum legendum idoneus non est.** Dieser Platz ist nicht geeignet, um ein Buch zu lesen.
Ablativ:	**Libro legendo multa disco.** Durch die Lektüre des Buches lerne ich viel.
Ablativ: (nach Präp.)	**In libro legendo saepe ridebam.** Bei der Lektüre des Buches lachte ich häufig.

Wie die Beispiele zeigen, drückt das Gerundivum einen Vorgang aus. Eine wörtliche Übersetzung ist nicht möglich. Bei der Wiedergabe im Deutschen verwendet man meist Substantive oder Infinitivkonstruktionen. Deponentien, nach denen der Ablativ steht, werden in der Gerundivkonstruktion transitiv verwendet, z. B. **ad bona utenda**.

Ein attributives Gerundivum im Nominativ kann durch Adjektive auf '-wert' oder '-lich' wiedergegeben werden, z. B.:

liber legendus ein lesenswertes Buch	**dolor non ferendus** ein unerträglicher Schmerz

Bei der Wiedergabe der anderen Kasus wird oft die Gerundivform im Deutschen zu einem Substantiv, von dem dann das Bezugswort abhängt:

libro	**legendo**
durch die Lektüre	des Buches

b) Das attributive Gerundivum als satzwertige Konstruktion

Librum lego: Multa disco. Ich lese das Buch. Ich lerne (dadurch) viel.	**Librum legendo multa disco.** (Gerundium) **Libro legendo multa disco.** (Gerundivum) Durch die Lektüre des Buches lerne ich viel.

Man kann ein attributives Gerundivum mit Bezugswort ebenso wie das erweiterte Gerundium als eigenständigen Aussagesatz verstehen, der als satzwertige Konstruktion in einen anderen Satz „eingebettet" wurde.

gemitus	Seufzen, Traurigkeit	reprehendere	kritisieren, schimpfen
dīligēns, dīligentis	gewissenhaft, sorgfältig	versārī	sich aufhalten, sich befinden
dīligere	hochachten, lieben		

praeceptor, praeceptōris *m*	Lehrer	
quemadmodum	auf welche Weise (auch immer), wie	modus
-ve	oder	
continēre, contineō, continuī, contentum	festhalten, hemmen; *Pass.* enthalten sein, beruhen (auf etw.)	tenēre; *Inkontinenz*
rumpere, rumpō, rūpī, ruptum	zerbrechen	
dīversus, a, um	entgegengesetzt, feindlich, verschieden	vertere
nēve / neu	oder nicht, und nicht *(in konjunktivischen Sätzen nach* ut/nē *zur Fortführung eines verneinten Satzes)*	
occupātus *(in m. Abl.)*	beschäftigt mit	occupāre; *Okkupation*
corrigere, corrigō, corrēxī, corrēctum	berichtigen, verbessern	regere; *korrigieren*
inīquus, a, um	ungerecht, ungleich	aequus
offerre, offerō, obtulī, oblātum	anbieten, entgegenbringen	ferre; *Oblate*
varietās, varietātis *f*	Verschiedenheit, Mannigfaltigkeit	varius; *e. variety*
contrā *Adv.*	gegenüber, dagegen	
adhibēre, adhibeō	anwenden	habēre
cūram adhibēre	Sorgfalt verwenden	
suprā *Adv.*	darüber hinaus, oben	
ūsque *Adv.*	ohne Unterbrechung	
speciēs, speciēī *f*	Anblick, Aussehen, Schein	spectāre; *e. species*

S nd-Formen: Prädikatives Gerundivum

a) Erscheinungsform und Übersetzung

Hic liber legendus est.	Hi libri legendi non sunt.
Dieses Buch muss gelesen werden (ist zu lesen).	Diese Bücher dürfen nicht gelesen werden.

Das prädikative Gerundivum bezeichnet bei Formen von esse eine Handlung, die ausgeführt werden muss/soll bzw. nicht ausgeführt werden darf oder soll. nd-Formen **transitiver Verben** stehen dabei mit ihrem Bezugswort in KNG-Kongruenz, d.h. sie werden „persönlich" konstruiert.

Parend*um* est.
(*Es* muss gehorcht werden.)
Man muss gehorchen.

Fortunae parend*um* est.
(Dem Schicksal muss gehorcht werden.)
Man muss dem Schicksal gehorchen.

Das Gerundivum **intransitiver Verben** steht im Neutrum Singular, d. h. es wird „unpersönlich" konstruiert („man"). Eine Ergänzung steht in dem Kasus, den das Verb auch sonst erfordert (hier: Dativ nach parēre).

Amico librum *legendum do.*
Ich gebe dem Freund das Buch *zum Lesen.*

Bei manchen Vollverben (z. B. dare, tradere, mittere) drückt das prädikative Gerundivum den Zweck aus ('zum', 'zur', 'zu' ...).

b) Dativus auctoris

Hic liber *tibi* legendus est.
Dieses Buch muss *von dir* gelesen werden / ist *von dir* zu lesen.
Du musst dieses Buch lesen.

Beim prädikativen Gerundivum mit Formen von esse steht die Person, von der die Handlung ausgeführt werden muss / soll, im Dativus auctoris (Dativ des Urhebers).

A magistro liberis consulendum est.
Der Lehrer soll für die Kinder sorgen.

Zur Vermeidung von Unklarheiten kann dafür auch ā / ab mit Ablativ stehen.

c) Satzgliedfunktion

Hic liber *legendus est.*
Dieses Buch muss gelesen werden.

Librum tibi *legendum do.*
Ich gebe dir das Buch zum Lesen.

Bei Formen von esse steht das Gerundivum als Prädikatsnomen, bei Vollverben (z. B. dare, tradere, mittere) als Prädikativum.

d) Gerundivum im AcI

Omnes putant liberos *instruendos esse.*
Alle glauben, dass Kinder *erzogen werden müssen.*
Alle glauben, dass man Kinder *erziehen muss.*

Scimus iniuriae *resistendum esse.*
Wir wissen, dass man dem Unrecht *Widerstand leisten muss.*

Das prädikative Gerundivum tritt häufig im AcI auf; auch dabei kann es persönlich oder unpersönlich konstruiert werden.

Wortbildung

Das Suffix **–tor** drückt eine handelnde Person aus:
praecep-tor impera-tor auc-tor vic-tor

pecus	Vieh, Tier	dōnec *Subj.*	solange (als), (so lange) bis
interesse	dazwischen sein; *(m. Dat.)* teilnehmen (an)	praecipere	(be)lehren, vorschreiben
sacrum	Heiligtum, Opfer	cōgere	(ver)sammeln, zwingen
ostendere	zeigen, erklären	religiō	Glaube, Aberglaube, (Gottes-)Verehrung, Frömmigkeit, Gewissenhaftigkeit

ōdisse, ōdī *Perf.*	hassen	odium; *„Odel", i. odiare*
meminisse, meminī *Perf.*		memoria; *„Memory"*
m. Gen./Akk.	sich erinnern	
m. AcI	daran denken	
immolāre, immolō	opfern	
explōrāre, explōrō	erforschen	*e. to explore, f. explorer*
cōnsuēscere, cōnsuēscō, cōnsuēvī, cōnsuētum	sich gewöhnen an; *Perf.* gewohnt sein	cōnsuētūdō
sacrificium	Opfer	sacer, sacrum
rūrsus *Adv.*	wieder	
sīgnum	Merkmal, Zeichen; Statue	*Signal, Signatur*
appārēre, appāreō, appāruī	erscheinen, sich zeigen	
ārdēre, ārdeō, ārsī	brennen	
ūniversus, a, um	gesamt; *Pl.* alle (zusammen)	*Universum, Universität*
praesēns, praesentis	anwesend, gegenwärtig	*präsent, Präsens, e. present*
interest *(m. Gen.)*	es ist wichtig (für jmd.)	interesse
ēdere, ēdō, ēdidī, ēditum	herausgeben, bekanntmachen	*edieren, Edition, e. to edit*
verbera, verberum *n. Pl.*	Schläge	
vindicāre, vindicō	beanspruchen, bestrafen;	*e. to vindicate*
in *m. Akk.*	vorgehen gegen	
adversus *m. Akk.*	gegen	vertere; *Adversativsatz, f. adverse*
post *Adv.*	dann, später	
īnsequī, īnsequor, īnsecūtus sum	unmittelbar folgen, verfolgen	sequī

Wortbildung

Die Suffixe **–ium** und **–io** drücken oft eine Handlung oder ein Ergebnis aus:

sacrific-**ium**	benefic-**ium**	aedific-**ium**
orat-**io**	munit-**io**	coniurat-**io**

Das Suffix **–scere** drückt einen Beginn aus:

consue-**scere** cogno-**scere**

S

❶ Verben: Perfektopräsentien

a) Die aktiven Perfektformen einiger Verben können einen Zustand oder ein Ergebnis ausdrücken und somit präsentische Bedeutung bekommen, z. B.

nōvī	ich habe kennengelernt, ich kenne / weiß
cognōvī	ich habe kennengelernt, ich kenne / weiß
cōnsuēvī	ich habe mich daran gewöhnt, ich bin gewohnt / pflege

Zwei Verben mit präsentischer Bedeutung bilden ausschließlich Formen des Perfektstamms:

meminī	ich erinnere mich / denke an
ōdī	ich hasse

b) Multi Romani philosophiam neglegere consueverant.
Viele Römer pflegten die Philosophie zu vernachlässigen.
Viele Römer kümmerten sich gewöhnlich nicht um Philosophie.

Bei diesen Verben werden also z. B. die Formen des Plusquamperfekts (hier: consueverant) mit Präteritum wiedergegeben usw.

❷ Obliquer Konjunktiv (1)

a) Quis eum diligat, quem timeat?
Wer könnte den lieben, den er fürchtet?

Gelegentlich kommt in Relativsätzen oder Gliedsätzen, die normalerweise im Indikativ stehen, ein sogenannter obliquer („schiefer") Konjunktiv vor. Dies ist z. B. dann der Fall, wenn der Relativsatz oder Gliedsatz von einem übergeordneten Satz abhängig ist, der selbst im Konjunktiv steht (**konjunktivische Abhängigkeit** oder **Modusangleichung**).
Dieser Konjunktiv wird bei der Übersetzung nicht wiedergegeben.

b) Scimus neminem eum diligere, quem timeat.
Wir wissen, dass niemand den liebt, den er fürchtet.

Der oblique Konjunktiv wird auch verwendet, wenn der Relativsatz oder Gliedsatz von einer Infinitivkonstruktion abhängig ist (**infinitivische Abhängigkeit**).

quantus, a, um	wie groß, wie viel	prōvidēre *m. Akk.*	vorhersehen
afficere *m. Abl.*	versehen mit	*m. Dat.*	sorgen für
sūmptus	Aufwand, die Kosten	dēserere	im Stich lassen, verlassen
inopia	Mangel, Not		

fierī, fīō, factus sum	gemacht werden; geschehen, werden	
fierī dē *m. Abl.*	gemacht werden aus	
trēs, trēs, tria	drei	*Trio, e. three, f. trois*
forma	Form, Gestalt, Schönheit	*formen, Formel, informieren, f./i./s. forma*
dōs, dōtis *f*	Mitgift	dare
ops, opis *f*	Hilfe, Kraft;	*opulent*
opēs, opum *f Pl.*	Macht, Mittel, Reichtum	
pauper, pauperis	arm	*e. poor, f. pauvre*
subicere, subiciō, subiēcī, subiectum	darunterlegen, unterwerfen	*Subjekt, e. subject*
ēicere, ēiciō, ēiēcī, ēiectum	hinauswerfen, vertreiben	*„Eject"*
adiuvāre, adiuvō, adiūvī *m. Akk.*	unterstützen, helfen	iuvāre
succurrere, succurrō, succurrī	zu Hilfe eilen	currere
quattuor *indekl.*	vier	*f. quatre, i. quattro*
vīctus, vīctūs *m*	Lebensunterhalt, Lebensweise	vīvere
dēficere, dēficiō, dēfēcī, dēfectum (ā *m. Abl.*)	abnehmen, ermatten; abfallen (von)	facere; *Defekt, Defizit*
Vīrēs mē dēficiunt.	Die Kräfte gehen mir aus.	
impetrāre, impetrō	erreichen, durchsetzen	*f. impêtrer*
cingere, cingō, cinxī, cinctum	umgeben, umzingeln	
incolumis, e	unverletzt, wohlbehalten	*i. incolume*
redūcere, redūcō, redūxī, reductum	zurückführen, zurückziehen	dūcere; *reduzieren, e. to reduce*
restāre, restō, restitī	übrigbleiben	stāre; *Rest*
tametsī *Subj.*	obwohl, wenn auch	sī
minus *Adv.*	weniger	*minus*
tribuere, tribuō, tribuī, tribūtum	schenken, zuteilen	*Tribut, At-tribut*

Theodōsius — Theodosius (röm. Kaiser von 379–395 n. Chr.)

S Verben: fieri

fierī **gemacht werden; geschehen, werden**

		Präsens Sg.	Pl.	Impfekt Sg.	Futur Sg.
Indikativ	1. Pers.	fī-ō	fī-mus	fī-ēba-m	fī-a-m
	2. Pers.	fī-s	fī-tis		fī-ē-s
	3. Pers.	fi-t	fī-u-nt	…	…
Konjunktiv	1. Pers.	fī-a-m		fi-e-re-m	
	2. Pers.	fī-ā-s	…	…	

Die Formen des Präsensstammes entsprechen im Allgemeinen denen der ī-Konjugation.

F Verwendung von fieri

a) Augustus imperavit, ut etiam in Gallia multa monumenta fierent.
Augustus befahl, dass auch in Gallien viele Denkmäler geschaffen wurden.

Itaque ibi multa monumenta facta sunt.
Deshalb wurden dort viele Denkmäler geschaffen.

Fieri vertritt im Präsensstamm das fehlende Passiv von facere.
Die Formen des Perfektstammes werden daher mit dem PPP von facere (factus, a, um) gebildet.
Die Komposita von facere bilden jedoch das Passiv nicht mit Formen von fieri, sondern regulär (z. B. efficitur zu efficit).

b) Ita factum est, ut ibi multa monumenta fierent.
So geschah es, dass dort viele Denkmäler geschaffen wurden.

Nach unpersönlichen Formen von fieri, wie

fit	es geschieht,
factum est	es geschah,
fieri potest	es kann geschehen,

leitet ut (mit Konj.) einen Gliedsatz ein, der über das Geschehen informiert.

Wortbildung

Das Präfix re- drückt einen Rückbezug oder eine Rückwendung aus:

re-ducere	re-stare
re-petere	red-ire

cōgitāre	beabsichtigen, denken	cōnscrībere	aufschreiben, verfassen
comprehendere	ergreifen, festnehmen; begreifen	dēnique	schließlich, zuletzt
mūtāre	(ver)ändern, verwandeln	plūris aestimāre	höher einschätzen, für wichtiger halten
quisquam	irgendjemand		
vix quisquam	kaum jemand		

cupiditās, cupiditātis *f (m. Gen.)*	Leidenschaft, (heftiges) Verlangen (nach)	cupidus
cōnsīderāre, cōnsīderō	betrachten, bedenken	*e. to consider*
taedium	Überdruss, Ekel	
prope *m. Akk.*	nahe bei	
sub *m. Akk.*	nahe an ... heran, unter *(wohin?)*	
cantus, cantūs *m*	Gesang	canere; *Kantate*
suāvis, e	süß, angenehm	
aliquamdiū *Adv.*	eine Zeitlang	diū
passus, passūs *m*	Schritt	
istīc *Adv.*	dort	iste, hīc
quī *Adv.*	wie	
negāre, negō	leugnen, verneinen, verweigern	*negativ, Negation*
paulō *Adv.*	(um) ein wenig	
prior, priōris	der erste, der frühere	prius
ōrdō, ōrdinis *m*	Ordnung, Reihe, Stand	*Orden, e. order*
ex ōrdine	der Reihe nach	
nūmen, nūminis *n*	Gottheit, göttliches Wesen, göttlicher Wille	
beātitūdō, beātitūdinis *f*	Glück(seligkeit)	beātus
faciēs, faciēī *f*	Gesicht, Aussehen	*e. face*
faciē ad faciem	von Angesicht zu Angesicht	

Wortfamilien

Die leicht erschließbaren Formen sind wieder kursivgedruckt:

petere	petō	petīvī	*petītum*	(aufsuchen, (er)streben, bitten, verlangen
appetere	appetō	*appetīvī*	*appetītum*	haben wollen, erstreben
repetere	repetō	repetīvī	repetītum	wiederholen, (zurück)verlangen
tangere	tangō	tetigī	*tāctum*	berühren
attingere	attingō	*attigī*	*attāctum*	berühren
contingere	contingō	contigī	contāctum	berühren; gelingen

96

S

Verschränkte Relativsätze

Tibi dabo illum librum, quem optimum esse constat.
Ich werde dir jenes Buch geben, von dem feststeht, dass es ausgezeichnet ist.

Tibi dabo illum librum, qui quam bonus sit scio.
Ich werde dir jenes Buch geben, von dem ich weiß, wie gut es ist.

Tibi dabo illum librum, quo lecto recte iudicare poteris.
Ich werde dir jenes Buch geben, nach dessen Lektüre du richtig urteilen kannst.

Im Lateinischen gibt es Relativsätze, die mit einem AcI, einem weiteren Gliedsatz oder gelegentlich auch mit einem Ablativus absolutus verschmolzen („verschränkt") sind.
Dabei richtet sich der Kasus des Relativpronomens nach der untergeordneten Konstruktion;
z. B. **quem**: Akkusativ wegen des AcI,
qui: Nominativ als Subjekt im indirekten Fragesatz,
quo: Ablativ wegen des Ablativus absolutus.

Da man diese Relativsätze im Deutschen nicht wörtlich wiedergeben kann, muss man bei der Übersetzung freiere Formulierungen wählen.

Häufig anwendbare Übersetzungsmöglichkeiten sind:

	Tibi dabo illum librum, Ich werde dir jenes Buch geben,
	quem optimum esse constat.
– *mit Relativsatz und „von":*	von dem feststeht, dass es ausgezeichnet ist.
– *mit Parenthese (Einschub):*	das – wie bekannt (ist) – ausgezeichnet ist.
– *mit Adverb:*	das bekanntlich ausgezeichnet ist.
– *mit Präpositionalausdruck:*	das nach allgemeiner Überzeugung ausgezeichnet ist.

Wenn diese Konstruktion Schwierigkeiten bereitet, so kannst du dir zunächst vorstellen, dass vor dem Relativsatz ein Strichpunkt oder ein Punkt steht, und wie bei einem relativen Satzanschluss übersetzen; z. B.:

Tibi dabo illum librum; quem optimum esse constat.
Ich werde dir jenes Buch geben; es steht fest, dass es ausgezeichnet ist.

Hast du so den Sinn richtig erfasst, dann musst du dich für eine der oben genannten Übersetzungsmöglichkeiten entscheiden und den Relativsatz wieder unterordnen.

afferre	bringen, herbeibringen, mitbringen, melden	ōdisse	hassen
dēligere	(aus)wählen	fatērī	bekennen, gestehen
furor	Wahnsinn, Wut	contingere	berühren; gelingen
		quisque *Subst.*	jeder

anima	Atem, Leben	animus; *f. âme, i. anima*
ob *m. Akk.*	wegen; für	
scelerātus, a, um	verbrecherisch, schändlich; *Subst.* Verbrecher	scelus; *f. scélérat*
cottīdiē *Adv.*	täglich	diēs
sī *Subj.*	falls, wenn; ob	
cōnārī, sī *m. Konj.*	versuchen, ob	
sēdāre, sēdō	beruhigen	*sedieren*
male *Adv.*	schlecht, schlimm	*f./s. mal*
accidere, accidō, accidī	geschehen, sich ereignen	cadere; *e./f. accident*
male accidit, quod	es trifft sich schlecht, dass	
morī, morior, mortuus sum	sterben	mors; *f. mourir, i. morire*
dum *Subj.* *m. Ind.*	während, solange, (so lange) bis;	
m. Konj.	wenn nur, (so lange) bis	
nātus / nāta	Sohn / Tochter	nāscī; *e. native*
vehere, vehō, vēxī, vectum	fahren, tragen, ziehen	*Vehikel, Vektor*
vehī, vehor, vectus sum *m. Abl.*	sich fortbewegen, fahren	
equō vehī	reiten	
simul *Adv.*	gleichzeitig, zugleich	
Subj.	sobald	
excēdere, excēdō, excessī, excessum	hinausgehen, weggehen	cēdere; *exzessiv, Exzess*
magnitūdō, magnitūdinis *f*	Größe	magnus
prehendere, prehendō, prehendī, prehēnsum	ergreifen, nehmen	*f. prendre, i. prendere*
praeceps, praecipitis	steil; schnell, überstürzt	
ferrum	Eisen; Waffe	*i. ferro*
prōdūcere, prōdūcō, prōdūxī, prōductum	(vor)führen	dūcere; *produzieren, Produkt*

S Gliedsätze (Zusammenfassung)

Lateinische Gliedsätze treten in der **Satzgliedfunktion** des Subjekts, Objekts oder Adverbiales auf; die meisten Gliedsätze haben die Satzgliedfunktion des Adverbiales. Welche adverbiale Sinnrichtung vorliegt, ist durch die einleitende Subjunktion, bisweilen auch durch den Modus (bzw. das Tempus) des Gliedsatz-Prädikats festgelegt.

Die folgende **Übersicht** fasst die Satzgliedfunktionen und (für das Adverbiale) die einzelnen Sinnrichtungen anhand kurzer Beispielsätze zusammen:

Gliedsätze als		
Subjekt	Aussage	Fieri potest, ut rebus parvis studeamus.
Objekt	Begehren	Homines optant, ut beate vivant.
Adverbiale	Temporal	Postquam Caesar vicit, hostes pacem petiverunt.
	Kausal	Quia in otio vivere volumus, in forum non imus.
	Konditional	Si imperator sapienter regit, cives beati vivunt.
	Konsekutiv	Tantus erat timor, ut omnes fugerent.
	Final	Omnes fugiebant, ut se servarent.
	Konzessiv	Quamquam miseri sunt, homines spem non amittunt.
	Adversativ	Homines stulti semper aliquid timent, cum homo sapiens liber sit a timore.

Die folgende **Übersicht** enthält die wichtigsten **Subjunktionen** (unterordnende Bindewörter), die die Gliedsätze einleiten:

cum	*m. Ind.*	(zu der Zeit) als, als (plötzlich), (immer) wenn; (*selten:* indem, wobei)
	m. Konj.	als, nachdem, weil, da, obwohl, während (dagegen)
dum	*m. Ind.*	solange, (so lange) bis
	m. Ind. Präs.	während
	m. Konj.	wenn nur, (so lange) bis
etsi	*m. Ind.*	wenn auch, obwohl
ne	*m. Konj.*	dass nicht, damit nicht; *(nach Ausdrücken des Fürchtens und Hinderns)* dass
nisi	*m. Ind.*	wenn nicht
postquam	*m. Ind. Perf.*	nachdem
priusquam	*m. Ind.*	bevor
quamquam	*m. Ind.*	obwohl
quamvis	*m. Konj.*	wenn auch
quia	*m. Ind.*	weil
quod	*m. Ind.*	weil; dass
quoniam	*m. Ind.*	da ja, da nun
quotiens	*m. Ind.*	sooft
si	*m. Ind./Konj.*	falls, wenn; ob
simul	*m. Ind.*	sobald
ubi	*m. Ind. Perf.*	sobald
ut	*m. Ind.*	sobald, sooft
	m. Konj.	dass, sodass, damit; angenommen dass, wenn auch (W 101)

prīnceps, prīncipis	der Erste, der führende Mann; Kaiser	surgere	sich erheben, aufstehen
ascendere	hinaufsteigen, besteigen	dīgnus, a, um *(m. Abl.)*	wert, würdig (einer Sache)
potestās	(Amts-)Gewalt, Macht	honor/honōs	Ehre, Ehrenamt

solēre, soleō, solitus sum	gewohnt sein, gewöhnlich etwas tun	
audēre, audeō, ausus sum	wagen	audācia; *f. oser*
cōnfīdere, cōnfīdō, cōnfīsus sum	vertrauen	fidēs
revertī, revertor, revertī, reversum	zurückkehren	*Revers*
gaudēre, gaudeō, gāvīsus sum *(m. Abl.)*	sich freuen (über)	*Gaudi*
testis, testis *m/f*	Zeuge, Zeugin	*Testament*
ecclēsia	Kirche	
mundus	Welt(all)	*mondän, f. monde*
arripere, arripiō, arripuī, arreptum	an sich reißen	rapere
potentia	Macht	posse
ligāre, ligō	binden	
solvere, solvō, solvī, solūtum	(auf)lösen; bezahlen	*e. solution*
rēgius, a, um	königlich	rēx
absolvere, absolvō, absolvī, absolūtum	lösen, freisprechen	*„ablativus absolutus", Absolution, Absolutismus*
interdīcere, interdīcō, interdīxī, interdictum (nē)	untersagen (dass)	inter, dīcere; *Interdikt*
sīcut	(so) wie	sīc, ut
servīre, serviō	dienen, Sklave sein	servus; *Server, servieren*
contemnere, contemnō, contempsī, contemptum	verachten, geringschätzen	
monitum *Subst.*	Ermahnung	monēre

F Verben: Semideponentien

solet	er ist gewohnt	solitus est	er ist/war gewohnt
gaudet	er freut sich	gāvīsus est	er hat sich gefreut
audet	er wagt	ausus est	er hat gewagt
cōnfīdit	er vertraut	cōnfīsus est	er hat vertraut

Einige wenige Verben bilden nur im Perfektstamm passive Formen mit aktiver Bedeutung. Deshalb heißen sie Semideponentien (Halbdeponentien).

revertitur	er kehrt zurück	revertit	er ist zurückgekehrt

reverti ist das einzige Verb, das umgekehrt im Präsensstamm ein Deponens ist und im Perfektstamm aktive Formen bildet.

minimus, a, um	der kleinste, sehr klein; der geringste, sehr gering	cōnstāre ex *m. Abl.*	bestehen aus
sententia	Meinung, Satz, Sinn, Antrag	dīvidere	teilen, trennen
opīnārī	glauben, meinen	sīn (autem)	wenn aber
vetus, veteris	alt	mandāre	einen Auftrag geben, übergeben

nōn is est, quī *m. Konj.*	er ist nicht der Mann, der	
idōneus est, quī *m. Konj.*	er ist geeignet/fähig zu *(m. Inf.)*	
sunt, quī *m. Konj.*	es gibt Leute, die	
crēber, crēbra, crēbrum	häufig, zahlreich	
fidem habēre *m. Dat.*	jmd. vertrauen	
quā	wie, wo, wohin	
quis est, quī *m. Konj.*	wen gibt es, der	
sānē *Adv.*	allerdings, gewiss; meinetwegen	
palam *Adv.*	bekannt, in aller Öffentlichkeit	
prōferre, prōferō, prōtulī, prōlātum	hervorbringen, bekanntmachen, zur Sprache bringen	ferre
sīdus, sīderis *n*	Stern, Sternbild	
aequor, aequoris *n*	Ebene, Fläche, Meer	aequus
iungere, iungō, iūnxī, iūnctum	verbinden, vereinigen	*Junktur, e. to join*
māteria	Grundstoff, Ursache	*Materie, Material*
vērum *Adv.*	aber, sondern	
subtīlis, e	fein, genau	*subtil, f. subtil*
mōtus, mōtūs *m*	Bewegung	movēre; *Motor*
humus, humī *f*	Erdboden, Erde	*Humus, exhumieren*
efferre, efferō, extulī, ēlātum	herausheben, hervorbringen	ferre; *Elativ*
nōn habeō, quod *m. Konj.*	ich habe keinen Grund dafür, dass	

Wortfamilien

Die leicht erschließbaren Formen sind wieder kursivgedruckt:

pōnere	pōnō	posuī	positum	(auf)stellen, (hin)legen, setzen
compōnere	compōnō	composuī	compositum	verfassen, ordnen; beenden, vergleichen
dēpōnere	dēpōnō	dēposuī	*dēpositum*	niederlegen, ablegen
impōnere	impōnō	imposuī	impositum	auferlegen, einsetzen
prōpōnere	prōpōnō	prōposuī	prōpositum	darlegen, in Aussicht stellen
legere	legō	lēgī	lēctum	lesen
colligere	colligō	collēgī	collēctum	sammeln
dēligere	dēligō	dēlēgī	dēlēctum	auswählen
dīligere	dīligō	dīlēxī	dīlēctum	hochachten, lieben
intellegere	intellegō	intellēxī	*intellēctum*	(be)merken, verstehen
neglegere	neglegō	neglēxī	neglēctum	nicht (be)achten, vernachlässigen

S Konjunktiv im Relativsatz

Abgesehen von den Fällen eines obliquen Konjunktivs (vgl. 94 **S** ❷) treten konjunktivische Relativsätze auch mit kausalem, finalem oder konsekutivem **Nebensinn** auf.

a) kausal

Seneca, *qui* (cum) crudelitate non delectaretur, etiam ludos reprehendit.
Seneca tadelte auch die Spiele, *weil er* durch Grausamkeit nicht erfreut wurde.

b) final

Seneca servum misit, *qui* (ut) amicos ad cenam *vocaret*.
Seneca schickte einen Sklaven, der die Freunde zum Essen rufen sollte.

c) konsekutiv

Seneca non *is/talis* erat, *qui* (ut) crudelitate *delectaretur*.
(Seneca war nicht so, dass er durch Grausamkeit erfreut wurde.)
Seneca war *kein Mann, der* durch Grausamkeit erfreut wurde.

Epistulae Senecae dignae sunt, *quae legantur*.
Senecas Briefe sind es wert, *gelesen zu werden*.

Ein Relativsatz mit konsekutivem Nebensinn kann im übergeordneten Satz durch ein „Signalwort" (z. B. is, talis o. Ä.) vorbereitet werden oder von bestimmten Adjektiven (dignus, idoneus) abhängen. Der Nebensinn wird im Deutschen nicht ausgedrückt.

Hierzu zählt auch der Konjunktiv nach Ausdrücken wie:

Sunt, qui ...	Es gibt Leute, die ...
Nemo est, qui ...	Es gibt keinen, der ...
Quis est, qui ...	Wen gibt es, der ...

Kontext

fidem dare	sein Wort geben
fidem habere	vertrauen
fidem servare	sein Wort halten

corrumpere	bestechen, verderben	convenīre	zusammenkommen, zusammenpassen; besuchen
ūsuī esse	von Nutzen/nützlich sein		
suāvis, e	süß, angenehm	inīquus, a, um	ungerecht, ungleich
dē vītā dēcēdere	sterben, umkommen	īrāscī	in Zorn geraten, zornig sein

nihil nisī	nichts außer, nichts als, nur	
septuāgintā *indekl.*	siebzig	septem
reddere *m. dopp. Akk.*	machen zu	
postrēmus, a, um	der letzte	post, postrēmō
quō *m. Komparativ u. Konj.*	damit umso	
auferre, auferō, abstulī, ablātum	rauben, wegbringen	ferre; *Ablativ*
quodsī	wenn aber, wenn nun	sī
rārus, a, um	selten, vereinzelt	*rar, Rarität*
migrātiō, migrātiōnis *f*	Wanderung	*Emigration*
ōra	Küste	
praemittere, praemittō, praemīsī, praemissum	vorausschicken	mittere
multō *Adv.*	(um) viel	multus
libet, libuit	es gefällt	
suprēmus, a, um	der höchste, der letzte, der oberste	*e. supreme, f. suprême*
obīre, obeō, obiī	entgegengehen, übernehmen	īre
suprēmum diem obīre	sterben	
sōlācium	Trost(mittel)	
nītī, nītor, nīxus (nīsus) sum *(m. Abl.)*	sich stützen (auf); streben nach	*re-nitent*

Sōcratēs, Sōcratis *m*	Sokrates (griech. Philosoph, 470–399 v. Chr.)

S

❶ Obliquer Konjunktiv (2)

Socrates id, quod honestum non esset, ne utile quidem putabat.
Sokrates hielt das, was nicht ehrenhaft sei (was seiner Meinung nach nicht ehrenhaft war), nicht einmal für nützlich.

Ein obliquer Konjunktiv im Relativsatz oder Gliedsatz kann bedeuten, dass ein Sachverhalt als Meinung des Subjektes (hier: Sokrates) wiedergegeben wird. Man spricht dann von **„innerer Abhängigkeit"**.
In solchen Fällen wird auch im Deutschen der Konjunktiv gebraucht.

Iuvenes quidam Socratem diligebant, quod se optime docuisset.
Einige junge Männer verehrten Sokrates, weil er sie hervorragend unterrichtet habe.

In derartigen Relativsätzen oder Gliedsätzen bezieht sich ein reflexives Pronomen (hier: se) auf das Subjekt des übergeordneten Satzes (hier: iuvenes). Das Pronomen ist **indirekt reflexiv**.

Auch in indirekten Fragesätzen und abhängigen Begehrsätzen steht der Konjunktiv wegen „innerer Abhängigkeit".

❷ Verwendung der Kasus (Zusammenfassung)

Die lateinischen Kasus Genitiv, Dativ, Akkusativ und Ablativ können – wie du weißt – unterschiedlich verwendet werden.
Die folgende Übersicht fasst die wichtigsten Verwendungsweisen der Kasus anhand kurzer Beispielsätze zusammen:

Genitiv	Zugehörigkeit (possessivus)	Domus **patris** magna est. **Consulis** est rem publicam regere.
	Beschaffenheit (qualitatis)	Cicero vir **magni ingenii** erat. Cicero **magni ingenii** erat.
	subiectivus	Spes **consulis** magna est.
	obiectivus	Spes **salutis** apud omnes magna est.
	partitivus	Servus magnam vim **frumenti** emit.
Dativ	Objekt	Amicus **matri** adest.
	Besitzer (possessoris)	**Patri** domus magna est.
	Zweck (finalis)	Frumentum **magno usui** est.
	Vorteil (commodi)	Consul **saluti** civium consulit.
	Urheber (auctoris)	Hic liber **tibi** legendus est.
Akkusativ	Objekt	Marcus **senatorem** videt.
	dopp. Akkusativ	Milites **Caesarem virum fortem** putabant.
	Ausdehnung	Milites **multos annos** bellum gerebant.
Ablativ	Mittel (instrumentalis)	Parentes liberos **donis** delectant.
	Grund (causae)	Liberi **donis** gaudent.
	Zeit (temporis)	**Hac nocte** ad urbem pervenimus.
	Trennung (separativus)	Consul civitatem **(a) periculo** liberavit.
	Beschaffenheit (qualitatis)	Caesar **magna audacia** erat.
	Vergleich (comparationis)	Frater meus maior est **amicis**.

miser, misera, miserum	arm, unglücklich, erbärmlich	nōnne	etwa nicht? denn nicht?
negōtia agere	(seinen) Geschäften nachgehen	prope *m. Akk.*	nahe bei
sē recipere	sich zurückziehen	praesertim (cum)	besonders (da, weil)
nītī *m. Abl.*	sich stützen (auf), streben nach	tollere, tollō, sustulī, sublātum	aufheben, in die Höhe heben, wegnehmen

mīlitāris, e	Kriegs-, militärisch	mīles; *Militär, e. military*
aes, aeris *n*	Erz, Geld	
aes aliēnum	Schulden	
quīre, queō, quīvī (quiī)	können	
doctrīna	Unterricht, Wissenschaft, Lehre	docēre
arx, arcis *f*	Burg	
summus mōns	Gipfel des Berges	
positus, a, um	gelegen *(bei Ortsangaben)*	pōnere
ultrō citrōque	hinüber und herüber	
nōbilitās, nōbilitātis *f*	Adel, vornehme Abstammung	nōbilis; *Nobilität, e. nobility*
mercēs, mercēdis *f*	Lohn	*„merci"*
ut *Adv.*	wie	
Subj. m. Ind.	sobald, sooft	
Subj. m. Konj.	dass, sodass, damit; angenommen dass, wenn auch	
rūs, rūris *n*	Feld, Land *(im Gegensatz zur Stadt)*, Landgut	*rustikal*
rūrī	auf dem Land	
lacus, lacūs *m*	See, Teich	*e. lake, f. lac, i. lago*
Epicūrēus, a, um	epikureisch; der Epikureer	

Wortfamilien

Die leicht erschließbaren Formen sind wieder kursivgedruckt:

dare	dō	dedī	*datum*	geben
circumdare	circumdō	circumdedī	*circumdatum*	umgeben
addere	addō	addidī	additum	hinzufügen
condere	condō	condidī	conditum	verwahren, verbergen; erbauen, gründen
crēdere	crēdō	crēdidī	crēditum	anvertrauen, glauben
dēdere	dēdō	dēdidī	dēditum	ausliefern, übergeben
prōdere	prōdō	prōdidī	prōditum	überliefern, verraten
reddere	reddō	reddidī	*redditum*	etwas zukommen lassen, zurückgeben; machen zu
trādere	trādō	trādidī	trāditum	übergeben, überliefern

S Nominativ mit Infinitiv (NcI)

a) Erscheinungsform

Hercules filius Iovis fuisse dicitur/putatur.
Man sagt/glaubt, dass Herkules der Sohn Jupiters war.
Hercules is said/thought to have been the son of Jupiter.

Wie im Englischen können auch im Lateinischen einige Verben im Passiv persönlich konstruiert werden. Im Deutschen ist dies nur selten möglich, z.B.: Ich werde gezwungen, etwas zu tun.
Da diese persönlichen Passivformen durch einen Nominativ (hier: Hercules) und einen Infinitiv (hier: fuisse) ergänzt werden, spricht man von einem **NcI (Nominativus cum Infinitivo)**.

Wie der AcI ist auch der NcI eine satzwertige Konstruktion.
Er hat die Satzgliedfunktion des Subjekts.

b) Übersetzung

Hercules filius Iovis fuisse dicitur.
Man sagt, dass Herkules der Sohn Jupiters war.
Herkules war, wie man sagt, der Sohn Jupiters.
Herkules soll Jupiters Sohn gewesen sein.

Die Wiedergabe im Deutschen wird meist freier gestaltet. Neben einem dass-Satz sind auch andere Übersetzungen möglich.

Der NcI findet sich vor allem nach Formen der 3. Person Passiv, z.B.:

traditur	man überliefert, dass er/sie ...
putatur	man glaubt, dass er/sie ...
videtur	er/sie scheint ...
dicitur	er/sie soll ...
cogitur	er/sie wird gezwungen ..., er/sie muss ...
iubetur	er/sie erhält den Auftrag/Befehl ...

Seltener steht der NcI bei Formen der 2. Person Passiv, z.B.

videris	du scheinst ..., es scheint, dass du ...

Latein lebt

Nicht nur der deutsche Wortschatz ist von lateinischen Lehn- und Fremdwörtern durchsetzt, auch unser Satzbau zeigt noch Latinismen, Anklänge an das Lateinische. **Latinismen** gebrauchen wir oft unbewusst, sie sind übrigens keineswegs immer gutes Deutsch.
Ein Beispiel dafür sind nd-Formen: War nicht die Bezeichnung „Lehrling" wohlklingender als der Latinismus „Auszubildender" (Azubi)? Gerundive sind ziemlich häufig, etwa: „Das ist eine nicht zu ertragende sprachliche Missbildung."
Für den Abl. abs., wohl die typischste lateinische Konstruktion, haben wir ebenfalls nur unschöne Entsprechungen, z.B. „Kaum gehört, stürzte er aus dem Zimmer". Klingt nicht dagegen der folgende AcI wie flüssiges Deutsch: „Sie hört das Gras wachsen"?

pietās	Frömmigkeit; Ehrfurcht, Pflichtgefühl	fingere	gestalten, sich (etwas) ausdenken
venter, ventris	Magen	hinc	von hier, hierauf
nefārius, a, um	gottlos, verbrecherisch	hūc	hierher
propinquus, a, um	nahe; *Subst.* Verwandter	illūc	dahin, dorthin
		proinde	also, daher, ebenso

tergum	Rücken	
tergum dare *m. Dat.*	jmd. den Rücken zukehren	
miscēre, misceō, miscuī, mixtum	mischen, verwirren	*Mix*
haerēre, haereō, haesī	hängen, steckenbleiben	
cognātus, a, um	verwandt	nātus
libīdō, libīdinis *f (m. Gen.)*	(heftiges) Verlangen (nach), Lust, Willkür	
fluere, fluō, flūxī	fließen	flūctus, flūmen
lābī, lābor, lāpsus sum	(dahin)gleiten	*Lapsus*
ēdere in lūcem	ans Tageslicht bringen, zur Welt bringen	
subdūcere, subdūcō, subdūxī, subductum	hinaufziehen, wegnehmen	dūcere
anus, anūs *f*	alte Frau	*Ahne*
superesse, supersum, superfuī	überleben, übrig sein	esse
recipere, recipiō, recēpī, receptum	aufnehmen, wiederbekommen, zurücknehmen	capere; *Rezeption*
Ovidius	P. Ovidius Naso (römischer Dichter, 43 v. Chr. – ca. 18 n. Chr.)	
Pȳthagorās, ae *m*	Pythagoras (Gründer einer Philosophenschule, um 550 v. Chr.)	

S Konjunktiv im Hauptsatz (Übersicht)

Präsens	Imperfekt	Perfekt	Plusquamperfekt	
Potentialis d. Gegenwart		Potentialis d. Gegenwart		.
	Irrealis d. Gegenwart		Irrealis d. Vergangenheit	.
Deliberativ d. Gegenwart				?
Optativ d. Gegenwart (erfüllbar)	Optativ d. Gegenwart (unerfüllbar)	Optativ d. Vergangenheit (erfüllbar)	Optativ d. Vergangenheit (unerfüllbar)	!
Hortativ (1. Pers. Pl.)				!
Jussiv (3. Pers.)		Prohibitiv (ne + 2. Pers.)		!

Beachte bei den Konjunktiven im Hauptsatz auch die Satzart; das Satzzeichen am Ende des Satzes hilft dir also. Potentialis und Irrealis stehen meist in Aussagesätzen **(.)**, der Deliberativ kommt nur in Fragesätzen **(?)** vor; die anderen Konjunktive stehen in Wünschen und Aufforderungen **(!)**.

dolor	Schmerz	afficere	versehen mit
dīvīnus, a, um	göttlich	cōnfirmāre	bekräftigen, ermutigen, stärken
dulcis, e	angenehm, süß	dēserere	im Stich lassen, verlassen
gravis, e	schwer, gewichtig, ernst, bedeutend	dolēre	schmerzen, wehtun; bedauern
melior, melius	besser	ferre	bringen, tragen; ertragen
uterque	beide; jeder (von zweien)	quot *indekl.*	wie viele

fūnus, fūneris *n*	Begräbnis, Untergang	
tacitus, a, um	lautlos, still, verschwiegen	tacēre
mentīrī, mentior, mentītus sum	lügen, ein Lügner sein	
commodum	Bequemlichkeit, Vorteil	
rēs secundae	Glück	secundus
aequē ac / atque	ebenso wie	
mūnīre, mūniō, mūnīvī, mūnītum	bauen, befestigen, schützen	mūnitiō
fātum	Göttersprüch, Schicksal	*fatal*
vulgō *Adv.*	allgemein, gewöhnlich	*vulgär*
indicium	Anzeige, Kennzeichen	indicāre; *Indiz*
mātūrus, a, um	(früh)zeitig, reif	*Matura*
sīve / seu	oder, oder wenn	sī

Laelius	C. Laelius minor (Freund des jüngeren **Scīpiō Āfricānus**, etwa 190 – nach 129 v. Chr.)
Scīpiō Āfricānus	C. Scipio Aemilianus Africanus Numantinus, der jüngere **Scīpiō** (römischer Politiker und Feldherr, 185–129 v. Chr.)

S Satzanalyse

Wenn du mit der Übersetzung eines – vielleicht auf den ersten Blick unübersichtlichen – lateinischen Satzes nicht zurechtkommst, empfiehlt es sich, den Satz grammatikalisch zu analysieren.

Dazu musst du:

a) den Hauptsatz suchen,
b) Gliedsätze (als Subjekt, Objekt oder Adverbiale) und Relativsätze abgrenzen sowie
c) satzwertige Konstruktionen (AcI, NcI, Participium coniunctum, Ablativus absolutus, **nd**-Formen) erkennen.

Die folgenden Beispielsätze aus den letzten Lektionen dieses Bandes sollen dir das Vorgehen verdeutlichen:

1. **L** 100, Z. 5f. (über Sokrates):

Hauptsatz	Nebensatz 1	Nebensatz 2	Nebensatz 3
Audiamus,			
	quid dixerit in ea oratione postrema,		
		quam apud iudices haberet,	
			cum capitis iam damnatus esset.
	indirekter Fragesatz, Objekt zu **audiamus**	Relativsatz, Attribut zu **oratione**	temporaler Gliedsatz, Adverbiale zu **haberet**

2. **L** 101, Z. 2f. (die Epikureer):

Hauptsatz	Nebensatz 1
Nos,	
	cum liberi a curis et periculis simus,
videmus ↓ *homines re militari, divitiis, re publica captos esse.*	
AcI, Objekt zu **videmus**	kausaler Gliedsatz, Adverbiale zu **videmus**

Satzwertige Konstruktionen (hier der AcI **homines ... captos esse**) solltest du besonders markieren; hier sind sie kursivgedruckt.

3. **L** 97, Z. 15 (Georg):

Hauptsatz	Nebensatz 1	
	Simul vidit natam regis,	temporaler Gliedsatz, Adverbiale zu **interrogavit**
interrogavit,		
	quid haberet.	indirekter Fragesatz, Objekt zu **interrogavit**

Dieses Beispiel zeigt, dass im Lateinischen ein Satzgefüge nicht immer mit dem Hauptsatz beginnt.

❶ Substantive

a-Deklination

	Sg.	Pl.
Nom.	domin-a	domin-ae
Gen.	domin-ae	domin-ārum
Dat.	domin-ae	domin-īs
Akk.	domin-am	domin-ās
Abl.	domin-ā	domin-īs

o-Deklination

	Sg.	Pl.
Nom.	domin-us	domin-ī
Gen.	domin-ī	domin-ōrum
Dat.	domin-ō	domin-īs
Akk.	domin-um	domin-ōs
Abl.	domin-ō	domin-īs

	Sg.	Pl.
Nom.	templ-um	templ-a
Gen.	templ-ī	templ-ōrum
Dat.	templ-ō	templ-īs
Akk.	templ-um	templ-a
Abl.	templ-ō	templ-īs

3. Deklination

	Sg.	Pl.
Nom.	senātor	senātōr-ēs
Gen.	senātōr-is	senātōr-um
Dat.	senātōr-ī	senātōr-ibus
Akk.	senātōr-em	senātōr-ēs
Abl.	senātōr-e	senātōr-ibus

	Sg.	Pl.
Nom.	corpus	corpor-a
Gen.	corpor-is	corpor-um
Dat.	corpor-ī	corpor-ibus
Akk.	corpus	corpor-a
Abl.	corpor-e	corpor-ibus

u-Deklination

	Sg.	Pl.
Nom.	cās-us	cās-ūs
Gen.	cās-ūs	cās-uum
Dat.	cās-uī	cās-ibus
Akk.	cās-um	cās-ūs
Abl.	cās-ū	cās-ibus

e-Deklination

	Sg.	Pl.
Nom.	rē-s	rē-s
Gen.	rĕ-ī	rē-rum
Dat.	rĕ-ī	rē-bus
Akk.	re-m	rē-s
Abl.	rē	rē-bus

❷ Adjektive

a-/o-Deklination

	Sg. m	Sg. f	Sg. n	Pl. m	Pl. f	Pl. n
Nom.	long-us	long-a	long-um	long-ī	long-ae	long-a
Gen.	long-ī	long-ae	long-ī	long-ōrum	long-ārum	long-ōrum
Dat.	long-ō	long-ae	long-ō	long-īs	long-īs	long-īs
Akk.	long-um	long-am	long-um	long-ōs	long-ās	long-a
Abl.	long-ō	long-ā	long-ō	long-īs	long-īs	long-īs

3. Deklination

Nom.	ācer	ācr-is	ācr-e	ācr-ēs	ācr-ēs	ācr-ia
Gen.		ācr-is			ācr-ium	
Dat.		ācr-ī			ācr-ibus	
Akk.	ācr-em	ācr-em	ācr-e	ācr-ēs	ācr-ēs	ācr-ia
Abl.		ācr-ī			ācr-ibus	

Nom.	trīst-is		trīst-e	trīst-ēs		trīst-ia
Gen.		trīst-is			trīst-ium	
Dat.		trīst-ī			trīst-ibus	
Akk.	trīst-em		trīst-e	trīst-ēs		trīst-ia
Abl.		trīst-ī			trīst-ibus	

Nom.		fēlīx		fēlīc-ēs		fēlīc-ia
Gen.		fēlīc-is			fēlīc-ium	
Dat.		fēlīc-ī			fēlīc-ibus	
Akk.	fēlīc-em		fēlīx	fēlīc-ēs		fēlīc-ia
Abl.		fēlīc-ī			fēlīc-ibus	

Komparativ

Nom.	long-ior	long-ior	long-ius	long-iōr-ēs	long-iōr-ēs	long-iōr-a
Gen.		long-iōr-is			long-iōr-um	
Dat.		long-iōr-ī			long-iōr-ibus	
Akk.	long-iōr-em	long-iōr-em	long-ius	long-iōr-ēs	long-iōr-ēs	long-iōr-a
Abl.		long-iōr-e			long-iōr-ibus	

❸ Partizip Präsens Aktiv

Nom.		vocā-ns		voca-nt-ēs		voca-nt-ia
Gen.		voca-nt-is			voca-nt-ium	
Dat.		voca-nt-ī			voca-nt-ibus	
Akk.	voca-nt-em		vocā-ns	voca-nt-ēs		voca-nt-ia
Abl.		voca-nt-e			voca-nt-ibus	

④ Pronomina

	Sg. m	Sg. f	Sg. n	Pl. m	Pl. f	Pl. n
Nom.	is	ea	id	eī / iī	eae	ea
Gen.		eius		eōrum	eārum	eōrum
Dat.		eī			eīs / iīs	
Akk.	eum	eam	id	eōs	eās	ea
Abl.	eō	eā	eō		eīs / iīs	

	Sg. m	Sg. f	Sg. n	Pl. m	Pl. f	Pl. n
Nom.	iste	ista	istud	istī	istae	ista
Gen.		istīus		istōrum	istārum	istōrum
Dat.		istī			istīs	
Akk.	istum	istam	istud	istōs	istās	ista
Abl.	istō	istā	istō		istīs	

	Sg. m	Sg. f	Sg. n	Pl. m	Pl. f	Pl. n
Nom.	hic	haec	hoc	hī	hae	haec
Gen.		huius		hōrum	hārum	hōrum
Dat.		huic			hīs	
Akk.	hunc	hanc	hoc	hōs	hās	haec
Abl.	hōc	hāc	hōc		hīs	

	Sg. m	Sg. f	Sg. n	Pl. m	Pl. f	Pl. n
Nom.	ille	illa	illud	illī	illae	illa
Gen.		illīus		illōrum	illārum	illōrum
Dat.		illī			illīs	
Akk.	illum	illam	illud	illōs	illās	illa
Abl.	illō	illā	illō		illīs	

	Sg. m	Sg. f	Sg. n	Pl. m	Pl. f	Pl. n
Nom.	ipse	ipsa	ipsum	ipsī	ipsae	ipsa
Gen.		ipsīus		ipsōrum	ipsārum	ipsōrum
Dat.		ipsī			ipsīs	
Akk.	ipsum	ipsam	ipsum	ipsōs	ipsās	ipsa
Abl.	ipsō	ipsā	ipsō		ipsīs	

	Sg. m	Sg. f	Sg. n	Pl. m	Pl. f	Pl. n
Nom.	īdem	éadem	idem	eīdem / iīdem	eaedem	éadem
Gen.		eiusdem		eōrundem	eārundem	eōrundem
Dat.		eīdem			eīsdem / iīsdem / īsdem	
Akk.	eundem	eandem	idem	eōsdem	eāsdem	éadem
Abl.	eōdem	eādem	eōdem		eīsdem / iīsdem / īsdem	

	Sg. *m*	*f*	*n*	Pl. *m*	*f*	*n*
Nom.	quī	quae	quod	quī	quae	quae
Gen.		cuius		quōrum	quārum	quōrum
Dat.		cui			quibus	
Akk.	quem	quam	quod	quōs	quās	quae
Abl.	quō	quā	quō		quibus	

	m/f		*n*
Nom.	quis		quid
Gen.		cuius	
Dat.		cui	
Akk.	quem		quid
Abl.	ā quō/quōcum		quō

	Sg. *m*	*f*	*n*	Pl. *m*	*f*	*n*
Nom.	aliquī	aliqua	aliquod	aliquī	aliquae	aliqua
Gen.		alicuius		aliquōrum	aliquārum	aliquōrum
Dat.		alicui			aliquibus	
Akk.	aliquem	aliquam	aliquod	aliquōs	aliquās	aliqua
Abl.	aliquō	aliquā	aliquō		aliquibus	

	m/f	*n*
Nom.	aliquis	aliquid
Gen.	alicuius	alicuius reī
Dat.	alicui	alicui reī
Akk.	aliquem	aliquid
Abl.	aliquō	aliquā rē

	Sg. *m*	*f*	*n*	Pl. *m*	*f*	*n*
Nom.	quīdam	quaedam	quoddam	quīdam	quaedam	quaedam
Gen.		cuiusdam		quōrundam	quārundam	quōrundam
Dat.		cuidam			quibusdam	
Akk.	quendam	quandam	quoddam	quōsdam	quāsdam	quaedam
Abl.	quōdam	quādam	quōdam		quibusdam	

Nom.	quīdam	quaedam	quiddam	quīdam	quaedam	quaedam
Gen.		cuiusdam		quōrundam	quārundam	quōrundam
Dat.		cuidam			quibusdam	
Akk.	quendam	quandam	quiddam	quōsdam	quāsdam	quaedam
Abl.	quōdam	quādam	quōdam		quibusdam	

⑤ Verben: Indikativ Aktiv

	ā-Konjugation	ē-Konjugation	ī-Konjugation
Infinitiv Präsens	vocā-re	monē-re	audī-re
Partizip Präsens (PPA)	vocā-ns, -ntis	monē-ns, -ntis	audi-ē-ns, -ntis

Präsens

	Sg.	Pl.	Sg.	Pl.	Sg.	Pl.
1. Pers.	vocō	vocā-mus	mone-ō	monē-mus	audi-ō	audī-mus
2. Pers.	vocā-s	vocā-tis	monē-s	monē-tis	audī-s	audī-tis
3. Pers.	voca-t	voca-nt	mone-t	mone-nt	audi-t	audi-u-nt

Imperfekt

	Sg.	Pl.	Sg.	Pl.	Sg.	Pl.
1. Pers.	vocā-ba-m	vocā-bā-mus	monē-ba-m	monē-bā-mus	audi-ēba-m	audi-ēbā-mus
2. Pers.	vocā-bā-s	vocā-bā-tis	monē-bā-s	monē-bā-tis	audi-ēbā-s	audi-ēbā-tis
3. Pers.	vocā-ba-t	vocā-ba-nt	monē-ba-t	monē-ba-nt	audi-ēba-t	audi-ēba-nt

Futur I

	Sg.	Pl.	Sg.	Pl.	Sg.	Pl.
1. Pers.	vocā-b-ō	vocā-bi-mus	monē-b-ō	monē-bi-mus	audi-a-m	audi-ē-mus
2. Pers.	vocā-bi-s	vocā-bi-tis	monē-bi-s	monē-bi-tis	audi-ē-s	audi-ē-tis
3. Pers.	vocā-bi-t	vocā-bu-nt	monē-bi-t	monē-bu-nt	audi-e-t	audi-e-nt

Imperativ I

vocā	vocā-te	monē	monē-te	audī	audī-te

	ā-Konjugation	ē-Konjugation	ī-Konjugation
Infinitiv Perfekt	vocāv-isse	monu-isse	audīv-isse

Perfekt

	Sg.	Pl.	Sg.	Pl.	Sg.	Pl.
1. Pers.	vocāv-ī	vocāv-imus	monu-ī	monu-imus	audīv-ī	audīv-imus
2. Pers.	vocāv-istī	vocāv-istis	monu-istī	monu-istis	audīv-istī	audīv-istis
3. Pers.	vocāv-it	vocāv-ērunt	monu-it	monu-ērunt	audīv-it	audīv-ērunt

Plusquamperfekt

	Sg.	Pl.	Sg.	Pl.	Sg.	Pl.
1. Pers.	vocāv-eram	vocāv-erāmus	monu-eram	monu-erāmus	audīv-eram	audīv-erāmus
2. Pers.	vocāv-erās	vocāv-erātis	monu-erās	monu-erātis	audīv-erās	audīv-erātis
3. Pers.	vocāv-erat	vocāv-erant	monu-erat	monu-erant	audīv-erat	audīv-erant

Futur II

	Sg.	Pl.	Sg.	Pl.	Sg.	Pl.
1. Pers.	vocāv-erō	vocāv-erimus	monu-erō	monu-erimus	audīv-erō	audīv-erimus
2. Pers.	vocāv-eris	vocāv-eritis	monu-eris	monu-eritis	audīv-eris	audīv-eritis
3. Pers.	vocāv-erit	vocāv-erint	monu-erit	monu-erint	audīv-erit	audīv-erint

konsonantische Konjugation		(i-Erweiterung)		Hilfsverb	
ag-ĕ-re		capĕ-re		esse	
ag-ē-ns, -ntis		capi-ē-ns, -ntis			
Sg.	Pl.	Sg.	Pl.	Sg.	Pl.
ag-ō ag-i-s ag-i-t	ag-i-mus ag-i-tis ag-u-nt	capi-ō capi-s capi-t	capi-mus capi-tis capi-u-nt	s-u-m es es-t	s-u-mus es-tis s-u-nt
ag-ēba-m ag-ēbā-s ag-ēba-t	ag-ēbā-mus ag-ēbā-tis ag-ēba-nt	capi-ēba-m capi-ēbā-s capi-ēba-t	capi-ēbā-mus capi-ēbā-tis capi-ēba-nt	er-a-m er-ā-s er-a-t	er-ā-mus er-ā-tis er-a-nt
ag-a-m ag-ē-s ag-e-t	ag-ē-mus ag-ē-tis ag-e-nt	capi-a-m capi-ē-s capi-e-t	capi-ē-mus capi-ē-tis capi-e-nt	er-ō er-i-s er-i-t	er-i-mus er-i-tis er-u-nt
ag-e	ag-i-te	cape	capi-te	es	es-te

ēg-isse		cēp-isse		fu-isse	
Sg.	Pl.	Sg.	Pl.	Sg.	Pl.
ēg-ī ēg-istī ēg-it	ēg-imus ēg-istis ēg-ērunt	cēp-ī cēp-istī cēp-it	cēp-imus cēp-istis cēp-ērunt	fu-ī fu-istī fu-it	fu-imus fu-istis fu-ērunt
ēg-eram ēg-erās ēg-erat	ēg-erāmus ēg-erātis ēg-erant	cēp-eram cēp-erās cēp-erat	cēp-erāmus cēp-erātis cēp-erant	fu-eram fu-erās fu-erat	fu-erāmus fu-erātis fu-erant
ēg-erō ēg-eris ēg-erit	ēg-erimus ēg-eritis ēg-erint	cēp-erō cēp-eris cēp-erit	cēp-erimus cēp-eritis cēp-erint	fu-erō fu-eris fu-erit	fu-erimus fu-eritis fu-erint

❻ Verben: Indikativ Passiv

	ā-Konjugation		ē-Konjugation		ī-Konjugation	
Infinitiv Präsens	vocā-rī		monē-rī		audī-rī	
Gerundiv	voca-ndus, a, um		mone-ndus, a, um		audi-endus, a, um	
Präsens	Sg.	Pl.	Sg.	Pl.	Sg.	Pl.
1. Pers.	voc-or	vocā-mur	mone-or	monē-mur	audi-or	audī-mur
2. Pers.	vocā-ris	vocā-minī	monē-ris	monē-minī	audī-ris	audī-minī
3. Pers.	vocā-tur	voca-ntur	monē-tur	mone-ntur	audī-tur	audi-u-ntur
Imperfekt						
1. Pers.	vocā-ba-r	vocā-bā-mur	monē-ba-r	monē-bā-mur	audi-ēba-r	audi-ēbā-mur
2. Pers.	vocā-bā-ris	vocā-bā-minī	monē-bā-ris	monē-bā-minī	audi-ēbā-ris	audi-ēbā-minī
3. Pers.	vocā-bā-tur	vocā-ba-ntur	monē-bā-tur	monē-ba-ntur	audi-ēbā-tur	audi-ēba-ntur
Futur I						
1. Pers.	vocā-b-or	vocā-bi-mur	monē-b-or	monē-bi-mur	audi-a-r	audi-ē-mur
2. Pers.	vocā-be-ris	vocā-bi-minī	monē-be-ris	monē-bi-minī	audi-ē-ris	audi-ē-minī
3. Pers.	vocā-bi-tur	vocā-bu-ntur	monē-bi-tur	monē-bu-ntur	audi-ē-tur	audi-e-ntur

	ā-Konjugation		ē-Konjugation		ī-Konjugation	
Infinitiv Perfekt	vocā-tum esse		moni-tum esse		audī-tum esse	
Partizip Perfekt (PPP)	vocā-tus, a, um		moni-tus, a, um		audī-tus, a, um	
Perfekt	Sg.	Pl.	Sg.	Pl.	Sg.	Pl.
1. Pers.	vocātus, a, um sum …	vocātī, ae, a sumus	monitus, a, um sum …	monitī, ae, a sumus	audītus, a, um sum …	audītī, ae, a sumus
Plusquamperfekt						
1. Pers.	vocātus, a, um eram …	vocātī, ae, a erāmus	monitus, a, um eram …	monitī, ae, a erāmus	audītus, a, um eram …	audītī, ae, a erāmus
Futur II						
1. Pers.	vocātus, a, um erō …	vocātī, ae, a erimus	monitus, a, um erō …	monitī, ae, a erimus	audītus, a, um erō …	audītī, ae, a erimus

konsonantische Konjugation (i-Erweiterung)

ag-ī	cap-ī

ag-endus, a, um	capi-endus, a, um

Sg.	Pl.	Sg.	Pl.
ag-or ág-e-ris ág-i-tur	ág-i-mur ag-i-minī ag-u-ntur	capi-or cápe-ris cápi-tur	cápi-mur capi-minī capi-u-ntur

ag-ēba-r ag-ēbā-ris ag-ēbā-tur	ag-ēbā-mur ag-ēbā-minī ag-ēba-ntur	capi-ēba-r capi-ēbā-ris capi-ēbā-tur	capi-ēbā-mur capi-ēbā-minī capi-ēba-ntur

ag-a-r ag-ē-ris ag-ē-tur	ag-ē-mur ag-ē-minī ag-e-ntur	capi-a-r capi-ē-ris capi-ē-tur	capi-ē-mur capi-ē-minī capi-e-ntur

āc-tum esse	cap-tum esse

āc-tus, a, um	cap-tus, a, um

Sg.	Pl.	Sg.	Pl.
āctus, a, um sum ...	āctī, ae, a sumus	captus, a, um sum ...	captī, ae, a sumus

āctus, a, um eram ...	āctī, ae, a erāmus	captus, a, um eram ...	captī, ae, a erāmus

āctus, a, um erō ...	āctī, ae, a erimus	captus, a, um erō ...	captī, ae, a erimus

❼ Verben: Konjunktiv Aktiv

Präsens

	ā-Konjugation Sg.	Pl.	ē-Konjugation Sg.	Pl.	ī-Konjugation Sg.	Pl.
1. Pers.	voce-m	vocē-mus	mone-a-m	mone-ā-mus	audi-a-m	audi-ā-mus
2. Pers.	vocē-s	vocē-tis	mone-ā-s	mone-ā-tis	audi-ā-s	audi-ā-tis
3. Pers.	voce-t	voce-nt	mone-a-t	mone-a-nt	audi-a-t	audi-a-nt

Imperfekt

1. Pers.	vocā-re-m	vocā-rē-mus	monē-re-m	monē-rē-mus	audī-re-m	audī-rē-mus
2. Pers.	vocā-rē-s	vocā-rē-tis	monē-rē-s	monē-rē-tis	audī-rē-s	audī-rē-tis
3. Pers.	vocā-re-t	vocā-re-nt	monē-re-t	monē-re-nt	audī-re-t	audī-re-nt

Perfekt

1. Pers.	vocāv-erim	vocāv-erimus	monu-erim	monu-erimus	audīv-erim	audīv-erimus
2. Pers.	vocāv-eris	vocāv-eritis	monu-eris	monu-eritis	audīv-eris	audīv-eritis
3. Pers.	vocāv-erit	vocāv-erint	monu-erit	monu-erint	audīv-erit	audīv-erint

Plusquamperfekt

1. Pers.	vocāv-issem	vocāv-issēmus	monu-issem	monu-issēmus	audīv-issem	audīv-issēmus
2. Pers.	vocāv-issēs	vocāv-issētis	monu-issēs	monu-issētis	audīv-issēs	audīv-issētis
3. Pers.	vocāv-isset	vocāv-issent	monu-isset	monu-issent	audīv-isset	audīv-issent

❽ Verben: Konjunktiv Passiv

Präsens

	Sg.	Pl.	Sg.	Pl.	Sg.	Pl.
1. Pers.	voce-r	vocē-mur	mone-a-r	mone-ā-mur	audi-a-r	audi-ā-mur
2. Pers.	vocē-ris	vocē-minī	mone-ā-ris	mone-ā-minī	audi-ā-ris	audi-ā-minī
3. Pers.	vocē-tur	voce-ntur	mone-ā-tur	mone-a-ntur	audi-ā-tur	audi-a-ntur

Imperfekt

1. Pers.	vocā-re-r	vocā-rē-mur	monē-re-r	monē-rē-mur	audī-re-r	audī-rē-mur
2. Pers.	vocā-rē-ris	vocā-rē-minī	monē-rē-ris	monē-rē-minī	audī-rē-ris	audī-rē-minī
3. Pers.	vocā-rē-tur	vocā-re-ntur	monē-rē-tur	monē-re-ntur	audī-rē-tur	audī-re-ntur

Perfekt

1. Pers.	vocā-tus sim	vocā-tī sīmus	moni-tus sim	monit-ī sīmus	audī-tus sim	audī-tī sīmus
2. Pers.	vocā-tus sīs	vocā-tī sītis	moni-tus sīs	monit-ī sītis	audī-tus sīs	audī-tī sītis
3. Pers.	vocā-tus sit	vocā-tī sint	moni-tus sit	monit-ī sint	audī-tus sit	audī-tī sint

Plusquamperfekt

1. Pers.	vocā-tus essem	vocāt-ī essēmus	moni-tus essem	moni-tī essēmus	audī-tus essem	audī-tī essēmus
2. Pers.	vocā-tus essēs	vocāt-ī essētis	moni-tus essēs	moni-tī essētis	audī-tus essēs	audī-tī essētis
3. Pers.	vocā-tus esset	vocāt-ī essent	moni-tus esset	moni-tī essent	audī-tus esset	audī-tī essent

konsonantische Konjugation | (i-Erweiterung) | Hilfsverb

Sg.	Pl.	Sg.	Pl.	Sg.	Pl.
ag-a-m	ag-ā-mus	capi-a-m	capi-ā-mus	s-i-m	s-ī-mus
ag-ā-s	ag-ā-tis	capi-ā-s	capi-ā-tis	s-ī-s	s-ī-tis
ag-a-t	ag-a-nt	capi-a-t	capi-a-nt	s-i-t	s-i-nt

ag-e-re-m	ag-e-rē-mus	cape-re-m	cape-rē-mus	es-se-m	es-sē-mus
ag-e-rē-s	ag-e-rē-tis	cape-rē-s	cape-rē-tis	es-sē-s	es-sē-tis
ag-e-re-t	ag-e-re-nt	cape-re-t	cape-re-nt	es-se-t	es-se-nt

ēg-erim	ēg-erimus	cēp-erim	cēp-erimus	fu-erim	fu-erimus
ēg-eris	ēg-eritis	cēp-eris	cēp-eritis	fu-eris	fu-eritis
ēg-erit	ēg-erint	cēp-erit	cēp-erint	fu-erit	fu-erint

ēg-issem	ēg-issēmus	cēp-issem	cēp-issēmus	fu-issem	fu-issēmus
ēg-issēs	ēg-issētis	cēp-issēs	cēp-issētis	fu-issēs	fu-issētis
ēg-isset	ēg-issent	cēp-isset	cēp-issent	fu-isset	fu-issent

Sg.	Pl.	Sg.	Pl.
ag-a-r	ag-ā-mur	capi-a-r	capi-ā-mur
ag-ā-ris	ag-ā-minī	capi-ā-ris	capi-ā-minī
ag-ā-tur	ag-a-ntur	capi-ā-tur	capi-a-ntur

ag-e-re-r	ag-e-rē-mur	cápe-re-r	cape-rē-mur
ag-e-rē-ris	ag-e-rē-minī	cape-rē-ris	cape-rē-minī
ag-e-rē-tur	ag-e-re-ntur	cape-rē-tur	cape-re-ntur

āc-tus sim	āc-tī sīmus	cap-tus sim	cap-tī sīmus
āc-tus sīs	āc-tī sītis	cap-tus sīs	cap-tī sītis
āc-tus sit	āc-tī sint	cap-tus sit	cap-tī sint

āc-tus essem	āc-tī essēmus	cap-tus essem	cap-tī essēmus
āc-tus essēs	āc-tī essētis	cap-tus essēs	cap-tī essētis
āc-tus esset	āc-tī essent	cap-tus esset	cap-tī essent

⑨ posse, īre, fierī: Indikativ

	posse		īre		fierī	
Präsens	Sg.	Pl.	Sg.	Pl.	Sg.	Pl.
1. Pers.	pos-sum	pos-sumus	e-ō	ī-mus	fī-ō	fī-mus
2. Pers.	pot-es	pot-estis	ī-s	ī-tis	fī-s	fī-tis
3. Pers.	pot-est	pos-sunt	i-t	e-u-nt	fī-t	fī-u-nt
Imperfekt						
1. Pers.	pot-eram	pot-erāmus	ī-ba-m	ī-bā-mus	fī-ēba-m	fī-ēbā-mus
2. Pers.	pot-erās	pot-erātis	ī-bā-s	ī-bā-tis	fī-ēbā-s	fī-ēbā-tis
3. Pers.	pot-erat	pot-erant	ī-ba-t	ī-ba-nt	fī-ēba-t	fī-ēba-nt
Futur I						
1. Pers.	pot-erō	pot-erimus	ī-b-ō	ī-bi-mus	fī-a-m	fī-ē-mus
2. Pers.	pot-eris	pot-eritis	ī-bi-s	ī-bi-tis	fī-ē-s	fī-ē-tis
3. Pers.	pot-erit	pot-erunt	ī-bi-t	ī-bu-nt	fī-e-t	fī-e-nt
Imperativ I						
			ī	ī-te		

PPA: iēns, euntis
Gerund: eundī ...

	potu-isse		īsse	
Perfekt	Sg.	Pl.	Sg.	Pl.
1. Pers.	potu-ī	potu-imus	i-ī	i-imus
2. Pers.	potu-istī	potu-istis	ī-stī	ī-stis
3. Pers.	potu-it	potu-ērunt	i-it	i-ērunt
Plusquamperfekt				
1. Pers.	potu-eram	potu-erāmus	i-eram	i-erāmus
2. Pers.	potu-erās	potu-erātis	i-erās	i-erātis
3. Pers.	potu-erat	potu-erant	i-erat	i-erant
Futur II				
1. Pers.	potu-erō	potu-erimus	i-erō	i-erimus
2. Pers.	potu-eris	potu-eritis	i-eris	i-eritis
3. Pers.	potu-erit	potu-erint	i-erit	i-erint

⑩ posse, īre, fierī: Konjunktiv

	pos-se		īre		fierī	
Präsens						
	Sg.	Pl.	Sg.	Pl.	Sg.	Pl.
1. Pers.	pos-sim	pos-sīmus	eam	eāmus	fī-a-m	fī-ā-mus
2. Pers.	pos-sīs	pos-sītis	eās	eātis	fī-ā-s	fī-ā-tis
3. Pers.	pos-sit	pos-sint	eat	eant	fī-a-t	fī-a-nt
Imperfekt						
1. Pers.	possem	possēmus	īrem	īrēmus	fi-ere-m	fi-erē-mus
2. Pers.	possēs	possētis	īrēs	īrētis	fi-erē-s	fi-erē-tis
3. Pers.	posset	possent	īret	īrent	fi-ere-t	fi-ere-nt

Perfekt				
	Sg.	Pl.	Sg.	Pl.
1. Pers.	potu-erim	potu-erimus	ierim	ierimus
2. Pers.	potu-eris	potu-eritis	ieris	ieritis
3. Pers.	potu-erit	potu-erint	ierit	ierint
Plusquamperfekt				
1. Pers.	potu-issem	potu-issēmus	īssem	īssēmus
2. Pers.	potu-issēs	potu-issētis	īssēs	īssētis
3. Pers.	potu-isset	potu-issent	īsset	īssent

⑪ velle, nōlle, mālle: Indikativ

	velle		nōlle		mālle	
Präsens	Sg.	Pl.	Sg.	Pl.	Sg.	Pl.
1. Pers.	volō	volumus	nōlō	nōlumus	mālō	mālumus
2. Pers.	vīs	vultis	nōn vīs	nōn vultis	māvīs	māvultis
3. Pers.	vult	volunt	nōn vult	nōlunt	māvult	mālunt
Imperfekt						
1. Pers.	volē-ba-m	volē-bā-mus	nōlē-ba-m	nōlē-bā-mus	mālē-ba-m	mālē-bā-mus
2. Pers.	volē-bā-s	volē-bā-tis	nōlē-bā-s	nōlē-bā-tis	mālē-bā-s	mālē-bā-tis
3. Pers.	volē-ba-t	volē-ba-nt	nōlē-ba-t	nōlē-ba-nt	mālē-ba-t	mālē-ba-nt
Futur I						
1. Pers.	vol-a-m	vol-ē-mus	nōl-a-m	nōl-ē-mus	māl-a-m	māl-ē-mus
2. Pers.	vol-ē-s	vol-ē-tis	nōl-ē-s	nōl-ē-tis	māl-ē-s	māl-ē-tis
3. Pers.	vol-e-t	vol-e-nt	nōl-e-t	nōl-e-nt	māl-e-t	māl-e-nt
Imperativ I						
			nōlī	nōlī-te		
	PPA: volēns, volentis		**PPA:** nōlēns, nōlentis		**PPA:** mālēns, mālentis	

	volu-isse		nōlu-isse		mālu-isse	
Perfekt	Sg.	Pl.	Sg.	Pl.	Sg.	Pl.
1. Pers.	volu-ī	volu-imus	nōlu-ī	nōlu-imus	mālu-ī	mālu-imus
2. Pers.	volu-istī	volu-istis	nōlu-istī	nōlu-istis	mālu-istī	mālu-istis
3. Pers.	volu-it	volu-ērunt	nōlu-it	nōlu-ērunt	mālu-it	mālu-ērunt
Plusquamperfekt						
1. Pers.	volu-eram	volu-erāmus	nōlu-eram	nōlu-erāmus	mālu-eram	mālu-erāmus
2. Pers.	volu-erās	volu-erātis	nōlu-erās	nōlu-erātis	mālu-erās	mālu-erātis
3. Pers.	volu-erat	volu-erant	nōlu-erat	nōlu-erant	mālu-erat	mālu-erant
Futur II						
1. Pers.	volu-erō	volu-erimus	nōlu-erō	nōlu-erimus	mālu-erō	mālu-erimus
2. Pers.	volu-eris	volu-eritis	nōlu-eris	nōlu-eritis	mālu-eris	mālu-eritis
3. Pers.	volu-erit	volu-erint	nōlu-erit	nōlu-erint	mālu-erit	mālu-erint

⑫ velle, nōlle, mālle: Konjunktiv

	velle		nōlle		mālle	
Präsens	Sg.	Pl.	Sg.	Pl.	Sg.	Pl.
1. Pers.	velim	velimus	nōlim	nōlimus	mālim	mālimus
2. Pers.	velīs	velitis	nōlīs	nōlitis	mālīs	mālitis
3. Pers.	velit	velint	nōlit	nōlint	mālit	mālint
Imperfekt						
1. Pers.	vellem	vellēmus	nōllem	nōllēmus	māllem	māllēmus
2. Pers.	vellēs	vellētis	nōllēs	nōllētis	māllēs	māllētis
3. Pers.	vellet	vellent	nōllet	nōllent	māllet	māllent

Perfekt	Sg.	Pl.	Sg.	Pl.	Sg.	Pl.
1. Pers.	volu-erim	volu-erimus	nōlu-erim	nōlu-erimus	mālu-erim	mālu-erimus
2. Pers.	volu-eris	volu-eritis	nōlu-eris	nōlu-eritis	mālu-eris	mālu-eritis
3. Pers.	volu-erit	volu-erint	nōlu-erit	nōlu-erint	mālu-erit	mālu-erint
Plusquamperfekt						
1. Pers.	volu-issem	volu-issēmus	nōlu-issem	nōlu-issēmus	mālu-issem	mālu-issēmus
2. Pers.	volu-issēs	volu-issētis	nōlu-issēs	nōlu-issētis	mālu-issēs	mālu-issētis
3. Pers.	volu-isset	volu-issent	nōlu-isset	nōlu-issent	mālu-isset	mālu-issent

⑬ ferre: Indikativ und Konjunktiv Aktiv

Infinitiv Präsens

ferre

Partizip Präsens (PPA)

fer-ē-ns, -ntis

Präsens

	Indikativ Sg.	Indikativ Pl.	Konjunktiv Sg.	Konjunktiv Pl.
1. Pers.	fer-ō	fer-i-mus	fer-a-m	fer-ā-mus
2. Pers.	fer-s	fer-tis	fer-ā-s	fer-ā-tis
3. Pers.	fer-t	fer-u-nt	fer-a-t	fer-a-nt

Imperfekt

	Indikativ Sg.	Indikativ Pl.	Konjunktiv Sg.	Konjunktiv Pl.
1. Pers.	fer-ēba-m	fer-ēbā-mus	fer-re-m	fer-rē-mus
2. Pers.	fer-ēbā-s	fer-ēbā-tis	fer-rē-s	fer-rē-tis
3. Pers.	fer-ēba-t	fer-ēba-nt	fer-re-t	fer-re-nt

Futur I

	Sg.	Pl.
1. Pers.	fer-a-m	fer-ē-mus
2. Pers.	fer-ē-s	fer-ē-tis
3. Pers.	fer-e-t	fer-e-nt

Imperativ I

fer	fer-te

Infinitiv Perfekt

tul-isse

Perfekt

	Indikativ Sg.	Indikativ Pl.	Konjunktiv Sg.	Konjunktiv Pl.
1. Pers.	tul-ī	tul-imus	tul-erim	tul-erimus
2. Pers.	tul-istī	tul-istis	tul-eris	tul-eritis
3. Pers.	tul-it	tul-ērunt	tul-erit	tul-erint

Plusquamperfekt

	Indikativ Sg.	Indikativ Pl.	Konjunktiv Sg.	Konjunktiv Pl.
1. Pers.	tul-eram	tul-erāmus	tul-issem	tul-issēmus
2. Pers.	tul-erās	tul-erātis	tul-issēs	tul-issētis
3. Pers.	tul-erat	tul-erant	tul-isset	tul-issent

Futur II

	Sg.	Pl.
1. Pers.	tul-erō	tul-erimus
2. Pers.	tul-eris	tul-eritis
3. Pers.	tul-erit	tul-erint

⑭ ferre: Indikativ und Konjunktiv Passiv

Infinitiv Präsens

ferrī

Gerundiv

fer-endus, a, um

Präsens	Indikativ Sg.	Indikativ Pl.	Konjunktiv Sg.	Konjunktiv Pl.
1. Pers.	fer-o-r	fer-i-mur	fer-a-r	fer-ā-mur
2. Pers.	fer-ris	fer-i-minī	fer-ā-ris	fer-ā-minī
3. Pers.	fer-tur	fer-u-ntur	fer-ā-tur	fer-a-ntur

Imperfekt

1. Pers.	fer-ēba-r	fer-ēbā-mur	fer-re-r	fer-rē-mur
2. Pers.	fer-ēbā-ris	fer-ēbā-minī	fer-rē-ris	fer-rē-minī
3. Pers.	fer-ēbā-tur	fer-ēba-ntur	fer-rē-tur	fer-re-ntur

Futur I

1. Pers.	fer-a-r	fer-ē-mur
2. Pers.	fer-ē-ris	fer-ē-minī
3. Pers.	fer-ē-tur	fer-ē-ntur

Infinitiv Perfekt

lā-tum esse

Partizip Perfekt

lā-tus, a, um

Perfekt	Indikativ Sg.	Indikativ Pl.	Konjunktiv Sg.	Konjunktiv Pl.
1. Pers.	lātus sum	lātī sumus	lātus sim	lātī sīmus
2. Pers.	lātus es	lātī estis	lātus sīs	lātī sītis
3. Pers.	lātus est	lātī sunt	lātus sit	lātī sint

Plusquamperfekt

1. Pers.	lātus eram	lātī erāmus	lātus essem	lātī essēmus
2. Pers.	lātus erās	lātī erātis	lātus essēs	lātī essētis
3. Pers.	lātus erat	lātī erant	lātus esset	lātī essent

Futur II

1. Pers.	lātus erō	lātī erimus
2. Pers.	lātus eris	lātī eritis
3. Pers.	lātus erit	lātī erunt

Regeln zur Wortbildung

Wenn man einige Regeln, nach denen lateinische Wörter gebildet sind, und die Bedeutung wichtiger Bildungselemente kennt, kann man oft auch nicht gelernte Vokabeln von bekannten herleiten, ihre Wortart bestimmen und die Bedeutung ermitteln.
Zahlreiche lateinische Wörter sind nämlich dadurch gebildet, dass der „Stamm" eines Wortes um eine Lautgruppe erweitert ist: Präfixe sind vorn, Suffixe hinten angefügt.

1. Wichtige Suffixe und ihre Bedeutung:

a) Substantive:

-tas	libertas	Freiheit	
-tudo	magnitudo	Größe	*Zustand oder*
-ia	superbia	Stolz	*Eigenschaft*
-itia	laetitia	Freude	
-or	timor	Angst	
-io	oratio	Rede	*Handlung*
-ium	incendium	Brand, Feuer	*oder Ergebnis*
-mentum	monumentum	Denkmal	*Mittel oder Ergebnis*
-tor	imperator	Befehlshaber, Feldherr	*Handelnde Person*

b) Adjektive:

-ius	regius, a, um	königlich	*Herkunft oder*
-icus	Gallicus, a, um	gallisch	*Zugehörigkeit*
-osus	gloriosus, a, um	ruhmreich	*Fülle*
-alis	mortalis, e	sterblich	
-ilis	utilis, e	nützlich	*Eigenschaft*
-idus	cupidus, a, um	(be)gierig	
-bilis	incredibilis, e	unglaublich	*Möglichkeit*

c) Verben:

-tare/-tari	captare	fangen	*Verstärkung oder*
-itare	agitare	betreiben	*Wiederholung*
-scere/-sci	irasci	in Zorn geraten	*Beginn*

2. Wichtige Präfixe und ihre Bedeutung:
Als Präfixe treten in allen Wortarten oft Präpositionen auf, die – entsprechend ihrer Bedeutung – die Bedeutung des zusammengesetzten Wortes verändern, z. B. **ab-ire** weg-gehen.
Bei der Bildung eines zusammengesetzten Wortes können die Präfixe an den Anlaut des Grundwortes angeglichen werden (Assimilation), z. B. **ad-ferre** → **afferre**.

a) Präpositionen als Präfixe:
Die folgenden Beispiele zeigen wichtige Bedeutungen solcher Präfixe; die Beispiele der linken Spalte enthalten jeweils die Grundbedeutung:

ab-esse	ab-wesend sein	**ab-ire**	weg-gehen
ad-ire	heran-gehen	**af-ferre**	herbei-bringen
con-venire	zusammen-kommen	**col-ligere**	sammeln
de-scendere	herab-steigen	**de-sperare**	ver-zweifeln
ex-cedere	hinaus-gehen	**e-ripere**	ent-reißen
in-ducere	(hin)ein-führen	**im-pellere**	an-treiben
per-spicere	durch-schauen	**per-turbare**	in Verwirrung bringen
pro-gredi	vor-rücken	**pro-ponere**	in Aussicht stellen
sub-icere	unter-werfen	**suc-cedere**	nachfolgen

Manche Präfixe verstärken nur die Bedeutung des Grundwortes, z. B. **con-firmare** oder **per-movere**.

b) Andere Präfixe:

in- **ne-**	**in-certus** **in-iuria** **ne-scire**	ungewiss Unrecht nicht wissen	 *Verneinung oder* *Gegenteil*
dis-	**dis-cedere**	auseinandergehen	*Trennung*
re-	**re-petere** **red-ire**	zurückverlangen zurückkehren	*Rückbezug,* *Rückwendung, Wiederholung*

Selten sind Zusammensetzungen, in denen das Präfix selbst ein Nomen oder Adverb ist, z. B. **bene-ficium** Wohltat, **aedi-ficare** bauen, **iu-dicare** urteilen.

Die folgenden Zahlen beziehen sich auf die **Lektionen** von Latein mit Felix 1–4.

Die folgenden Zahlen beziehen sich auf die **Lektionen** von Latein mit Felix 1–4.

Aegeus 38	Ägeus, sagenhafter König von Athen, Vater des Theseus
Aegyptius, a, um 64	ägyptisch
Aegyptus, -ī *f* 64	Ägypten, römische Provinz seit 30 v. Chr.
Aenēās, -ae *m* 28	Äneas, der Sage nach der Stammvater der Römer
Aeolus 55	Äolus, Gott der Winde
Aequī, Aequōrum	Äquer, den Römern benachbarter Volksstamm, 304 v. Chr. von den Römern unterworfen
Aesōpus W	Äsop, griechischer Fabeldichter
Aetna 79	Ätna, Vulkan an der Ostküste Siziliens
Āfrica 21	Afrika, röm. Name für den Norden des heutigen Erdteils
Agrippīna 67	Agrippina, Frau des Kaisers Claudius, Mutter Neros
Alba Longa 29	Alba Longa, die älteste latinische Stadt, die von Askanius, dem Sohn des Äneas, am Westhang des Albanergebirges gegründet wurde
Albānus, a, um 17	Ager Albanus, das Albanerland in der Nähe von Rom (Mons Albanus oder Montes Albani: das Albanergebirge)
Alexander Magnus, Alexandrī Magnī 57	Alexander der Große (356–323 v. Chr.), König von Makedonien
Alpēs, Alpium *f* 53	Alpen
Alphēus 35	Alpheus, Fluss in Griechenland
Amūlius 30	Amulius, König von Alba Longa und Bruder des Numitor; er wurde von Romulus und Remus getötet.
Anchīsēs, -ae *m* 29	Anchises, Vater des Äneas
Anicētus W	Anicetus, Freigelassener Neros, Präfekt der Flotte bei Misenum, Helfer beim Mord an Agrippina
Antigona 73	Antigone, Tochter des Ödipus; sie widersetzte sich dem Verbot ihres Onkels Kreon, den Leichnam ihres Bruders Polyneikes zu bestatten, und musste dafür mit dem Leben bezahlen.
Apennīnus W	Apennin, Gebirgskette in Italien
Apollō, -inis *m* 28	Apollo, Sohn des Jupiter und der Latona, Bruder der Diana; er galt als Gott der Weissagung, der Heilkunst, der Wissenschaften und Künste.
Apollodōrus W	Apollodor, Diener der Kleopatra
Apollō Grannus W	Apollo Grannus, keltisch-römischer Heilgott; ihm war ein Tempel in Faimingen (Bayern) geweiht.
Aquītānī, -ōrum 82	die Aquitanier, ein iberischer Stamm
Āpulia 40	Apulien, Landschaft in Unteritalien
āra Pācis 64	Ara Pacis, der berühmte Friedensaltar des Augustus auf dem Marsfeld
Archimēdēs, -is *m* 86	Archimedes, berühmtester Mathematiker und Mechaniker des Altertums (287–212 v. Chr.)
Arēopagus W	Areopag, der Areshügel in Athen, auf dem der gleichnamige oberste Gerichtshof tagte
Ariadna 28	Ariadne, Tochter des Königs Minos; sie half Theseus, den Minotaurus zu töten.
Arīōn, Arīōnis *m* W	Arion, griechischer Zitherspieler, der von einem Delfin gerettet wurde
Ascanius 30	Askanius, Sohn des Äneas
Asia 85	Kleinasien (heutige Türkei); seit 129 v. Chr. römische Provinz
Athēnae, -ārum 56	Athen
Athēniēnsis, Athēniēnsis 38	Athener, Einwohner der griechischen Stadt Athen
Atticus, a, um 73	attisch, athenisch

Augīās, Augīae *m* 35	Augias, mythischer König, dessen Rinderstall Herkules an einem Tag ausmistete
Augustus 29	Augustus, erster röm. Kaiser (63 v. Chr. – 14 n. Chr.)
Aventīnus 31	Aventin, einer der sieben Hügel Roms; der Sage nach hat Remus auf dem Aventin den Vogelflug beobachtet, um zu ermitteln, wer der neu gegründeten Stadt den Namen geben sollte.
Bacchus, Bacchī 36	Bacchus, Gott des Weines und der Fruchtbarkeit (griech. Dionysos)
Baleārēs, Baleārium W	Balearen, Inselgruppe im Mittelmeer
Belgae, -ārum 82	die Belgier, germanisch-keltische Völkerschaft im nordwestlichen Gallien und heutigen Belgien
bellum Pūnicum 86	Punischer Krieg (1. Punischer Krieg 264–241 v. Chr.; 2. Punischer Krieg 218–201 v. Chr.; 3. Punischer Krieg 149–146 v. Chr.)
Biriciāna 43	Biriciana, antiker Name für Weißenburg in Bayern
Britannia 82	Britannien, England mit Wales und Schottland; Cäsar versuchte, B. zu erobern. Erst unter Kaiser Claudius wurde das südliche B. von den Römern besetzt und zur Provinz erklärt.
Britannī, -ōrum 83	Britannier, Einwohner Britanniens
Brūtus 29	Lucius Junius Brutus, der Rom von der Königsherrschaft befreite und das Konsulat einführte (509 v. Chr.)
Brūtus 61	Marcus Junius Brutus, Freund Cäsars und später Anführer der Verschwörer, die Cäsar 44 v. Chr. ermordeten
Caesar, Caesaris 59	Gaius Julius Cäsar, römischer Politiker, Heerführer und Schriftsteller (100 – 44 v. Chr.)
Caligula 67	Caligula, Beiname des römischen Kaisers Gaius (37–41 n. Chr.)
Calpurnia 61	Calpurnia, vierte Frau Cäsars
Cambodūnum 45	Cambodunum, antiker Name für Kempten (Allgäu, Bayern)
Campānia 22	Kampanien, Landschaft in Mittelitalien mit ihrer Hauptstadt Capua; der Vesuv und die Städte Pompeji, Herkulaneum und Stabiä liegen in Kampanien.
campus Mārtius 64	Marsfeld; Platz in Rom, der zum Exerzieren, für Sport und Wahlversammlungen genutzt wurde; zur Zeit des Augustus Standort der Ara Pacis und der Sonnenuhr
Cannae, Cannārum 53	Cannä, Ort in Apulien, wo Hannibal 216 v. Chr. die Römer vernichtend schlug
Capitōlium 13	Kapitol, der bedeutendste der sieben Hügel Roms mit einer Befestigungsanlage und den Tempeln des Jupiter, der Juno und der Minerva.
Carolus 77	Karl der Große, Begründer des karolingischen Reiches, das große Teile Mitteleuropas umfasste; K. wurde 800 n. Chr. Kaiser.
Carthāginiēnsis, Carthāginiēnsis 39	karthagisch; Karthager, Einwohner der nordafrikanischen Stadt Karthago
Carthāgō, Carthāginis *f* 52	Karthago, Stadt in Nordafrika
Catō, Catōnis W	1. M. Porcius Cato Censorius, röm. Staatsmann und Schriftsteller (234 – 149 v. Chr.) 2. M. Porcius Cato Uticensis (95–46 v. Chr.), römischer Politiker und Feind Cäsars; nach der Schlacht von Pharsalus (48 v. Chr.) wurde er von Cäsar in der Schlacht bei Thapsus (46 v. Chr.) besiegt und nahm sich das Leben; Anhänger der stoischen Philosophie.
Caucasus 34	Kaukasus, Gebirgszug in Asien
Celtae, -ārum 82	die Kelten, v.a. die Völkerschaften des mittleren und südlichen Galliens
Charaxus 84	Charaxos, Bruder der Dichterin Sappho
Chrīstiānus, a, um W	christlich, der Christ
Cicerō, -ōnis 87	M. Tullius Cicero, röm. Politiker und Schriftsteller (106–43 v. Chr.); er bekleidete höchste Staatsämter; während seines Konsulats 63 v. Chr. kam es zur Catilinarischen Verschwörung, die von ihm aufgedeckt und vereitelt wurde. Als Anwalt und Politiker hielt er zahlreiche bedeutsame Reden, die erhalten sind. Zudem stellte er durch mehrere

	Schriften die röm. Beredsamkeit auf ein breites theoretisches Fundament und vermittelte den Römern durch seine philosophischen Schriften die griech. Philosophie. Das Latein Ciceros gilt als Höhepunkt der klassischen röm. Kunstprosa. Als Befürworter der alten röm. Republik geriet Cicero in Konflikt mit Cäsar und Marcus Antonius; auf Betreiben des Letzteren wurde Cicero ermordet.
Cinna *m* 60	Lucius Cornelius Cinna, römischer Politiker und Gegner des Sulla (um 130–84 v. Chr.)
Cincinnātus 50	Lucius Quinctius Cincinnatus, Diktator 458 v. Chr.; er rettete Rom, als die Stadt im Krieg gegen den benachbarten Volksstamm der Äquer in eine fast ausweglose Situation geraten war.
Claudius 67	Claudius, röm. Kaiser (41–54 n. Chr.)
Cleopatra W	Kleopatra, ägyptische Königin (69–30 v. Chr.); mit Cäsars Hilfe sicherte sie sich die Herrschaft über Ägypten und wurde seine Geliebte. Nach Cäsars Tod heiratete sie Marcus Antonius; die beiden gerieten in Konflikt mit Augustus und starben im Krieg gegen ihn.
Clītus 85	Klitus, Feldherr und Freund Alexanders des Großen
Cōnstantīnus 75	Konstantin der Große, römischer Kaiser (ca. 280–337 n. Chr.), Gründer von Konstantinopel
Cornēlia 60	Cornelia, Tochter des römischen Politikers Cinna und seit ca. 85 v. Chr. erste Frau Cäsars; sie starb 68 v. Chr.
Crēta 38	Kreta, Insel im Mittelmeer; auf ihr herrschte der sagenhafte König Minos.
Creōn, -ontis *m* 73	Kreon, Bruder des Ödipus, Onkel der Antigone und der Ismene; er ließ Antigone töten, die sich seinem Befehl widersetzt hatte, den toten Polyneikes unbestattet zu lassen.
Critognātus 82	Critognatus, vornehmer Gallier, Verteidiger Alesias bei der Belagerung durch Cäsars Truppen
Croesus 11	Krösus, der letzte König der Lyder im 6. Jh. (561–546 v. Chr.); er galt als der reichste Mann der Welt. Sein Reichtum war bei den Griechen sprichwörtlich.
Cynicus 57	Kyniker, Angehöriger der philosophischen Richtung der Kyniker
Daedalus 39	Dädalus, sagenhafter griechischer Baumeister und Künstler, Vater des Ikarus
Dāmoclēs, Dāmoclis 58	Damokles, Gast des Dionysios I.
Delphī, -ōrum 33	Delphi, Stadt in Griechenland, eine der wichtigsten Orakelstätten Griechenlands; hier wurde der Gott Apollo kultisch verehrt, der durch seine Priesterin, die Pythia, Weissagungen erteilte.
Delphicus, a, um 32	zu Delphi gehörend, delphisch
Dēmosthenēs, -is *m* 69	Demosthenes, berühmter athenischer Staatsmann und Redner (384–322 v. Chr.)
Desidērius 77	Desiderius, König der Langobarden
Dioclētiānus 75	Diokletian, röm. Kaiser (284–305 n. Chr.)
Diogenēs, Diogenis *m* 57	Diogenes (von Sinope), griech. Philosoph, Begründer der kynischen Philosophie (412/403–324/321 v. Chr.); er hauste in einem Vorratsgefäß (Fass) und trat für ein äußerst einfaches Leben der Menschen ein.
Dionȳsius 58	Dionysios I., von 405–367 v. Chr. Tyrann der Stadt Syrakus auf Sizilien
Dīs pater, Dītis patris 81	Pluto, Gott der Unterwelt
Druidēs, Druidum W	Druiden, Priester der Kelten
domus aurea W	Domus aurea, der „goldene Palast" des Kaisers Nero
Epicūrēus, a, um 101	epikureisch; der Epikureer
Erasmus 90	Erasmus von Rotterdam (1466–1536), einer der bedeutendsten Vertreter des europäischen Humanismus, der die antike Literatur und Kultur der Griechen und Römer wieder aufleben ließ und den allseitig gebildeten Menschen zu verwirklichen suchte
Ēsquiliae, -ārum 18	Esquilin, der größte der sieben Hügel Roms
Etrūscī, -ōrum 46	Etrusker, Bewohner Etruriens, nordwestlich von Rom
Eurīpidēs, -is *m* 107	Euripides, griechischer Tragödiendichter, lebte in Athen (480–406 v. Chr.)

Eurōpa 37	Europa, Tochter des Königs von Phönizien; sie wurde von Zeus/Jupiter, der sich in einen Stier verwandelte, wegen ihrer Schönheit entführt.
Eurōpa 85	Europa, Erdteil, benannt nach der von Zeus entführten phönikischen Königstochter
Eurystheus *m* 35	Eurystheus, König von Mykene, der dem Herkules die zwölf Arbeiten auferlegte
Eurydicē 42	Eurydike, Gattin des Orpheus
Faustulus 30	Faustulus, Hirte des Königs Amulius; er rettete die ausgesetzten Brüder Romulus und Remus.
Fortūna 29	Fortuna, Göttin des Schicksals mit bedeutenden Kultstätten; in Rom gab es einen Tempel der **Fortuna publica populi Romani**.
forum Rōmānum 1	Forum Romanum, Talsenke zwischen den Hügeln Kapitol, Palatin und Esquilin; nach seiner Entwässerung wurde das Forum Romanum zum Mittelpunkt Roms mit zahlreichen öffentlichen Bauwerken und Tempeln.
Francī, -ōrum 77	Volksstamm der Franken
Gallia 82	Gallien
Gallus 51	Gallier, Angehöriger des Volkes der Kelten
Gellius W	Aulus Gellius (geb. etwa 130 n. Chr.), Verfasser eines Werkes, das sich mit vielen verschiedenen Themen befasst („**Noctes Atticae**"): Sprachwissenschaft, Philosophie, Recht, Rhetorik u.v.m.
Gemellus W	Gemellus, Enkel des Tiberius, von Caligula ermordet
gēns Tullia 87	Geschlecht der Tullier, dem Cicero entstammte
Germānia 81	Germanien
Germānus 80	Germane, Einwohner von Germanien
Germānicus, a, um 80	germanisch
Gordiānus 74	Gordianus, röm. Kaiser (238–244 n. Chr.)
Graecī, -ōrum 28	Griechen, Einwohner von Griechenland
Graecia 21	Griechenland
Graecus, a, um 28	griechisch
Hadriānus 77	Hadrian, Bischof von Rom und Papst von 772–795 n. Chr.
Hamilcar, Hamilcaris 52	Hamilkar, Vater Hannibals
Hannibal, Hannibalis 52	Hannibal, Feldherr der Karthager (247–183 v. Chr.), erbitterter Gegner der Römer; im 2. Punischen Krieg (Krieg der Karthager gegen die Römer, 218–201 v. Chr.) war Hannibal der Anführer der karthagischen Soldaten, mit denen er die Alpen überquerte. Er tötete sich 183 v. Chr. durch Gift.
Helvētiī, -ōrum 82	die Helvetier, keltisches Volk in der heutigen Schweiz
Hērā 56	Hera (lat. **Iuno**), griechische Göttin, Frau des Zeus (lat. **Iuppiter**)
Herculēs, -is 34	Herkules, lateinischer Name für Herakles, den berühmtesten griechischen Helden, der im Dienst seines Vetters Eurystheus zwölf Arbeiten verrichten musste
Hibernia 83	Irland
Hispānia 21	Spanien, Pyrenäenhalbinsel, seit 197 v. Chr. röm. Provinz
Homērus W	Homer, ältester und berühmtester griechischer Dichter (8. Jh.), Verfasser der „**Ilias**" und der „**Odyssee**"
Hydra 35	Hydra, vielköpfige Schlange, die von Herkules in der zweiten Tat besiegt wurde
Īcarus 39	Ikarus, Sohn des Dädalus; er kam im Fluge der Sonne zu nahe, weshalb seine Flügel zerfielen und er abstürzte.
Italia 21	Italien
Iūlia 66	Julia, einzige Tochter des Augustus; sie lebte von 39 v. Chr.–14 n. Chr.
Iūnō, Iūnōnis *f* 56	Juno (griech. **Hērā**), Göttin, Frau Jupiters

Iuppiter, Iovis 13	Jupiter, röm. Gott, entspricht dem griechischen Zeus; er war der höchste Gott und wurde in Rom als Iuppiter Optimus Maximus verehrt.
Laelius 103	C. Laelius minor (etwa 190 - nach 129 v. Chr.), Freund des jüngeren Scipio Africanus und Hauptgestalt in Ciceros Schrift „De amicitia“.
Lāius 72	Lajos, König von Theben, Vater des Ödipus; er wurde von seinem Sohn, der ihn nicht erkannt hatte, erschlagen.
Langobardī, -ōrum 77	die Langobarden, ein germanisches Volk skandinavischer Herkunft
Lāocoōn, Lāocoontis *m* 28	Laokoon, Priester aus Troja, der seine Mitbürger vergeblich vor dem hölzernen Pferd warnte
Lārentia 30	Larentia, Ehefrau des Hirten Faustulus; sie zog Romulus und Remus groß.
Lāvīnia 29	Lavinia, zweite Ehefrau des Äneas
Lentulus 104	L. Cornelius Lentulus (Konsul 49 v. Chr.), Gegner Cäsars im Bürgerkrieg; er nahm an der Schlacht von Pharsalus (48 v. Chr.) teil und wurde nach der Flucht in Ägypten ermordet (46 v. Chr.).
Leō 77	Leo III., Papst von 795–816 n. Chr.
librī Sibyllīnī 75	die sibyllinischen Bücher
līmes, līmitis 48	Limes, römische Grenzbefestigungsanlage, die das freie Germanien von den römisch besetzten Gebiete trennte
Līvia 65	Livia, Ehefrau des Augustus
Līvius 31	Livius, röm. Geschichtsschreiber (59 v. Chr. - 17 n. Chr.); er schrieb eine röm. Geschichte von der Gründung der Stadt an (Ab urbe condita).
Lūcīlius 88	Lucilius, Freund Senecas und Adressat von Senecas Epistulae morales.
Lȳdia 85	Lydien, Landschaft in Kleinasien, der heutigen Türkei
Lȳsimachus 85	Lysimachus, Feldherr Alexanders des Großen
Macedonia W	Makedonien, Landschaft in Griechenland nördlich von Thessalien
Magna Graecia 56	Großgriechenland, von den Griechen besiedeltes Gebiet in Unteritalien
Manlius 51	Marcus Manlius, röm. Konsul 392 v. Chr.; er rettete 387 v. Chr., gewarnt durch die kapitolinischen Gänse, das Kapitol vor den heranstürmenden Galliern.
Marcellus 86	M. Claudius Marcellus, römischer Feldherr und Eroberer von Syrakus 212 v. Chr.
mare Tyrrhēnum 43	tyrrhenisches (etruskisches) Meer, westlich von Italien
Mārs, Mārtis 30	Mars, röm. Gott des Krieges
Maxentius 75	Maxentius, röm. Kaiser (306–312 n. Chr.)
Maximinus 74	Maximinus Thrax, röm. Kaiser (235–238 n. Chr.)
Menēnius Agrippa 49	Menenius Agrippa, 503 v. Chr. römischer Konsul; er erreichte 494 v. Chr. mit Hilfe der Geschichte vom Magen und den Gliedern, dass die Plebejer wieder nach Rom zurückkehrten.
Mercurius 33	Merkur, röm. Gott der Diebe, der Handeltreibenden und der Reisenden; er galt auch als Bote der Götter und Begleiter der Seelen in die Unterwelt.
Messalīna 67	Messalina, Frau des Kaisers Claudius
Midās, Midae *m* 36	Midas, sagenhafter König von Phrygien; der Gott Dionysos schenkte ihm angeblich die Gabe, alles in Gold zu verwandeln, was er berührte.
Minerva 13	Minerva, röm. Göttin der Weisheit, entspricht der griechischen Athene
Mīnōs, Mīnōis *m* 38	Minos, König von Kreta und Vater der Ariadne, Erbauer des Labyrinths, in dem sich der Minotaurus aufhielt
Mīnōtaurus 38	Minotaurus, Menschen fressendes Ungeheuer auf Kreta, von Theseus mit Hilfe der Ariadne besiegt
Mōns sacer 49	der heilige Berg, nordöstlich von Rom; an diesen Ort zogen die Plebejer im Jahre 494 v. Chr., um ihre politischen Rechte durchzusetzen; sie wurden von Menenius Agrippa geschickt dazu überredet, wieder zurückzukehren.

Mūsae, -ārum 33	Musen, neun Töchter des Zeus, Göttinnen der Künste
Neāpolis, Neāpolis *f* 56	Neapel, von den Griechen um 600 v. Chr. gegründete Stadt in Süditalien
Neptūnus 41	Neptun (griech. **Poseidōn**), Gott des Meeres
Nerō, Nerōnis W	Nero, römischer Kaiser (37 – 68 n. Chr.), letzter Kaiser aus dem Julisch-Claudischen Kaiserhaus
Numitor, -ōris 30	Numitor, Großvater von Romulus und Remus, König von Alba Longa, von seinem Bruder Amulius gestürzt
Octāviānus 62	Oktavian, früherer Name des Augustus (bis 27 v. Chr.)
Oedipus 72	Ödipus, sagenhafter Herrscher der griech. Stadt Theben; Vater von Eteokles, Polyneikes, Antigone und Ismene; er löste das Rätsel der Sphinx; tötete in Unwissenheit seinen Vater Lajos und heiratete seine Mutter Jokaste. Als seine Taten ans Licht kamen, stach sich Ödipus die Augen aus und wanderte von da an als Ausgestoßener umher.
Olympia 69	Olympia, ein dem Zeus heiliger Bezirk in Elis auf der Peloponnes; seit 776 v. Chr. wurden dort alle vier Jahre die Olympischen Spiele gefeiert.
Olympius, a, um 69	olympisch
Olympus 33	Olymp, Berg in Nordgriechenland, Götterberg
Orpheus 42	Orpheus, sagenhafter thrakischer Sänger, dessen Gesang Wunder wirkte; er war der Ehemann der Eurydike, die er nach ihrem Tod aus der Unterwelt zurückzuholen versuchte.
Ōstia 54	Ostia, Hafenstadt Roms an der Tibermündung
Ovidius 102	P. Ovidius Naso (43 v. – 18 n. Chr.), Dichter der Metamorphosen, der **Amores**, der **Ars amatoria** und anderer Werke, Zeitgenosse des Augustus und von diesem aus bis heute nicht genau geklärten Gründen an das Schwarze Meer verbannt
Paestum 56	Pästum, von den Griechen im 7. Jh. v. Chr. gegründete Stadt in Unteritalien
Palātium 31	Palatin, einer der sieben Hügel Roms, der älteste bewohnte Teil der Stadt
Papīa 77	Pavia, Stadt in Oberitalien
patriciī, -ōrum 49	Patrizier, die adeligen und reichen Familien Roms
Paulus W	Paulus, Sohn einer vermögenden jüdischen Familie; er wurde durch ein Bekehrungserlebnis vom Christenverfolger zum glühenden Anhänger und Missionar der neuen Lehre. Als „Heidenapostel" trug er durch seine Missionsreisen entscheidend zur Verbreitung des christlichen Glaubens bei; an die christlichen Urgemeinden verfasste er zahlreiche Briefe, die Bestandteil des Neuen Testamentes sind. Der Überlieferung nach wurde Paulus während der Christenverfolgung Neros verhaftet und um 66 n. Chr. in Rom enthauptet.
Persis, -idis *f* 85	Persien
Perusia 62	Perusia, heute Perugia, Stadt in Mittelitalien
Phoenīcēs, -um	Phönizier, Bewohner Phöniziens, eines schmalen Landstrichs Syriens am Mittelmeer, unter anderem berühmt durch Schifffahrt und Handel
Pīsistratus W	Peisistratos, Tyrann von Athen (560 – 527 v. Chr.)
Platō, -ōnis 84	Platon, berühmter griechischer Philosoph
plēbēiī, -ōrum 49	Plebejer, die nicht-adeligen Familien Roms, die sich erst nach der Gründung der Stadt in Rom ansiedelten und lange unter der Vorherrschaft der Patrizier standen
Plīnius 23	1. Plinius der Ältere (23 – 79 n. Chr.), röm. Offizier und Verwaltungsbeamter, Wissenschaftler und Forscher 2. Plinius der Jüngere (62 – ca. 114 n. Chr.), Neffe von 1., Anwalt und Staatsbeamter, bekannt durch seine „Briefe"
Plūtō, -ōnis 42	Pluto, König der Unterwelt
Polybus 72	Polybos, König von Korinth; er und seine Frau Merope zogen den ausgesetzten Ödipus auf.

Polyphēmus 40	Polyphem, Sohn des Neptun; Odysseus/Ulixes blendete den einäugigen Kyklopen Polyphem mit einer List und zog sich deshalb den Zorn Neptuns zu.
Pompēī, -ōrum 25	Pompeji, die im Jahre 79 n. Chr. während des Vesuvausbruchs verschüttete und heute zum Teil wieder ausgegrabene Stadt bei Neapel
Pompēiānī, -ōrum 27	Pompejaner, Einwohner von Pompeji
Pompēiānus, a, um 27	pompejanisch
Cn. Pompēius W	Gnäus Pompejus Magnus, römischer Feldherr und Politiker (106–48 v. Chr.), zunächst Freund und Schwiegersohn Cäsars, dann aber sein Gegner; Pompejus starb während des Krieges gegen Cäsar in Ägypten.
Pompōnius 23	Pomponius, Freund von Plinius dem Älteren
Poseidōn 40	Poseidon (lat. Neptūnus), Gott des Meeres
Posīdōnia 56	Posidonia, älterer Name von Pästum
Promētheus 34	Prometheus, Titan (Urgott); er stahl den olympischen Göttern das Feuer und brachte es den Menschen. Dafür wurde er von Zeus grausam bestraft.
Prōserpina 42	Proserpina, Königin der Unterwelt
Pȳrenaeī (montēs) W	Pyrenäen, Gebirge zwischen Spanien und Frankreich
Pȳthia 33	Pythia, Priesterin des Apollo in Delphi, verkündete die Orakelsprüche
Pȳthōn, -ōnis 33	Python, von Apollo in Delphi getöteter Drache
Polynīcēs, -is 73	Polyneikes, Sohn des Ödipus, Bruder der Antigone; er und sein Bruder Eteokles brachten sich im Kampf um die Herrschaft über Theben gegenseitig um.
Pȳthagorās, -ae *m* 102	Pythagoras, griechischer Philosoph (um 550 v. Chr.), der nach ausgedehnten Reisen in Ägypten und Griechenland in Unteritalien (Kroton) blieb und dort die nach ihm benannte Philosophenschule der Pythagoreer begründete
Quīntiliānus 92	M. Fabius Quintilianus (etwa 35–95 n. Chr.), erster staatlich besoldeter Professor für Rhetorik und Verfasser eines bedeutenden Werkes über die „Ausbildung des Redners" (Institutio oratoria).
Raetia 43	Rätien, römische Provinz; zum Großteil auf dem Territorium des heutigen Bayern (südlich der Donau und westlich des Inns)
Raetī, -ōrum 43	Räter, Bewohner des nördlichen Voralpenlandes
Rēa (Rhea) Silvia 30	Vestalin, Mutter des Romulus und Remus
Rēctīna 23	Rectina, Frau eines Freundes von Plinius d. Ä.
Remus 30	Remus, Zwillingsbruder des Romulus
Rhēnus 80	Rhein
Rhodus 59, 66	Rhodos, griechische Insel; auf Rhodos unterrichteten in der Antike berühmte Professoren, weshalb sich viele junge Männer dorthin aufmachten um zu studieren.
Rōma 1	Rom, der Sage nach im Jahre 753 v. Chr. von Romulus gegründet; die älteste Siedlung befand sich auf dem Palatin, einem der sieben Hügel der Stadt.
Rōmānus, a, um 5, 21	römisch; Römer
Rōmulus 29	Romulus, Gründer der Stadt Rom, Sohn der Rea Silvia und des Gottes Mars; er wurde auf dem Tiber zusammen mit Remus, seinem Zwillingsbruder, in einem Kasten ausgesetzt, von einer Wölfin gesäugt und von dem Hirten Faustulus und seiner Frau Larentia aufgezogen.
Rōmulus Augustulus 76	Romulus Augustulus, letzter Kaiser des weströmischen Reiches (475/76 n. Chr.)
Saguntum W	Sagunt, Stadt in Spanien südlich des Ebro und nördlich von Valencia
Sapphō, -ūs *f* 84	Sappho, Dichterin der Griechen von der Insel Lesbos (um 600 v. Chr.)
Segesta 79	Segesta, alte Stadt im Nordwesten Siziliens
Seiānus 66	Sejan, Vorgesetzter der kaiserlichen Leibwache und Vertrauter des Tiberius

Seneca, -ae *m* 85	L. Annaeus Seneca, röm. Schriftsteller, Politiker und stoischer Philosoph (4 v. Chr.–65 n. Chr.); Agrippina machte ihn zum Erzieher ihres Sohnes Nero. Seneca blieb auch nach dessen Thronbesteigung sein Berater; nachdem er seinen politischen Einfluss verloren und sich an einer Verschwörung gegen Nero beteiligt hatte, musste er auf Befehl des Kaisers Selbstmord begehen.
Scīpiō, -ōnis *m* 53, 103	1. Publius Cornelius Scipio (235–183 v. Chr.); er besiegte im 2. Punischen Krieg (Krieg der Karthager gegen die Römer) Hannibal. Für diesen Sieg erhielt er den ehrenden Beinamen Africanus. 2. C. Scipio Aemilianus Africanus Numantinus, der jüngere Scipio (185–129 v. Chr.), römischer Politiker und Feldherr im 3. Punischen Krieg; unter seiner Führung wurde Karthago erobert und zerstört; als Begründer des sog. Scipionenkreises führte er griechische Lebensweise und Philosophie in Rom ein. 3. Q. Caecilius Metellus Pius Scipio (Konsul 52 v. Chr.); er stellte am 1. Januar 49 v. Chr. im Senat den Antrag, Cäsar solle sein Heer entlassen oder als Staatsfeind angesehen werden. Nach der Schlacht von Pharsalus (48 v. Chr.) entkam er nach Afrika, wo er in der Schlacht bei Thapsus (46 v. Chr.) von Cäsar besiegt wurde und sich hierauf das Leben nahm.
Siculī, -ōrum 79	die Sizilier, die Bewohner Siziliens
Siculus, a, um 79	sizilisch
Sicilia 56	Sizilien, die größte und wichtigste Insel des Mittelmeeres
Sisyphus W	Sisyphus, König von Korinth; wegen eines Frevels musste er in der Unterwelt bis in alle Ewigkeit einen Stein den Berg hinaufwälzen, der nach vollbrachter Tat immer wieder herunterrollte.
Sōcratēs, -is *m* 100	Sokrates, berühmter athenischer Philosoph (470–399 v. Chr.), der von den Athenern zu Unrecht wegen Gotteslästerung und Verführung der Jugend angeklagt und hingerichtet wurde; als Philosoph beschäftigte er sich mit der Frage nach der sittlichen Vervollkommnung des Menschen.
Solōn, -ōnis *m* 69	Solon, Politiker, der den Athenern Gesetze gab, durch die er die erste Demokratie der Menschheitsgeschichte schuf; einer der sog. sieben Weisen; er starb 559 v. Chr. auf der Insel Zypern.
Spurinna *m* 61	Spurinna, römischer **haruspex**, der Cäsar vor dem Attentat 44 v. Chr. warnte
Stabiae, -ārum 23	Stabiä, Badeort am Golf von Neapel, beim Ausbruch des Vesuvs 79 n. Chr. verschüttet
Subūra 12	Stadtviertel mit Lebensmittelmarkt, Buden und Kneipen, in dem die ärmeren Schichten Roms lebten
Sulla 60	Lucius Cornelius Sulla (138–78 v. Chr.), römischer Politiker, Angehöriger der Optimatenpartei, Konsul und Diktator
Syrācūsae, Syrācūsārum W	Syrakus, von den Griechen um 734 v. Chr. gegründete Stadt auf Sizilien
Syrācūsānī, -ōrum 86	Syrakusaner, Einwohner von Syrakus
Syria 85	Syrien, Landschaft in Asien zwischen Kilikien und Palästina
Tacitus 83, 89	L. Cornelius Tacitus, römischer Historiker (etwa 55–120 n. Chr.), Verfasser einer Schrift über die Germanen (**Germania**), der **Annalen** und der **Historien**, einer Geschichte Roms der Jahre 14–96 n. Chr., und des **Dialogus de oratoribus**, eines Dialogs, in dem er über die Ursachen des Niedergangs der römischen Beredsamkeit reflektiert.
Tarquinius Superbus 29	Tarquinius Superbus, letzter etruskischer König in Rom, von Brutus vertrieben
Tartarus 42	Tartarus; das Totenreich
Thēbae, -ārum 72	Theben, Hauptstadt Böotiens
Theodōsius 95	Theodosius, röm. Kaiser (379–395 n. Chr.)
Thēseus *m* 38	Theseus, griechischer Held; er befreite Athen von der Herrschaft des Minos, indem er mit Hilfe der Ariadne den Minotaurus tötete.
Tiberis, -is *m* 30	Tiber, Hauptfluss in Mittelitalien; er fließt durch Rom und mündet bei Ostia ins Meer.

Tiberius 65	Tiberius, röm. Kaiser (14–37 n. Chr.), Stiefsohn des Kaisers Augustus; er eroberte als röm. Feldherr u.a. das Gebiet südlich der Donau, das heutige Südbayern, und Teile Nordgermaniens.
Tillius Cimber 61	Tillius Cimber, einer der Verschwörer gegen Cäsar
Trōia 28	Troja, Stadt an der Nordwestküste Kleinasiens, Schauplatz des Trojanischen Krieges, den die Griechen mit der Zerstörung der Stadt nach zehn Jahren Belagerung beendeten
Trōiānus, a, um 28	Trojaner, Einwohner von Troja
Ulixēs, Ulixis 40	Ulixes, lateinischer Name für Odysseus, der das trojan. Pferd bauen ließ
Venus, -eris 28	Venus, Göttin der Liebe und Stammmutter der Römer, Mutter des Äneas
Vesta 10	Vesta, Göttin des Herdes und des Herdfeuers mit einem Altar in einem Rundtempel auf dem Forum Romanum
Vestālis, -is *f* 10	Vestalin; sechs zur Ehelosigkeit und Keuschheit verpflichtete Priesterinnen der Vesta hatten für die ständige Unterhaltung des heiligen Herdfeuers zu sorgen. Sie genossen hohes Ansehen und hatten besondere Rechte.
Vesuvius (mōns) 22	Vesuv, 1270 m hoher Vulkan, der bei seinem Ausbruch 79 n. Chr. die Städte Pompeji, Herkulaneum und Stabiä verschüttete
Via Appia 15	Via Appia, Straße von Rom nach Capua in Kampanien, verlängert bis Brundisium (Brindisi), später benannt nach ihrem Erbauer Appius Claudius im Jahr 312 v. Chr.
Vercingetorīx, -īgis W	Vercingetorix, Führer des Gallieraufstandes 52 v. Chr., bei Alesia besiegt, von Cäsar im Triumph vorgeführt und 46 v. Chr. hingerichtet

Eingeklammerte Perfektformen wurden in Band 4 im Zusammenhang mit den Wortfamilien gelernt (z. B. S. 118).

ā / ab *m. Abl.* von, von … her 8
ā puerīs von Kindheit an 80
abdūcere, abdūcō, abdūxī (abductum) wegführen 28
abesse, absum *(ā m. Abl.)* abwesend sein (von), fehlen 21
nōn multum abest, quīn es fehlt nicht viel, dass 91
abīre, abeō, abiī, abitum weggehen 50
absolvere, absolvō, absolvī, absolūtum lösen, freisprechen 98
ac / atque und, und auch; *(im Vergleich)* wie, als 28, 92
accēdere, accēdō, accessī herbeikommen, hinzukommen 4, 23
ad rem pūblicam accēdere sich dem Staatsdienst widmen 44
accendere, accendō, accendī, accēnsum anfeuern, anzünden 83
accidere, accidō, accidī geschehen, sich ereignen 97
accipere, accipiō, accēpī, acceptum erhalten, annehmen, erfahren 48
accūsāre anklagen, beschuldigen 67
ācer, ācris, ācre energisch, heftig, scharf 31
acerbus, a, um bitter, grausam, rücksichtslos 19
aciēs, aciēī *f* Schlachtordnung, Schlacht 75
āctiō, āctiōnis *f* Tätigkeit, Gerichtsverhandlung, Rede 26
ad *m. Akk.* an, bei, nach, zu 8
ad rem pūblicam accēdere sich dem Staatsdienst widmen 44
ad rem pūblicam admittere zur Leitung des Staates hinzuziehen 49
addere, addō, addidī, additum hinzufügen 76
addūcere, addūcō, addūxī, adductum heranführen, veranlassen 48
adeō *Adv.* so sehr 43
adesse, adsum, adfuī da sein; helfen 2, 3, 25
adhibēre, adhibeō anwenden 93
cūram adhibēre Sorgfalt verwenden 93
adhūc *Adv.* bis jetzt, noch 8
adicere, adiciō, adiēcī, adiectum hinzufügen 70
adīre, adeō, adiī, aditum *(m. Akk.)* herantreten (an), bitten 50
ōrāculum adīre die Orakelstätte aufsuchen, sich an das Orakel wenden 69
aditus, aditūs *m* Zugang 43
adiungere, adiungō, adiūnxī, adiūnctum hinzufügen, anschließen 89
adiuvāre, adiuvō, adiūvī, adiūtum *m. Akk.* unterstützen, helfen 95
admittere, admittō, admīsī, admissum hinzuziehen, zulassen 49
ad rem pūblicam admittere zur Leitung des Staates hinzuziehen 49
adulēscēns, adulēscentis *m* jung; *Subst.* junger Mann 30
adventus, adventūs *m* Ankunft 79
adversārius Gegner 71
adversus *Adv.* entgegen 89
adversus resistere dagegen Widerstand leisten 89
adversus *m. Akk.* gegen 94
adversus, a, um entgegengesetzt, feindlich 33
rēs adversae *f Pl.* Unglück 35
aedificāre bauen 6
aedificium Gebäude 18
aedis, aedis *f* Tempel; *Pl.* Haus 46
aequē ac / atque ebenso wie 103
aequor, aequoris *n* Ebene, Fläche, Meer 99
aequus, a, um eben, gerecht, gleich 76
aequō animō mit Gelassenheit 76
āēr, āeris *m* Luft 39
aes, aeris *n* Erz, Geld 101
aes aliēnum Schulden 101
aestās, aestātis *f* Sommer 69
aestimāre einschätzen, beurteilen 48
magnī aestimāre hoch (ein)schätzen 48
plūris aestimāre höher einschätzen, für wichtiger halten 57
aestus, aestūs *m* Hitze 35
aetās, aetātis *f* Lebensalter, Zeitalter, Zeit 62
aeternus, a, um ewig 73
afferre, afferō, attulī, allātum bringen, herbeibringen, mitbringen; melden 77
afficere, afficiō, affēcī, affectum *m. Abl.* versehen mit 34, 50

honōre afficī geehrt werden, Ehre erlangen 46
timōre afficī in Furcht geraten, Angst bekommen 50
ager, agrī *m* Acker, Feld, Gebiet 16
agere, agō, ēgī, āctum handeln, treiben, verhandeln 8, 33, 70
causam agere einen Prozess führen 87
dē pretiō agere über den Preis verhandeln 8
fābulam agere ein Theaterstück spielen 26
grātiās agere danken 13
negōtia agere (seinen) Geschäften nachgehen 8
vītam agere sein Leben verbringen/führen 20
aggredī, aggredior, aggressus sum angreifen, herangehen 85
agitāre (be)treiben, überlegen 20
agmen, agminis *n* Heereszug, Zug 44
āit behauptet(e) er, sagt(e) er 35
āla Flügel 39
alere, alō, aluī ernähren, großziehen 20, 31
aliēnus, a, um fremd 78
aes aliēnum Schulden 101
aliī ... aliī die einen ... die anderen 19
aliquamdiū *Adv.* eine Zeitlang 96
aliquandō *Adv.* irgendwann, einmal 72
aliquī, aliqua, aliquod *Adj.* irgendein 53
aliquā ex causā aus irgendeinem Grund 53
aliquis, aliquid *Subst.* irgendjemand, irgendetwas 53
aliquid honōris irgendeine Ehre 87
aliter *Adv.* anders; sonst 39
alius, alia, aliud *(Gen.* alterīus, *Dat.* alterī*)* ein anderer 19
alter, altera, alterum *(Gen.* alterīus, *Dat.* alterī*)* der eine / der andere (von zweien) 38
altus, a, um hoch, tief 40
amāre lieben 6
ambō, ambae, ambō beide (zusammen) 37
ambulāre spazierengehen 42
amīca Freundin 2
amīcitia Freundschaft 53
amīcus Freund 2
ūtī amīcīs Freunde haben 85
āmittere, āmittō, āmīsī (āmissum) aufgeben, verlieren 37
amor, amōris *m* Liebe 32
amphitheātrum Amphitheater 25
amplus, a, um groß, weit, bedeutend 40
an *im Fragesatz* oder (etwa) 26
an *im indir. Fragesatz* ob (nicht) 91
haud sciō, an ich weiß nicht, ob nicht; vielleicht 91
ancilla Dienerin, Sklavin 89
ancora Anker 54
ancoram tollere den Anker lichten 54
angustus, a, um eng, schwierig 22
anima Atem, Leben 97
animadvertere, animadvertō, animadvertī, animadversum *m. AcI / Akk.* bemerken 51
animadvertere in *m. Akk.* vorgehen gegen 59
animal, animālis *n* Lebewesen, Tier 32
animus Geist, Gesinnung, Mut 23
aequō animō mit Gelassenheit 76
animum *(m. Gen.)* cōnfīrmāre (jmd.) ermutigen 38
animum / animōs *(m. Gen.)* convertere jmds. Einstellung ändern 72
animum dēmittere den Mut verlieren 37
bonō animō esse guten Mutes sein, zuversichtlich sein 59
annus Jahr 20
puer novem annōrum ein neunjähriger Junge 52
ante *m. Akk.* vor 37
ante Chrīstum nātum vor Christi Geburt 43
anteā *Adv.* vorher, früher 56
antīquus, a, um alt, altertümlich 17
anus, anūs *f* alte Frau 102
aperīre, aperiō, aperuī, apertum aufdecken, öffnen 28, 75
apertus, a, um offen, offenkundig 75
appārēre, appāreō, appāruī erscheinen, sich zeigen 94
appellāre *m. dopp. Akk.* nennen, bezeichnen (als); anrufen 44
appetere, appetō (appetīvī, appetītum) haben wollen, erstreben 12
apud *m. Akk.* bei, nahe bei 25
aqua Wasser 14
aquaeductus, aquaeductūs *m* Wasserleitung 46
āra Altar 10
arbitrārī, arbitror, arbitrātus sum glauben, meinen 84
arbor, arboris *f* Baum 9

arcessere, arcessō, arcessīvī, arcessītum herbeirufen, holen 16, 50
ārdēre, ārdeō, ārsī brennen 17, 94
arēna Sand, Kampfplatz, Arena 17
argentum Silber 5
arma, armōrum *n Pl.* Waffen 27
armātus, a, um bewaffnet 75
arripere, arripiō, arripuī, arreptum an sich reißen 98
ars, artis *f* Fertigkeit, Kunst; *Pl.* Eigenschaften 29
arx, arcis *f* Burg 101
ascendere, ascendō, ascendī, ascēnsum hinaufsteigen, besteigen 54
asper, aspera, asperum rau, streng 67
aspicere, aspiciō, aspexī (aspectum) erblicken 24
at aber, dagegen, jedoch 64
āter, ātra, ātrum schwarz, düster 23
Athēnīs in Athen *(wo?)* 56
atque / ac und, und auch; *(im Vergleich)* wie, als 28, 92
attingere, attingō (attigī, attāctum) berühren 18
auctor, auctōris *m* Anführer, Gründer, Ratgeber, Urheber, Verfasser 47
  deō auctōre auf Veranlassung Gottes 73
  mē auctōre auf meine Veranlassung 73
auctōritās, auctōritātis *f* Ansehen, Einfluss, Macht 46
audācia Frechheit, Kühnheit 59
audēre, audeō, ausus sum wagen 98
audīre, audiō, audīvī (audītum) hören 12, 22
auferre, auferō, abstulī, ablātum rauben, wegbringen 100
augēre, augeō, auxī, auctum vergrößern, vermehren 29, 64
aura Luft(zug) 15
aureus, a, um golden 58
auris, auris *f* Ohr 36
  aurēs dare zuhören 37
aurum Gold 5
aut oder 27
aut ... aut entweder ... oder 38
autem aber, andererseits 12
auxilium Hilfe 10
  auxiliō venīre zu Hilfe kommen 34
avāritia Geiz, Habgier 85
āvertere, āvertō, āvertī, āversum abwenden, vertreiben 65
avis, avis *f* Vogel 39
avus Großvater 15

barbarus, a, um ausländisch, unzivilisiert 65
basilica Markthalle, Gerichtshalle 1
beātitūdō, beātitūdinis *f* Glück(seligkeit) 96
beātus, a, um glücklich, reich 58
bellum Krieg 21
  bellum gerere Krieg führen 60
  bellum īnferre *(m. Dat.)* jmd. angreifen 77
bene *Adv.* gut 11
  bene valēre (richtig) gesund sein 87
beneficium Wohltat 60
bibere, bibō, bibī trinken 36
bonus, a, um gut 20
  bona, bonōrum *n Pl.* Güter, Besitz 32
  bonō animō esse guten Mutes sein, zuversichtlich sein 59
  bonum *n* das Gut(e), Besitz 32
bōs, bovis *m/f* Kuh, Ochse, Rind 18
brevis, e kurz 24
  brevī tempore nach kurzer Zeit, bald (darauf) 24

cadere, cadō, cecidī fallen 14, 25
caedere, caedō, cecīdī, caesum fällen, niederschlagen 83
caedēs, caedis *f* Blutbad, Mord 26
caelum Himmel 23
calamitās, calamitātis *f* Schaden, Unglück 21
campus Feld, freier Platz 64
canere, canō, cecinī, cantātum singen, besingen, (ein Instrument) spielen 42
canis, canis *m* Hund 51
cantus, cantūs *m* Gesang 96
capere, capiō, cēpī, captum fassen, nehmen, erhalten; erobern 28, 39
captīvus gefangen; *Subst.* (Kriegs-)Gefangener 39
caput, capitis *n* Kopf, Hauptstadt 29
  capitis damnāre zum Tode verurteilen 44
carēre, careō *m. Abl.* frei sein von, ohne (etw.) sein; nicht haben 49
carmen, carminis *n* Gedicht, Lied 33
cārus, a, um lieb, teuer, wertvoll 84
castra, castrōrum *n Pl.* Lager 43

castra collocāre das Lager aufschlagen 43
cāsus, cāsūs *m* Fall, Zufall 33
cāsū zufällig 72
causa Sache, Ursache, Grund; Prozess 18, 87
aliquā ex causā aus irgendeinem Grund 53
causam agere einen Prozess führen 87
hīs dē causīs aus diesen Gründen, deshalb 63
quā dē causā aus welchem Grund; *relativer Satzanschluss:* deshalb 69
quibus dē causīs aus welchen Gründen; *relativer Satzanschluss:* deshalb 69
causā *(nachgestellt) m. Gen.* wegen 38
cavēre, caveō, cāvī, cautum *m. Akk.* sich hüten (vor), Vorsorge treffen 61
cavēre, nē sich hüten (davor), dass 65
cēdere, cēdō, cessī, cessum gehen, weichen; nachgeben 49
celer, celeris, celere schnell 31
celeritās, celeritātis *f* Schnelligkeit 85
cella Kammer, Keller, Tempel(raum) 89
cēna Mahlzeit, Essen 14
cēnāre essen 16
cēnsēre, cēnseō, cēnsuī, cēnsum *(m. Akk.)* meinen, einschätzen; seine Stimme abgeben (für jmd./etw.) 74
centum *indekl.* hundert 35
cernere, cernō sehen, bemerken 90
certāmen, certāminis *n* Wettstreit, Kampf 69
certāre streiten, wetteifern 71
dē victōriā certāre um den Sieg streiten 71
certē *Adv.* gewiss, sicherlich 11
certus, a, um sicher, zuverlässig 92
cessāre zögern, rasten 3
cēterī, ae, a die übrigen 19
cēterum *Adv.* übrigens 70
cibus Nahrung, Speise 12
cingere, cingō, cinxī, cinctum umgeben, umzingeln 95
cinis, cineris *m* Asche 22
circiter *Adv.* ungefähr 83
circum *m. Akk.* rings um, um ... herum 80
circumdare, circumdō, circumdedī umgeben 37
circumvenīre, circumveniō, circumvēnī, circumventum umringen, umzingeln 61
cīvis, cīvis *m/f* Bürger(in) 44
cīvitās, cīvitātis *f* Gemeinde, Staat, Bürgerrecht 44
clādēs, clādis *f* Niederlage, Verlust 71
clāmāre laut rufen, schreien 4
clāmor, clāmōris *m* Geschrei, Lärm 6
clārus, a, um hell, klar, berühmt 45
classis, classis *f* Abteilung, Flotte 23
claudere, claudō, clausī, clausum abschließen, einschließen 39
cōgere, cōgō, coēgī, coāctum (ver)sammeln, zwingen 49
metū coāctus aus Angst 80
cōgitāre beabsichtigen, denken 52
cognātus, a, um verwandt 102
cognōscere, cognōscō, cognōvī, cognitum erkennen, kennenlernen; *Perf.* kennen, wissen 23, 72
cohors, cohortis *f* Kohorte (ca. 600 Mann) 43
colere, colō, coluī, cultum bewirtschaften, pflegen; verehren 13, 50
colligere, colligō, collēgī, collēctum sammeln 28, 39
collocāre aufstellen, unterbringen 43
castra collocāre das Lager aufschlagen 43
collum Hals 87
colōnia Siedlung 56
comes, comitis *m/f* Begleiter(in), Gefährte, Gefährtin 13
committere, committō, commīsī, commissum anvertrauen; veranstalten, zustande bringen 47
scelus committere ein Verbrechen begehen 47
commodum Bequemlichkeit, Vorteil 103
commodus, a, um angemessen, angenehm, günstig 90
commovēre, commoveō, commōvī, commōtum bewegen, veranlassen 41
commūnis, e gemeinsam, allgemein 25
comparāre vergleichen 64
comperīre, comperiō, comperī, compertum (genau) erfahren 60
complēre, compleō, complēvī, complētum anfüllen 54
complūrēs, complūrium mehrere 69
compōnere, compōnō, composuī, compositum verfassen, ordnen; beenden; vergleichen 8, 64
comprehendere, comprehendō, comprehendī, comprehēnsum ergreifen, festnehmen, begreifen 8, 36, 71

cōnārī, cōnor, cōnātus sum versuchen 91
cōnārī, sī *m. Konj.* versuchen, ob 97
concēdere, concēdō, concessī (concessum) erlauben, nachgeben, zugestehen 31
condere, condō, condidī, conditum verwahren, verbergen; erbauen, gründen 29, 45
condiciō, condiciōnis *f* Bedingung, Lage 19
condūcere, condūcō, condūxī, conductum zusammenführen, anwerben, mieten 59
cōnferre, cōnferō, cōntulī, collātum vergleichen, zusammentragen 92
cōnficere, cōnficiō, cōnfēcī, cōnfectum fertigmachen, beenden 71
cōnfīdere, cōnfīdō, cōnfīsus sum vertrauen 98
cōnfīrmāre bekräftigen, ermutigen, stärken 38
animum *(m. Gen.)* cōnfīrmāre (jmd.) ermutigen 38
cōnfitērī, cōnfiteor, cōnfessus sum (ein)gestehen 84
conicere, coniciō, coniēcī, coniectum (zusammen)werfen; folgern, vermuten 49, 59
in vincula conicere in Fesseln legen, fesseln 59
coniungere, coniungō, coniūnxī, coniūnctum verbinden, vereinigen 53
coniūnx, coniugis *m/f* Gatte, Gattin 51
coniūrātiō, coniūrātiōnis *f* Verschwörung 68
cōnscius, a, um *(m. Gen.)* bewusst, eingeweiht (in); *Subst.* Mitwisser, Zeuge, Teilnehmer 72
cōnscrībere, cōnscrībō, cōnscrīpsī, cōnscrīptum aufschreiben, verfassen 43
mīlitēs cōnscrībere Soldaten ausheben 43
patrēs cōnscrīptī *m Pl.* Senatoren 49
cōnsequī, cōnsequor, cōnsecūtus sum erreichen, nachfolgen 87
cōnservāre *(ā m. Abl.)* retten (vor), bewahren 38
cōnsīderāre betrachten, bedenken 96
cōnsīdere, cōnsīdō, cōnsēdī, cōnsessum sich setzen, sich niederlassen 40
cōnsilium Beratung, Beschluss, Plan, Rat 8
cōnsilium habēre eine Beratung abhalten 8
cōnsilium inīre einen Beschluss fassen 50
quid cōnsiliī welcher Plan, welcher Entschluss 87
cōnsistere, cōnsistō, cōnstitī haltmachen, sich aufstellen 71
cōnspectus, cōnspectūs *m* Anblick, Blickfeld 37
cōnspicere, cōnspiciō, cōnspexī (cōnspectum) erblicken 37
cōnstāns, cōnstantis beständig, standhaft, folgerichtig 79
cōnstāre, cōnstō, cōnstitī kosten 80
cōnstare ex *m. Abl.* bestehen aus 80
cōnstat es ist bekannt, es steht fest 24
cōnstituere, cōnstituō, cōnstituī, cōnstitūtum beschließen 91
cōnsuēscere, cōnsuēscō, cōnsuēvī, cōnsuētum sich gewöhnen an; *Perf.* gewohnt sein 94
cōnsuētūdō, cōnsuētūdinis *f* Gewohnheit 63
cōnsul, cōnsulis *m* Konsul 53
cōnsulere, cōnsulō, cōnsuluī, cōnsultum *m. Akk.* um Rat fragen, *m. Dat.* sorgen für, in *m. Akk.* vorgehen gegen 49, 71
cōnsūmere, cōnsūmō, cōnsūmpsī, cōnsūmptum verbrauchen, verwenden 82
cōnsūmere in *m. Abl.* verwenden auf 82
contemnere, contemnō, contempsī, contemptum verachten, geringschätzen 98
contendere, contendō, contendī behaupten *(m. AcI)*; kämpfen, sich anstrengen; eilen 24, 30, 31
contentus, a, um zufrieden 18
continēre, contineō, continuī, contentum festhalten, hemmen; *Pass.* enthalten sein, beruhen (auf etw.) 93
contingere, contingō, contigī, contāctum berühren; gelingen 66
contrā *Adv.* gegenüber, dagegen 93
contrā *m. Akk.* gegen 33
convenīre, conveniō, convēnī, conventum zusammenkommen, zusammenpassen; besuchen, treffen 45, 49
convertere, convertō, convertī, conversum verändern, (um)wandeln, verwandeln 36, 52
convertere animum / animōs *(m. Gen.)* jmds. Einstellung ändern 72
convīvium Gastmahl, Gelage 36
convocāre versammeln 53
cōpia Menge, Möglichkeit, Vorrat; *Pl.* Truppen 35
cōpiōsus, a, um reich, wortreich, geistreich 78
cor, cordis *n* Herz 55
cordī esse am Herzen liegen 55
Corinthī in Korinth *(wo?)* 57
cornū, cornūs *n* Flügel (des Heeres), Horn 88
corōna Krone, Kranz 77

corpus, corporis *n* Körper, Leichnam 19
corrigere, corrigō, corrēxī, corrēctum berichtigen, verbessern 93
corripere, corripiō, corripuī, correptum ergreifen, gewaltsam an sich reißen 36, 40
corrumpere, corrumpō, corrūpī, corruptum bestechen, verderben 70
cottīdiē *Adv.* täglich 97
crēber, crēbra, crēbrum häufig, zahlreich 99
crēdere, crēdō, crēdidī, crēditum anvertrauen, glauben 48
crēscere, crēscō, crēvī wachsen 60
crīmen, crīminis *n* Beschuldigung, Vorwurf, Verbrechen 19
crīminī dare zum Vorwurf machen 55
crūdēlis, e grausam 34
crūdēlitās, crūdēlitātis *f* Grausamkeit 32
crux, crucis *f* Kreuz, Kreuzzeichen 68
culpa Schuld 47
in culpā esse schuldig sein 47
cultus, cultūs *m* Bildung, Lebensweise; Pflege, Verehrung 46
cum *m. Abl.* mit, zusammen mit 8
cum *Subj. m. Ind.* als (plötzlich), (zu der Zeit) als, (immer) wenn 37
cum *Subj. m. Konj.* als, nachdem 61; weil, da 65; obwohl; während (dagegen) 75
cūnctī, ae, a alle (zusammen) 28
cupere, cupiō, cupīvī verlangen, wünschen, wollen 18, 30
cupiditās, cupiditātis *f (m. Gen.)* Leidenschaft, (heftiges) Verlangen (nach) 96
cupidus, a, um *(m. Gen.)* (be)gierig (nach) 68
cūr? warum? 3
cūra Sorge, Pflege 45
cūrae esse Sorge bereiten 55
cūram adhibēre Sorgfalt verwenden 93
cūrāre *(m. Akk.)* pflegen, sorgen für 18
cūria Kurie (Sitzungsgebäude des Senats) 1
cūriam petere die Kurie aufsuchen, zur Kurie eilen 7
currere, currō, cucurrī eilen, laufen 25
currus, currūs *m* Wagen 72
cursus, cursūs *m* Lauf 33
cursus honōrum Ämterlaufbahn 44
cūstōdīre, cūstōdiō bewachen, (be)hüten 83
cūstōs, cūstōdis *m/f* Wächter(in) 13

damnāre verurteilen 27
capitis damnāre zum Tode verurteilen 44
dare, dō, dedī geben 6, 32
aurēs dare zuhören 37
crīminī dare zum Vorwurf machen 55
fidem dare sein Wort geben 48
in vincula dare in Fesseln legen, fesseln 30
locum dare Platz machen 7
operam dare *(m. Dat.)* sich Mühe geben (bei) 91
sē dare *m. Dat.* sich widmen 45
tergum dare *m. Dat.* jmd. den Rücken zukehren 102
veniam dare verzeihen 14
viam dare Platz machen 17
dē *m. Abl.* von, von … her, von … herab; über 8
dē pretiō agere über den Preis verhandeln 8
dē salūte dēspērāre die Hoffnung auf Rettung aufgeben 37
dē victōriā certāre um den Sieg streiten 71
dē vītā dēcēdere sterben, umkommen 22
hīs dē causīs aus diesen Gründen, deshalb 63
dea Göttin 10
dēbēre, dēbeō müssen, sollen; schulden 10, 64
nōn dēbēre nicht dürfen 16
dēcēdere, dēcēdō, dēcessī, dēcessum weggehen; sterben 22, 72
dē vītā dēcēdere sterben, umkommen 22
decem *indekl.* zehn 27
dēcernere, dēcernō, dēcrēvī (dēcrētum) beschließen, entscheiden 36
decimus, a, um der (die, das) zehnte 35
dēcipere, dēcipiō, dēcēpī, dēceptum täuschen 41
dēdere, dēdō, dēdidī, dēditum ausliefern, übergeben 77
dēdūcere, dēdūcō, dēdūxī, dēductum hinführen, wegführen 89
dēesse, dēsum abwesend sein, fehlen 10
dēfendere, dēfendō, dēfendī abwehren, verteidigen 27
dēferre, dēferō, dētulī, dēlātum hinbringen, melden, übertragen 91
dēficere, dēficiō, dēfēcī, dēfectum *(ā m. Abl.)* abnehmen, ermatten; abfallen (von) 95
Vīrēs mē dēficiunt. Die Kräfte gehen mir aus. 95

deinde *Adv.* dann, darauf 16
dēlectāre erfreuen, unterhalten 11
dēlēre, dēleō, dēlēvī, dēlētum zerstören, vernichten 22, 39
dēlīberāre, dēlīberō überlegen, beraten 90
dēligere, dēligō, dēlēgī, dēlēctum (aus)wählen 66
dēmittere, dēmittō, dēmīsī (dēmissum) hinabschicken, sinken lassen 37
animum dēmittere den Mut verlieren 37
dēmōnstrāre beweisen, darlegen 29
dēmum *Adv.* endlich 64
dēnique *Adv.* schließlich, zuletzt 7
dēpōnere, dēpōnō, dēposuī (dēpositum) niederlegen, ablegen 7, 35
dērīdēre, dērīdeō, dērīsī, dērīsum auslachen, verspotten 70
dēscendere, dēscendō, dēscendī herabsteigen 8, 25
dēserere, dēserō, dēseruī, dēsertum im Stich lassen, verlassen 53
dēsīderāre sich sehnen nach, vermissen 11
dēsilīre, dēsiliō, dēsiluī herabspringen 83
dēsinere, dēsinō aufhören 14
dēsistere, dēsistō, dēstitī *(ab / ā m. Abl.)* aufhören (mit) 60
dēspērāre die Hoffnung aufgeben, verzweifeln 37
dē salūte dēspērāre die Hoffnung auf Rettung aufgeben 37
deus Gott, Gottheit 13
deō auctōre auf Veranlassung Gottes 73
dexter, dext(e)ra, dext(e)rum rechts 35
dextram tendere die rechte Hand ausstrecken 65
dīcere, dīcō, dīxī, dictum sagen, sprechen; (be)nennen 13, 27, 72
dīcere *m. dopp. Akk.* nennen, bezeichnen (als) 44
quibus verbīs dictīs nach diesen Worten 72
dictum Ausspruch, Wort 73
diēs, diēī *m* Tag 35
diēs noctēsque Tag und Nacht 51
iter quīndecim diērum eine Reise von fünfzehn Tagen 79
multōs diēs viele Tage (lang) *(wie lange?)* 54
posterō diē am folgenden Tag 75
suprēmum diem obīre sterben 100
diēs, diēī *f* Termin 35
differre, differō, distulī, dīlātum *(ā m. Abl.)* aufschieben; sich unterscheiden (von) 77
difficilis, e schwierig 34
dīgnitās, dīgnitātis *f* Ansehen, Würde; (gesellschaftliche) Stellung 67
dīgnus, a, um *m. Abl.* wert, würdig (einer Sache) 56
dīligēns, dīligentis gewissenhaft, sorgfältig 69
dīligentia Sorgfalt, Umsicht 54
dīligere, dīligō, dīlēxī, dīlēctum hochachten, lieben 60
dīmittere, dīmittō, dīmīsī, dīmissum wegschicken, entlassen, aufgeben 7, 59
discēdere, discēdō, discessī weggehen, auseinandergehen 6, 22
discere, discō, didicī lernen, erfahren 26
disciplīna Erziehung, Zucht; Unterricht, Fach 69
discipulus Schüler 90
discrīmen, discrīminis *n* Unterscheidung, Gefahr 76
in summō discrīmine in höchster Gefahr 76
diū *Adv.* lange (Zeit) 4
diūtius *Adv.* länger 82
dīversus, a, um entgegengesetzt, feindlich, verschieden 93
dīves, dīvitis reich 55
dīvidere, dīvidō, dīvīsī, dīvīsum teilen, trennen 30, 46
dīvīnus, a, um göttlich 73
dīvitiae, dīvitiārum *f Pl.* Reichtum 57
dīvus, a, um göttlich 67
docēre, doceō, docuī, doctum lehren, unterrichten 39
doctrīna Unterricht, Wissenschaft, Lehre 101
doctus, a, um gebildet, gelehrt 79
dolēre, doleō schmerzen, wehtun; bedauern 87
dolor, dolōris *m* Schmerz 36
dolus List, Täuschung 28
domesticus, a, um privat, zum Haus gehörig; einheimisch 71
domī *Adv.* zu Hause 52
domina Hausherrin, Dame 1
dominus Hausherr, Herr 1
domō *Adv.* von zu Hause 61
domum nach Hause, heim 9

domus, domūs *f* Haus 58
dōnāre schenken 11
dōnec *Subj.* solange (als), (so lange) bis 61
dōnum Geschenk 11
dōs, dōtis *f* Mitgift 95
dubitāre zweifeln; zögern 10
nēmō dubitat, quīn niemand zweifelt daran, dass 91
dūcere, dūcō, dūxī (ductum) führen, ziehen 15, 28
dūcere *m. dopp. Akk.* halten für 44
uxōrem dūcere heiraten 66
dulcis, e angenehm, süß 41
dum *Subj. m. Ind.* während, solange, (so lange) bis 7
dum *Subj. m. Konj.* wenn nur 97
duo, duae, duo zwei 30
duodecim *indekl.* zwölf 31
dūrus, a, um hart 17
dux, ducis *m/f* Anführer(in) 66
Polynīce duce unter der Führung des Polyneikes 73

ē/ex *m. Abl.* aus, von ... her; seit 8, 66
ecce schau/schaut, sieh da/seht da! 8
ecclēsia Kirche 98
ēdere, ēdō, ēdidī, ēditum herausgeben, bekanntmachen 94
ēdere in lūcem ans Tageslicht bringen, zur Welt bringen 102
ēducāre erziehen 89
ēdūcere, ēdūcō, ēdūxī (ēductum) herausführen 19, 28
efferre, efferō, extulī, ēlātum herausheben, hervorbringen 99
efficere, efficiō, effēcī, effectum bewirken, herstellen 64
effugere, effugiō, effūgī *m. Akk.* entfliehen, entkommen 22, 25
egēre, egeō *m. Abl.* brauchen, benötigen, Mangel haben (an) 62
ego ich 11
ēgredī, ēgredior, ēgressus sum herausgehen, verlassen 86
ēgregius, a, um ausgezeichnet, hervorragend 60

ēicere, ēiciō, ēiēcī, ēiectum hinauswerfen, vertreiben 95
eiusmodī derartig, so beschaffen 26
elementum Grundstoff, Element; *Pl.* Lehre 69
ēloquentia Redegewandtheit, Rhetorik 88
emere, emō, ēmī, ēmptum kaufen 5, 44
ēmittere, ēmittō, ēmīsī, ēmissum entsenden, freilassen 91
enim *(nachgestellt) Adv.* nämlich, in der Tat 10
neque enim denn nicht 31
eō *Adv.* dorthin; deswegen 36
eō modō auf diese Weise 26
epistula Brief 15
eques, equitis *m* Reiter, Ritter 67
equidem (ich) allerdings, freilich 45
equus Pferd 6
equō vehī reiten 97
ergō *Adv.* also, deshalb 66
ēripere, ēripiō, ēripuī, ēreptum entreißen 77
errāre (sich) irren, umherirren 68
esse, sum, fuī sein, sich befinden 2, 10, 22
et und, auch 2
et ... et sowohl ... als auch 5
etiam auch, sogar; *beim Komparativ:* noch 3, 79
etsī *Subj. m. Ind.* auch wenn, obwohl 75
ēvenīre, ēveniō, ēvēnī, ēventum sich ereignen 47
ex/ē *m. Abl.* aus, von ... her; seit 8, 66
ex ōrdine der Reihe nach 96
excēdere, excēdō, excessī, excessum hinausgehen, weggehen 97
excipere, excipiō, excēpī, exceptum ausnehmen, aufnehmen, empfangen 49
excitāre erregen, ermuntern, wecken 51
exemplum Beispiel, Vorbild 47
exemplum statuere ein Exempel statuieren 68
exercēre, exerceō üben, trainieren; quälen 45
exercitus, exercitūs *m* Heer 52
exigere, exigō, exēgī, exāctum (ein)fordern, vollenden 91
exilium Exil, Verbannung 66
exīre, exeō, exiī, exitum herausgehen 51
exīstimāre einschätzen, meinen 24
plūris exīstimāre höher einschätzen 73
exitus, exitūs *m* Ende, Ausgang 38

expellere, expellō, expulī, expulsum vertreiben, verbannen 60
experīrī, experior, expertus sum erfahren, versuchen 85
explicāre erklären 64
explōrāre erforschen 94
exspectāre warten, erwarten 3
exstinguere, exstinguō, exstīnxī, exstīnctum auslöschen, vernichten 19, 22, 74
exter, extera, exterum ausländisch 79
extrā *m. Akk.* außerhalb (von) 22

faber, fabrī *m* Arbeiter, Handwerker 17
fābula Erzählung, Geschichte, Theaterstück 16
fābulam agere ein Theaterstück spielen 26
facere, faciō, fēcī, factum machen, tun, handeln 18, 27, 39
facere *m. dopp. Akk.* machen zu 44
impetum facere (in *m. Akk.*) (jmd.) angreifen 83
iter facere eine Reise machen 44
sacra facere Opfer darbringen, opfern 52
faciēs, faciēī *f* Gesicht, Aussehen 96
faciē ad faciem von Angesicht zu Angesicht 96
facile *Adv.* leicht 70
facilis, e leicht (zu tun) 70
facinus, facinoris *n* Handlung, Untat 92
factum Handlung, Tat, Tatsache 60
facultās, facultātis *f* Fähigkeit; Möglichkeit 78, 89
fallere, fallō, fefellī täuschen, betrügen 80
fallit mē ich täusche mich, es entgeht mir 80
falsō *Adv.* fälschlich 30
falsus, a, um falsch 30
fāma (guter/schlechter) Ruf 92
famēs, famis *f* Hunger 77
familia Familie, Hausgemeinschaft 15
familiāris, familiāris *m* Freund 16
familiāris, e freundschaftlich, vertraut 23
rēs familiāris Vermögen 48
fatērī, fateor, fassus sum bekennen, gestehen 89
fatīgāre ermüden 53
fātum Götterspruch, Schicksal 103
fēlīx, fēlīcis glücklich, erfolgreich, glückbringend 31
fēmina Frau 9
ferē *Adv.* beinahe, fast; ungefähr 74
ferre, ferō, tulī, lātum bringen, tragen; ertragen 77
ferrum Eisen; Waffe 97
ferus, a, um wild 35
fidēs, fideī *f* Glaube, Treue, Vertrauen, Zuverlässigkeit 35
fidem dare sein Wort geben 48
fidem habēre *m. Dat.* jmd. vertrauen 99
fidem servāre sein Wort halten 48
fīdūcia Vertrauen 61
fīdūcia suī Vertrauen zu sich, Selbstvertrauen 61
fierī, fīō, factus sum gemacht werden; geschehen, werden 95
fierī dē *m. Abl.* gemacht werden aus 95
fīgere, fīgō, fīxī, fīxum heften, befestigen 58
fīlia Tochter 1
fīlius Sohn 1
fingere, fingō, fīnxī, fictum gestalten, sich (etwas) ausdenken 65
fīnīre, fīniō, fīnīvī (fīnītum) begrenzen, beenden 81
fīnis, fīnis *m* Ende, Grenze; Ziel, Zweck; *Pl.* Gebiet 29
fīnitimus, a, um angrenzend, benachbart 80
fīnitimī, fīnitimōrum *Subst. Pl.* (Grenz-)Nachbarn 80
firmus, a, um stark, fest, zuverlässig 79
flāgitium Gemeinheit, Schandtat 71
flamma Flamme, Feuer 10
flectere, flectō, flexī, flexum biegen, (hin)lenken, umstimmen 67
flēre, fleō, flēvī beklagen, (be)weinen 27
flūctus, flūctūs *m* Flut, Strömung 55
fluere, fluō, flūxī fließen 102
flūmen, flūminis *n* Fluss 54
fōns, fontis *m* Quelle, Ursprung 16
forās *Adv.* heraus, hinaus *(wohin?)* 19
fore (futūrum esse) sein werden 69
forīs *Adv.* außerhalb, draußen, im Krieg *(wo?)* 47
forma Form, Gestalt, Schönheit 95
forte *Adv.* zufällig 42
fortis, e kräftig, tapfer 23
fortūna Schicksal, Glück 23
forum Forum, Marktplatz 1
frangere, frangō, frēgī, frāctum zerbrechen 14, 62

frāter, frātris *m* Bruder 30
frequēns, frequentis häufig, zahlreich 53
frōns, frontis *f* Stirn, Vorderseite 40
mediā in fronte mitten auf der Stirn 40
frūctus, frūctūs *m* Ertrag, Frucht, Nutzen 40
frūmentum Getreide 6
frūstrā *Adv.* vergeblich 28
fuga Flucht 75
in fugam vertere in die Flucht schlagen, vertreiben 83
salūtem fugā petere Rettung in der Flucht suchen 75
fugere, fugiō, fūgī fliehen, meiden 49
mē fugit es entgeht mir 55
fundere, fundō, fūdī, fūsum (aus)gießen, zerstreuen 36, 89
fūnus, fūneris *n* Begräbnis, Untergang 103
fūr, fūris *m/f* Dieb; Diebin 10
furor, furōris *m* Wahnsinn, Wut 74
fūrtum Diebstahl; Hinterlist 12
futūrus, a, um zukünftig 29
futūra, futūrōrum *n Pl.* Zukunft 29
futūrum esse (fore) sein werden 69

gaudēre, gaudeō, gāvīsus sum *(m. Abl.)* sich freuen (über) 2, 98
gaudium Freude 55
gemitus, gemitūs *m* Seufzen, Traurigkeit 61
gēns, gentis *f* Familienverband, Stamm, Volk 43
genus, generis *n* Abstammung, Art, Geschlecht 72
gerere, gerō, gessī, gestum tragen, ausführen, führen 21, 35, 51
bellum gerere Krieg führen 60
rēs gestae *Pl.* Taten 51
sē gerere sich verhalten 74
gladiātor, gladiātōris *m* Gladiator, Schwertkämpfer 25
gladius Schwert 58
glōria Ehre, Ruhm 29
grandis, e alt; bedeutend, groß 45
grātia Dank, Gefälligkeit; Ansehen, Beliebtheit 13
grātiās agere danken 13
grātus, a, um dankbar, willkommen, beliebt 45
gravis, e schwer, gewichtig, ernst, bedeutend 66
gremium Schoß 89

habēre, habeō haben, halten 8
cōnsilium habēre eine Beratung abhalten 8
fidem habēre *m. Dat.* jmd. vertrauen 99
nōn habeō, quod *m. Konj.* ich habe keinen Grund dafür, dass 99
ōrātiōnem habēre eine Rede halten 57
habitāre bewohnen, wohnen 57
habitus, habitūs *m* Aussehen 57
haerēre, haereō, haesī hängen, steckenbleiben 102
haud nicht 19
haud sciō, an ich weiß nicht, ob nicht; vielleicht 91
heus He! Pass auf! 12
hīc *Adv.* hier 2
hic, haec, hoc dieser, diese, dieses (hier) 47
hīs dē causīs aus diesen Gründen, deshalb 63
hiems, hiemis *f* Winter, Unwetter 69
hinc *Adv.* von hier, hierauf 89
hodiē *Adv.* heute 14
homō, hominis *m* Mensch 20
honestus, a, um angesehen, ehrenhaft 48
honor / honōs, honōris *m* Ehre, Ehrenamt 44
aliquid honōris irgendeine Ehre 87
honōre afficī geehrt werden, Ehre erlangen 46
hōra Stunde, Zeit 21
hortārī, hortor, hortātus sum auffordern, ermahnen 84
hortus Garten 86
hospes, hospitis *m* Fremder, Gast, Gastgeber 14
hostia Opfertier 81
hostis, hostis *m/f (Gen. Pl.* hostium*)* Feind (Landesfeind) 32
hostem iūdicāre zum Staatsfeind erklären 74
hūc *Adv.* hierher 9
hūc et illūc hin und her 25
hūmānitās, hūmānitātis *f* Menschlichkeit; Bildung 63
hūmānus, a, um gebildet, menschlich 85
humus, humī *f* Erdboden, Erde 99

iacēre, iaceō liegen 5
iactāre (hin und her) schleudern, werfen; rühmen 47, 65

iam *Adv.* nun; schon, bereits 2
  nōn iam nicht mehr 7
ibī *Adv.* dort 2
īdem ... quī derselbe/der gleiche ... wie 54
īdem, éadem, idem derselbe, der gleiche 51
ideō deshalb, zu diesem Zweck 67
idōneus, a, um geeignet, passend 31
  idōneus est, quī *m. Konj.* er ist geeignet/fähig zu *(m. Inf.)* 99
igitur *Adv.* also, folglich 39
īgnārus, a, um *(m. Gen.)* ohne Kenntnis, unwissend 73
  fīliō īgnārō ohne Wissen des Sohnes 73
īgnis, īgnis *m* Feuer 34
īgnōbilis, e unbekannt, unbedeutend; nicht adelig 79
īgnōrāre nicht kennen, nicht wissen 18
  nōn īgnōrāre gut kennen, wohl wissen 20
īgnōscere, īgnōscō, īgnōvī, īgnōtum verzeihen 14, 74
īgnōtus, a, um unbekannt 79
ille, illa, illud jener, jene, jenes 47
illīc *Adv.* dort 45
illūc *Adv.* dahin, dorthin 9
  hūc et illūc hin und her 25
imāgō, imāginis *f* Abbild, Bild 65
imitārī, imitor, imitātus sum nachahmen 84
immō *Adv.* im Gegenteil, ja sogar 12
immolāre opfern 94
immortālis, e unsterblich 53
impedīre, impediō, impedīvī, impedītum hindern, verhindern 43
impellere, impellō, impulī, impulsum antreiben, veranlassen 54
imperāre *(m. Dat.)* befehlen, herrschen (über) 17
imperātor, imperātōris *m* Befehlshaber, Feldherr; Kaiser 44
imperium Befehl, Befehlsgewalt; Herrschaft, Herrschaftsgebiet 29
  tōtō imperiō im ganzen Reich 43
impetrāre erreichen, durchsetzen 95
impetus, impetūs *m* Angriff, Schwung 33
  impetum facere *(*in *m. Akk.)* (jmd.) angreifen 83
impius, a, um gottlos, gewissenlos 71
impōnere, impōnō, imposuī, impositum auferlegen, einsetzen 77
imprīmīs *Adv.* besonders, vor allem 7
improbus, a, um schlecht, unanständig 67
in *m. Abl.* in, an, auf, bei *(wo?)* 8
  in rē pūblicā versārī sich politisch betätigen 87
  in summō discrīmine in höchster Gefahr 76
in *m. Akk.* in (... hinein), nach (... hin), auf, gegen *(wohin?)* 8
  in pūblicum prōdīre in der Öffentlichkeit auftreten 70
  in fugam vertere in die Flucht schlagen 83
  in iūs vocāre vor Gericht rufen, anklagen 47
  in vincula conicere in Fesseln legen, fesseln 59
  in vincula dare in Fesseln legen, fesseln 30
inānis, e leer, wertlos 88
incēdere, incēdō, incessī *(m. Akk.)* heranrücken, eintreten; (jmd.) befallen 75
incendere, incendō, incendī, incēnsum entflammen, in Brand stecken 19, 34, 48
  īrā incēnsus von Zorn entflammt, aus Zorn 48
incendium Brand, Feuer 19
incertus, a, um ungewiss, unsicher 91
incipere, incipiō, coepī (incēpī), inceptum anfangen, beginnen 60
incola *m* Einwohner, Bewohner 57
incolumis, e unverletzt, wohlbehalten 95
incrēdibilis, e unglaublich 64
  incrēdibilī quādam virtūte mit geradezu unglaublicher Tapferkeit 83
inde *Adv.* von dort; darauf; deshalb 57
indicāre anzeigen, melden 19
indicium Anzeige, Kennzeichen 103
indīgnus, a, um *m. Abl.* unwürdig (einer Sache) 35
indūcere, indūcō, indūxī, inductum (hin)einführen, verleiten 64
induere, induō, induī, indūtum anziehen, anlegen 57
inesse, īnsum, īnfuī enthalten sein, innewohnen 80
īnfēlīx, īnfēlīcis unglücklich 36
īnferī, īnferōrum *m Pl.* Bewohner der Unterwelt, Unterwelt 81
īnferre, īnferō, intulī, illātum hineintragen, zufügen 77
  bellum īnferre *(m. Dat.)* (jmd.) angreifen 77

īnfestus, a, um feindlich, feindselig 40
ingenium Begabung, Talent 64
ingēns, ingentis gewaltig, ungeheuer 31
ingredī, ingredior, ingressus sum betreten, beginnen 86
inimīcus, a, um feindlich; *Subst.* Feind 49
inīquus, a, um ungerecht, ungleich 93
inīre, ineō, iniī, initum hineingehen, beginnen 50
  cōnsilium inīre einen Beschluss fassen 50
  proelium inīre den Kampf beginnen 50
initium Anfang, Eingang 27
iniūria Unrecht, Beleidigung 10
inopia Mangel, Not 51
inquam *(3. Pers. Sg.* inquit*)* sag(t)e ich 39
īnsequī, īnsequor, īnsecūtus sum unmittelbar folgen, verfolgen 94
īnsidiae, īnsidiārum *f Pl.* Falle, Attentat, Hinterlist 51
īnstāre, īnstō, īnstitī bevorstehen, hart zusetzen 61
īnstituere, īnstituō, īnstituī, īnstitūtum beginnen, einrichten, unterrichten 64
īnstruere, īnstruō, īnstrūxī, īnstrūctum aufstellen, ausrüsten, unterrichten 78
īnsula Insel; Wohnblock 15
intellegere, intellegō, intellēxī (intellēctum) (be)merken, verstehen 26
inter *m. Akk.* unter, während, zwischen 29
  interest inter *m. Akk.* es ist ein Unterschied zwischen 55
interdīcere, interdīcō, interdīxī, interdictum (nē) untersagen (dass) 98
interdum *Adv.* manchmal 45
intereā *Adv.* inzwischen, unterdessen 9
interesse, intersum, interfuī dazwischen sein; *(m. Dat.)* teilnehmen (an) 69
interest *(m. Gen.)* es ist wichtig (für jmd.) 94
interest inter *m. Akk.* es ist ein Unterschied zwischen 55
interficere, interficiō, interfēcī, interfectum töten, vernichten 34, 42
interim *Adv.* inzwischen 72
interrogāre fragen 2
intrā *m. Akk.* innerhalb (von) 38
intrāre betreten, eintreten 3
intuērī, intueor anschauen 86
intus *Adv.* im Inneren, innen 5
invādere, invādō, invāsī, invāsum eindringen, sich verbreiten; befallen 71
invenīre, inveniō, invēnī, inventum finden, erfinden 14, 31, 40
invidia Neid 58
invītus, a, um ungern, gegen den Willen 73
  mē invītō gegen meinen Willen 73
  rēge invītō gegen den Willen des Königs 73
ipse, ipsa, ipsum *(Gen.* ipsīus, *Dat.* ipsī*)* (er, sie, es) selbst 51
īra Zorn 30
  īrā incēnsus von Zorn entflammt, aus Zorn 48
  īrae temperāre seinen Zorn zurückhalten 71
īrāscī, īrāscor *(m. Dat.)* in Zorn geraten, zornig sein (gegen) 86
īre, eō, iī, itum gehen 50
is, ea, id dieser, diese, dieses; er, sie, es 26
  nōn is est, quī *m. Konj.* er ist nicht der Mann, der 99
iste, ista, istud *(Gen.* istīus, *Dat.* istī*)* dieser, diese, dieses (da) 67
istīc *Adv.* dort 96
ita *Adv.* so 9
itaque *Adv.* deshalb 5
item *Adv.* ebenso, gleichfalls 11
iter, itineris *n* Reise, Marsch, Weg 44
  iter facere eine Reise machen 44
  iter pergere die Reise/den Weg fortsetzen 55
  iter quīndecim diērum eine Reise von fünfzehn Tagen 79
iterum *Adv.* wiederum 12
iterum atque iterum immer wieder 17
iubēre, iubeō, iussī *(m. Akk.)* anordnen, befehlen 21, 23
iūcundus, a, um angenehm, erfreulich 45
iūdex, iūdicis *m* Richter 47
iūdicāre beurteilen, urteilen 27
  hostem iūdicāre zum Staatsfeind erklären 74
iūdicium Gericht; Urteil 31
iungere, iungō, iūnxī, iūnctum verbinden, vereinigen 99
iūrāre schwören 52
iūs, iūris *n* Recht 47
  iūre *Adv.* mit Recht, zu Recht 49

in iūs vocāre vor Gericht rufen, anklagen 47
iūs dīcere Recht sprechen 47
optimō iūre mit bestem Recht, ganz zu Recht 63
iūsiūrandum Eid, Schwur 52
iussū auf Befehl 40
iūstitia Gerechtigkeit 62
iūstus, a, um gerecht 67
iuvāre, iuvō, iūvī unterstützen, erfreuen 27
iuvenis, iuvenis *m* jung; *Subst.* junger Mann 27
iuventūs, iuventūtis *f* Jugend 63

lābī, lābor, lāpsus sum (dahin)gleiten 102
labor, labōris *m* Anstrengung, Arbeit 9
labōrāre arbeiten, sich anstrengen 3
labōrāre *m. Abl.* leiden an 35
lacrima Träne 36
lacus, lacūs *m* See, Teich 101
laedere, laedō, laesī, laesum beschädigen, verletzen 41
laetitia Freude 39
laetus, a, um froh, fröhlich; fruchtbar 17, 65
latēre, lateō verborgen sein 66
latrō, latrōnis *m* Räuber 85
lātus, a, um breit, ausgedehnt 46
longē lātēque weit und breit 68
latus, lateris *n* Flanke, Seite 19
laudāre loben 15
laus, laudis *f* Lob, Ruhm 56
lectus Bett, Liegesofa 58
lēgātiō, lēgātiōnis *f* Gesandtschaft 91
lēgātus Bevollmächtigter, Gesandter 77
legere, legō, lēgī, lēctum lesen 56
legiō, legiōnis *f* Legion (ca. 5000–6000 Mann) 83
leō, leōnis *m* Löwe 68
levis, e leicht, leichtsinnig 90
lēx, lēgis *f* Gesetz, Bedingung 62
libellus kleines Buch, Heft 26
libēns, libentis bereitwillig 91
libenter *Adv.* gern 13
līber, lībera, līberum frei 45
liber, librī *m* Buch 56
līberāre befreien, freilassen 10
līberī, līberōrum *m Pl.* Kinder 16
lībertās, lībertātis *f* Freiheit 62
libet, libuit es gefällt 100
libīdō, libīdinis f *(m. Gen.)* (heftiges) Verlangen (nach), Lust, Willkür 102
licentia Freiheit, Willkür 32
licet, licuit es ist erlaubt, es ist möglich 49
līctor, lictōris *m* Liktor 9
ligāre, ligō binden 98
lingua Rede, Sprache, Zunge 56, 67
littera Buchstabe 90
litterae, litterārum *f Pl.* Literatur, Wissenschaft 56
lītus, lītoris *n* Strand, Küste 23
locāre aufstellen, setzen; vermieten 81
locus Ort, Platz, Stelle 7
loca, locōrum *n Pl.* Orte, Plätze 71
locum dare Platz machen 7
multīs locīs an vielen Orten 43
longus, a, um lang, weit 25
longē lātēque weit und breit 68
loquī, loquor, locūtus sum reden, sprechen 85
lūctus, lūctūs *m* Trauer 72
lūdere, lūdō, lūsī spielen, scherzen 14, 25
lūdus Spiel; Schule 25
lūmen, lūminis *n* Licht, Auge 45
lūx, lūcis *f* Licht, Tageslicht 42
ēdere in lūcem ans Tageslicht bringen, zur Welt bringen 102
lūxuria Überfluss, Verschwendungssucht 70

magis *Adv.* mehr, eher 92
magister, magistrī *m* Lehrer 54
magister nāvis Kapitän 54
magistrātus, magistrātūs *m* Amt, Beamter 46
magnitūdō, magnitūdinis *f* Größe 97
magnus, a, um groß, bedeutend 18
magna, magnōrum *n Pl.* Großes, große Werke 33
magnā vōce mit lauter Stimme 18
magnī aestimāre hoch (ein)schätzen 48
magnī esse viel wert sein/gelten 48
magnī facere hoch (ein)schätzen 48
magnī putāre hoch (ein)schätzen 48
māior, māiōris größer 81
māiōrēs, māiōrum *m Pl.* Vorfahren 63
male *Adv.* schlecht, schlimm 97
male accidit, quod es trifft sich schlecht, dass 97
mālle, mālō, māluī lieber wollen 52

malus, a, um schlecht, schlimm 19
mala, malōrum *n Pl.* Schlechtes; schlimme Dinge 22
mandāre einen Auftrag geben, übergeben 35
manēre, maneō, mānsī bleiben, (er)warten 13, 25
manifestus, a, um offenkundig; überführt 92
manus, manūs *f* Hand; Schar (von Bewaffneten) 33
mare, maris *n* Meer 32
terrā marīque zu Wasser und zu Lande 32
marītus Ehemann 11
māter, mātris *f* Mutter 28
māteria Grundstoff, Ursache 99
mātūrus, a, um (früh)zeitig, reif 103
maximē *Adv.* am meisten, besonders 82
maximus, a, um der größte, sehr groß 51
mē auctōre auf meine Veranlassung 73
mē fugit es entgeht mir 55
mē invītō gegen meinen Willen 73
mē pudet ich schäme mich 89
medius, a, um der mittlere, in der Mitte (von) 17
mediā in fronte mitten auf der Stirn 40
mediā in viā mitten auf der Straße 17
melior, meliōris besser 81
membrum Glied, Körperteil 40
meminisse, meminī *Perf. m. Gen./Akk.* sich erinnern; *m. AcI.* daran denken 94
memor, memoris *m. Gen.* in Erinnerung an („eingedenk") 90
memorāre erwähnen, sagen 92
memoria Erinnerung, Gedächtnis; Zeit 26
memoriā tenēre im Gedächtnis behalten 26
mēns, mentis *f* Geist, Sinn, Verstand; Meinung 26
mēnsa Tisch 58
mēnsis, mēnsis *m* Monat 44
mentīrī, mentior, mentītus sum lügen, ein Lügner sein 103
mercātor, mercātōris *m* Kaufmann, Händler 3
mercēs, mercēdis *f* Lohn 101
metuere, metuō, metuī (sich) fürchten 43
metus, metūs *m* Angst 33
metū coāctus aus Angst 80
meus, a, um mein 19
migrātiō, migrātiōnis *f* Wanderung 100
mihi *Dat.* mir 14
mihi placet mir gefällt es, ich beschließe 29
mihi tēcum est ich habe mit dir zu tun 85
mīles, mīlitis *m* Soldat 21
mīlitēs cōnscrībere Soldaten ausheben 43
mīlia passuum (mehrere) Meilen 46
mīlitāris, e Kriegs-, militärisch 101
mīlle *Sg. indekl. (Pl.* mīlia, mīlium*)* tausend 26, 46
mīlle passūs eine Meile (ca. 1,5 km; *eigentl.* tausend Schritte) 46
minimē *Adv.* am wenigsten, überhaupt nicht 92
minimus, a, um der kleinste, sehr klein; der geringste, sehr gering 81
minister, ministrī *m* Diener, Gehilfe 16
minor, minōris kleiner, geringer 81
minus *Adv.* weniger 95
mīrārī, mīror, mīrātus sum bewundern, sich wundern 84
mīrus, a, um erstaunlich; sonderbar, wunderbar 48
mīrum est, nī/nisī es sollte verwundern, wenn nicht; höchstwahrscheinlich 91
miscēre, misceō, miscuī, mixtum mischen, verwirren 102
miser, misera, miserum arm, unglücklich, erbärmlich 17
ō mē miserum! Oh ich Unglücksrabe! Oh ich Armer! 36
misericordia Mitleid 62
mittere, mittō, mīsī, missum (los)lassen, schicken; werfen 4, 34, 43
modo *Adv.* eben (noch); nur 39, 90
modo ... modo manchmal ... manchmal, bald ... bald 8
modus Art, Weise; Maß 26
eō modō auf diese Weise 26
modum trānsīre das Maß überschreiten 50
nūllō modō keineswegs, keinesfalls 40
moenia, moenium *n Pl.* (Stadt-)Mauern 32
mōlīrī, mōlior, mōlītus sum (an)treiben; planen, unternehmen 91
mollis, e weich, angenehm; freundlich 84
monēre, moneō (er)mahnen 10
monēre, nē warnen, dass 67
monitum *Subst.* Ermahnung 98
mōns, montis *m* Berg 16
summus mōns Gipfel des Berges 101

monumentum Denkmal 1
mora Aufenthalt, Verzögerung 54
sine ūllā morā unverzüglich 54
morārī, moror, morātus sum (sich) aufhalten 89
morbus Krankheit 81
morī, morior, mortuus sum sterben 97
mors, mortis *f* Tod 43
mortem subīre den Tod auf sich nehmen 82
mortālis, e sterblich; *Subst.* Mensch 41
mortuus, a, um tot 42
mōs, mōris *m* Sitte, Brauch; *Pl.* Charakter 43
mōre *m. Gen.* nach Art von, nach Sitte von 48
mōrēs māiōrum Sitten der Vorfahren 63
mōtus, mōtūs *m* Bewegung 99
movēre, moveō, mōvī, mōtum bewegen 15, 32, 40
mox *Adv.* bald 13
mulier, mulieris *f* Frau 53
multa *n Pl.* viel(es) 18
multīs locīs an vielen Orten 43
multitūdō, multitūdinis *f* große Zahl, Menge 27
multō *Adv.* (um) viel 100
multōs annōs viele Jahre (lang) *(wie lange?)* 21
multōs diēs viele Tage (lang) *(wie lange?)* 54
multum *Adv.* sehr, viel 82
multum temporis viel Zeit 87
nōn multum abest, quīn es fehlt nicht viel, dass 91
multus, a, um viel 18
mundus Welt(all) 98
mūnīre, mūniō, mūnīvī, mūnītum bauen, befestigen, schützen 103
mūnītiō, mūnītiōnis *f* Bau, Befestigung 43
mūnus, mūneris *n* Aufgabe; Geschenk 19
mūrus Mauer 15
mūtāre (ver)ändern, verwandeln 24

nam denn, nämlich 3
namque denn, nämlich 18
narrāre erzählen 13
nāscī, nāscor, nātus sum entstehen, geboren werden 85
nātiō, nātiōnis *f* Volk, Volksstamm 21
nātūra Beschaffenheit, Natur, Wesen 15
nātus / nāta Sohn / Tochter 97
nauta *m* Seemann, Matrose 54
nāvigāre (mit dem Schiff) fahren, segeln 38
nāvis, nāvis *f* Schiff 23
magister nāvis Kapitän 54
-ne *(unübersetzte Fragepartikel)* 26
nē ... quidem nicht ... einmal 42
nē *Subj. m. Konj.* dass nicht, damit nicht 58, 59
nē qua fēmina dass / damit nicht (irgend)eine Frau, damit keine Frau 71
nē umquam dass nie(mals) 58
nē *m. Konj. Perf.* nicht *(verneinter Befehl)* 68
nec und nicht, auch nicht, nicht einmal 70
nec ... nec weder ... noch 70
necāre töten 22
necessārius, a, um notwendig 70
necesse est es ist notwendig 37
nefārius, a, um gottlos, verbrecherisch 68
negāre leugnen, verneinen, verweigern 96
neglegere, neglegō, neglēxī, neglēctum nicht (be)achten, vernachlässigen 42
negōtium Aufgabe, Geschäft; Angelegenheit 8
negōtia agere (seinen) Geschäften nachgehen 8
nēmō *(Gen.* nēminis, *Dat.* nēminī, *Akk.* nēminem*)* niemand, kein(er) 4, 41
nēmō dubitat, quīn niemand zweifelt daran, dass 91
nepōs, nepōtis *m* Enkel 30
neque und nicht, auch nicht, nicht einmal 10
neque ... neque weder ... noch 11
neque enim denn nicht 31
neque tamen und trotzdem nicht 12
nescīre, nesciō, nescī(v)ī nicht wissen 53
nēve / neu oder nicht, und nicht 93
nex, necis *f* Mord, (gewaltsamer) Tod 12
necēs parāre Mordanschläge vorbereiten 12
nī *Subj.* wenn nicht 91
mīrum est, nī / nisī es sollte verwundern, wenn nicht; höchstwahrscheinlich 91
nihil / nīl nichts 22, 66
nihil nisī nichts außer, nichts als, nur 100
nimis *Adv.* (all)zu, (all)zu sehr 41
nimium *Adv.* (all)zu , (all)zu sehr 66
nimius, a, um übermäßig, zu groß 70
nisī *Subj.* wenn nicht 26
mīrum est, nī / nisī es sollte verwundern, wenn nicht; höchstwahrscheinlich 91

nihil nisī nichts außer, nichts als, nur 100
nītī, nītor, nīxus (nīsus) sum *(m. Abl.)* sich stützen (auf); streben nach 100
nōbilis, e berühmt, adelig, vornehm 23
nōbilitās, nōbilitātis *f* Adel, vornehme Abstammung 101
nocēre, noceō schaden, schädlich sein 92
nocturnus, a, um nächtlich 89
nōlle, nōlō, nōluī nicht wollen 52
nōmen, nōminis *n* Name 25
nōmināre nennen, benennen 32
nōn nicht 3
  nōn dēbēre nicht dürfen 16
  nōn habeō, quod *m. Konj.* ich habe keinen Grund dafür, dass 99
  nōn iam nicht mehr 7
  nōn īgnōrāre gut kennen, wohl wissen 20
  nōn is est, quī *m. Konj.* er ist nicht der Mann, der 99
  nōn modo ... sed etiam nicht nur ... sondern auch 9
  nōn multum abest, quīn es fehlt nicht viel, dass 91
  nōn sōlum ... sed etiam nicht nur ... sondern auch 21
nōndum noch nicht 4
nōnne etwa nicht? denn nicht? 12
nōnnūllī, ae, a einige, manche 17
nōs *Nom./Akk.* wir/uns 14
nōscere, nōscō, nōvī, nōtum erkennen, kennenlernen 60
noster, nostra, nostrum unser 20
nōtus, a, um bekannt 53
nō(vi)sse, nōvī *Perf.* kennen, wissen 60
novus, a, um neu, ungewöhnlich 22
nox, noctis *f* Nacht 16
nūbere, nūbō, nūpsī, nūpta *m. Dat.* (jmd.) heiraten 42
nūbēs, nūbis *f* Wolke 55
nūdus, a, um nackt 70
nūllus, a, um *(Gen.* nūllīus, *Dat.* nūllī*)* kein 17
  nūllō modō keineswegs, keinesfalls 40
num *im dir. Fragesatz* etwa, *im indir. Fragesatz* ob 47, 76
nūmen, nūminis *n* Gottheit, göttliches Wesen, göttlicher Wille 96
numerus Zahl, Menge 27
numquam *Adv.* niemals 18
nunc *Adv.* jetzt, nun 3
  nunc vērō jetzt aber, nun aber 59
nūntiāre melden 44
nūntius Bote, Nachricht 22
nūper *Adv.* neulich, vor kurzem 25
nūptiae, nūptiārum *f Pl.* Hochzeit 11

ō mē miserum! Oh ich Unglücksrabe! Oh ich Armer! 36
ob *m. Akk.* wegen; für 97
obicere, obiciō, obiēcī, obiectum darbieten, vorwerfen 72
obīre, obeō, obiī entgegengehen, übernehmen 100
  suprēmum diem obīre sterben 100
oblīvīscī, oblīvīscor, oblītus sum *(m. Gen.)* vergessen 85
obscūrus, a, um dunkel, unbekannt 88
obsecrāre anflehen, bitten 91
obses, obsidis *m/f* Geisel 59
obtinēre, obtineō (in Besitz) haben, (besetzt)halten 72
occāsiō, occāsiōnis f *(m. Gen.)* Gelegenheit (zu) 80
  occāsiōnem omittere eine Gelegenheit auslassen 80
occidere, occidō, occidī umkommen, untergehen 25
occīdere, occīdō, occīdī, occīsum niederschlagen, töten 38, 50
occultē *Adv.* heimlich 28
occultus, a, um geheim, verborgen 89
occupāre besetzen, einnehmen 51
occupātus, a, um *(*in *m. Abl.)* beschäftigt mit 93
occurrere, occurrō, occurrī begegnen, entgegentreten 13, 25
oculus Auge 40
ōdisse, ōdī *Perf.* hassen 94
odium Hass 52
  odiō esse verhasst sein 59
  odium tuī der Hass auf dich 61
offerre, offerō, obtulī, oblātum anbieten, entgegenbringen 93
officium Dienst, Pflicht(gefühl) 61
  officium praestāre die Pflicht erfüllen 61
ōmen, ōminis *n* Vorzeichen 32

omittere, omittō, omīsī, omissum aufgeben, beiseitelassen 78
occāsiōnem omittere eine Gelegenheit auslassen 80
omnīnō *Adv.* insgesamt, überhaupt, völlig 67
omnis, e ganz, jeder; *Pl.* alle 23
omnia *n Pl.* alles 45
onus, oneris *n* Last, Belastung 19
opera Arbeit, Mühe 87
operam dare *(m. Dat.)* sich Mühe geben (bei) 91
opēs, opum *f Pl.* Macht, Mittel, Reichtum 63
opīnārī, opīnor, opīnātus sum glauben, meinen 89
opīniō, opīniōnis *f* Meinung, (guter) Ruf 81
oportet es gehört sich, es ist nötig 14
oppidum Stadt 22
opportūnus, a, um geeignet, günstig 23
opprimere, opprimō, oppressī, oppressum bedrohen, niederwerfen, unterdrücken 21, 51
oppūgnāre angreifen 53
ops, opis *f* Hilfe, Kraft; *Pl.* Macht, Mittel, Reichtum 95
optāre wünschen 57
optimus, a, um der beste, sehr gut 54
optimō iūre mit bestem Recht, ganz zu Recht 63
optimus quisque gerade die Besten (jeder Beste) 62
opus, operis *n* Arbeit, Werk 46
opus est *m. Abl.* es ist nötig, man braucht 76
ōra Küste 100
ōrāculum Orakel(spruch) 69
ōrāculum adīre die Orakelstätte aufsuchen, sich an das Orakel wenden 69
ōrāre bitten 12
ōrātiō, ōrātiōnis *f* Rede 50
ōrātiōnem habēre eine Rede halten 57
ōrātor, ōrātōris *m* Redner 69
orbis, orbis *m* Kreis(lauf); Erdkreis, Welt 29
orbis terrārum Erde, Welt 29
ōrdō, ōrdinis *m* Ordnung, Reihe, Stand 96
ex ōrdine der Reihe nach 96
orīrī, orior, ortus sum entstehen, sich erheben 89
ōrnāmentum Schmuck(stück) 5
ōrnāre ausstatten, schmücken 58

ōs, ōris *n* Gesicht, Mund 90
ostendere, ostendō, ostendī zeigen, erklären 13, 32
ōtium freie Zeit, Ruhe (von beruflicher Tätigkeit); Frieden 45

paene *Adv.* fast 38
Paestī in Pästum *(wo?)* 57
palam *Adv.* bekannt, in aller Öffentlichkeit 99
pār, paris ebenbürtig, gleich 63
parāre (vor)bereiten, vorhaben; erwerben 11
necēs parāre Mordanschläge vorbereiten 12
parātus, a, um bereit, vorbereitet 73
parcere, parcō, pepercī *m. Dat.* schonen, sparen 59
parcus, a, um sparsam 21
parēns, parentis *m/f* Vater, Mutter; *Pl.* Eltern 48
pārēre, pareō gehorchen, sich richten nach 10
parere, pariō, peperī, partum zur Welt bringen; erwerben, schaffen 44
victōriam parere den Sieg erringen 71
pariter *Adv.* ebenso, gleichzeitig 92
pariter ac/atque ebenso wie 92
pars, partis *f* Teil, Seite, Richtung 35
utrāque parte auf beiden Seiten 65
parum *Adv.* (zu) wenig 89
parvus, a, um klein, gering 17
parvī esse wenig wert sein/gelten 48
parvō vendere billig verkaufen 48
passus, passūs *m* Schritt 96
pater, patris *m* Vater 20
patrēs (cōnscrīptī) *m Pl.* Senatoren 49
patēre, pateō offenstehen, sich erstrecken 2
patī, patior, passus sum (er)leiden, ertragen, zulassen 85
patria Heimat 21
patrius, a, um heimisch, väterlich 78
paucī, ae, a wenige 17
paulātim *Adv.* allmählich 92
paulō *Adv.* (um) ein wenig 96
paulō post (ein) wenig später 15
paulum *Adv.* ein wenig 3
pauper, pauperis arm 95
pāx, pācis *f* Frieden 29
peccāre einen Fehler machen, sündigen 90

pectus, pectoris *n* Brust, Herz 34
pecūnia Geld, Vermögen 6
pecus, pecoris *n* Vieh; Tier 19
pellere, pellō, pepulī, pulsum stoßen, schlagen, (ver)treiben 14, 47
pendēre, pendeō, pependī (herab)hängen, schweben 39
penna Feder 39
per *m. Akk.* durch, hindurch 25
perdere, perdō, perdidī, perditum verlieren, verschwenden; zugrunde richten 53, 88
perferre, perferō, pertulī, perlātum (über)bringen, ertragen 77
perficere, perficiō, perfēcī, perfectum erreichen, fertigstellen, vollenden 33, 64
pergere, pergō, perrēxī aufbrechen; weitermachen 17, 46
  iter pergere die Reise/den Weg fortsetzen 55
perīculum Gefahr 12
  perīculum subīre eine Gefahr auf sich nehmen 83
perīre, pereō, periī umkommen, zugrunde gehen 50
perītus, a, um *(m. Gen.)* erfahren, kundig (in) 78
permittere, permittō, permīsī (permissum) erlauben, überlassen 14, 34
permovēre, permoveō, permōvī, permōtum beunruhigen, veranlassen 81
perniciēs, perniciēī *f* Verderben, Vernichtung 36
perpetuus, a, um dauerhaft, ewig 64
persequī, persequor, persecūtus sum verfolgen 85
perspicere, perspiciō, perspexī, perspectum durchschauen, erkennen, genau betrachten, sehen 51
persuādēre, persuādeō, persuāsī, persuāsum *m. Dat.* überreden, überzeugen 49
perterrēre, perterreō, perterruī, perterritum sehr erschrecken, einschüchtern 38, 40
pertinēre, pertineō *(***ad** *m. Akk.)* betreffen, gehören (zu), sich erstrecken (bis) 32, 56
perturbāre in Verwirrung bringen 41
pervenīre, perveniō, pervēnī (perventum) *(***ad/in** *m. Akk.)* kommen zu/nach 25
pēs, pedis *m* Fuß 14
pessimus, a, um der schlechteste, sehr schlecht; der schlimmste, sehr schlimm 81
petere, petō, petīvī (petītum) (auf)suchen, (er)streben, bitten, verlangen 6, 23
  cūriam petere die Kurie aufsuchen, zur Kurie eilen 7
  salūtem fugā petere Rettung in der Flucht suchen 75
philosóphia Philosophie 69
philosophus Philosoph 56
pietās, pietātis *f* Frömmigkeit; Ehrfurcht, Pflichtgefühl 63
pius, a, um fromm, gerecht, pflichtbewusst 68
placēre, placeō gefallen 4
  mihi placet mir gefällt es, ich beschließe 29
placidus, a, um friedlich, ruhig, sanft 76
plēbs, plēbis *f* (nicht adeliges, einfaches) Volk 12
plēnus, a, um *(m. Gen.)* voll (von/mit) 72
plērīque, plēraeque, plēraque die meisten, sehr viele 68
plērumque *Adv.* meistens 89
plūrēs, plūra *(Gen.* **plūrium***)* mehr(ere) 76
plūrimī, ae, a sehr viele 54
plūrimum *Adv.* sehr viel, am meisten 82
plūs *Adv.* mehr 82
plūs, plūris mehr 33
  plūris aestimāre höher einschätzen, für wichtiger halten 57
  plūris exīstimāre höher einschätzen 73
  plūs ... quam mehr ... als 33
poena Strafe 34
poēta *m* Dichter 59
pollicērī, polliceor, pollicitus sum versprechen 88
pōnere, pōnō, posuī, positum (auf)stellen, (hin)legen, setzen 48
  spem pōnere in *m. Abl.* Hoffnung setzen in jmd. 50
pōns, pontis *m* Brücke 46
populus Volk, Volksmenge (die Leute) 4
porta Tor 2
portāre bringen, tragen 6
portus, portūs *m* Hafen 54
pōscere, pōscō, popōscī fordern, verlangen 10, 48
positus, a, um gelegen *(bei Ortsangaben)* 101
posse, possum, potuī können 16, 22
possidēre, possideō besitzen 20
post *Adv.* dann, später 94

post *m. Akk.* hinter, nach 24
posteā *Adv.* nachher, später 23
posterus, a, um folgend 29
posterī, posterōrum *m Pl.* Nachkommen 29
posterō diē am folgenden Tag 75
postquam *Subj. m. Perf.* nachdem, als 28
postrēmō *Adv.* kurz(gesagt); schließlich 90
postrēmus, a, um der letzte 100
postrīdiē *Adv.* am folgenden Tag 83
pōstulāre fordern 65
potēns, potentis mächtig, stark 31
potentia Macht 98
potestās, potestātis *f* (Amts-)Gewalt, Macht 62
potius *Adv.* eher, lieber 91
praebēre, praebeō geben, hinhalten 36
sē praebēre sich zeigen 55
praeceps, praecipitis steil; schnell, überstürzt 97
praeceptor, praeceptōris *m* Lehrer 93
praeceptum Vorschrift, Lehre 90
praecipere, praecipiō, praecēpī, praeceptum (be)lehren, vorschreiben 90
praeclārus, a, um großartig 27
praeda Beute 30
praedicāre rühmen, preisen; behaupten 64
praeesse, praesum, praefuī *m. Dat.* an der Spitze stehen, leiten 49
praeferre, praeferō, praetulī, praelātum vorziehen 90
praemittere, praemittō, praemīsī, praemissum vorausschicken 100
praemium Belohnung, Lohn 44
praesēns, praesentis anwesend, gegenwärtig 94
praesertim (cum) besonders (da, weil) 75
praesidium Schutztruppe, (Wach-)Posten 76
praestāns, praestantis vorzüglich, vortrefflich, ausgezeichnet 80
praestāre, praestō, praestitī *m. Akk.* gewähren, leisten, zeigen 59
officium praestāre die Pflicht erfüllen 61
praestāre *m. Dat.* jmd. übertreffen 80
sē praestāre *m. Akk.* sich erweisen als 59
praeter *m. Akk.* außer 78
praetereā *Adv.* außerdem 46
praeterīre, praetereō, praeteriī, praeteritum vorbeigehen, übergehen 61
praetor, praetōris Prätor (für die Rechtsprechung zuständiger Beamter) 47
precārī, precor, precātus sum bitten 91
prehendere, prehendō, prehendī, prehēnsum ergreifen, nehmen 97
premere, premō, pressī, pressum (unter)drücken, bedrängen 87
pretium Preis, Wert 8
dē pretiō agere über den Preis verhandeln 8
pretium quaerere *(ex / dē m. Abl.)* (jmd.) nach dem Preis fragen 11
prex, precis *f* Bitte 44
prīmō *Adv.* zuerst 16
prīmum *Adv.* erstens, zuerst, zum ersten Mal 15
prīmus, a, um der (die, das) erste 35
prīnceps, prīncipis *m* der Erste, der führende Mann; Kaiser 63
prior, priōris der erste, der frühere 96
prīstinus, a, um früher 76
prius *Adv.* eher, früher 57
priusquam *Subj. m. Ind.* bevor 61
prīvātus, a, um persönlich, privat; *Subst.* Privatperson 92
prō *m. Abl.* vor; anstelle von, für; entsprechend 30
probāre prüfen, beweisen, für gut befinden 8
probus, a, um anständig, gut; tüchtig 17
prōcēdere, prōcēdō (vorwärts)gehen, vorrücken 16
procul *Adv.* von fern, weit weg 9
prōdere, prōdō, prōdidī, prōditum überliefern, verraten 82
prōdesse, prōsum, prōfuī nützen, nützlich sein 92
prōdīre, prōdeō, prōdiī, prōditum (öffentlich) auftreten, sich zeigen 70
in pūblicum prōdīre in der Öffentlichkeit auftreten 70
prōdūcere, prōdūcō, prōdūxī, prōductum (vor)führen 97
proelium Kampf, Schlacht 50
proelium inīre den Kampf beginnen 50
profectō *Adv.* sicherlich, tatsächlich 8
prōferre, prōferō, prōtulī, prōlātum hervorbringen, bekanntmachen, zur Sprache bringen 99

proficīscī, proficīscor, profectus sum (ab)reisen, aufbrechen 85
prōgredi, prōgredior, prōgressus sum vorrücken, weitergehen 89
prohibēre, prohibeō (ā/ab) abhalten, fernhalten (von); hindern (an) 9
proinde *Adv.* also, daher, ebenso 54
prōmittere, prōmittō, prōmīsī (prōmissum) versprechen 13, 32
prope *Adv.* nahe, in der Nähe; beinahe 4
prope *m. Akk.* nahe bei 96
properāre eilen, sich beeilen 2
propinquus, a, um nahe; *Subst.* Verwandter 53
propius *Adv.* näher 86
prōpōnere, prōpōnō, prōposuī, prōpositum darlegen, in Aussicht stellen 88
propter *m. Akk.* wegen 57
propterea quod deswegen weil 75
prōrsus *Adv.* überhaupt, völlig 92
prōspicere, prōspiciō, prōspexī, prōspectum schauen auf, sehen 83
prōtinus *Adv.* sofort 79
prōvidēre, prōvideō, prōvīdī, prōvīsum *m. Akk.* vorhersehen, *m. Dat.* sorgen für 55
prōvidēre, ut dafür sorgen, dass 72
prōvincia Provinz 43
proximus, a, um der nächste 51
pūblicus, a, um öffentlich, staatlich 44
in pūblicō in der Öffentlichkeit 47
in pūblicum prōdīre in der Öffentlichkeit auftreten 70
rēs pūblica Staat 44
pudet, puduit es beschämt 89
mē pudet ich schäme mich 89
pudor, pudōris *m* Scham(gefühl), Anstand 71
puella Mädchen, Freundin 6
puer, puerī *m* Junge, Bub 16
ā puerīs von Kindheit an 80
puer novem annōrum ein neunjähriger Junge 52
pūgna Kampf 38
pūgnāre kämpfen 21
pulcher, pulchra, pulchrum schön 17
pūnīre, pūniō, pūnīvī (be)strafen 73
pūrus, a, um rein, klar 65
putāre glauben, meinen 24
putāre *m. dopp. Akk.* halten für 44

quā wie, wo, wohin 99
quaerere, quaerō, quaesīvī, quaesītum *(ex/dē m. Abl.)* suchen; erwerben wollen; (jmd.) fragen 5, 24, 69
pretium quaerere *(ex/dē m. Abl.)* (jmd.) nach dem Preis fragen 11
quaesō bitte! 12
quālis wie (beschaffen) 54
tālis ... quālis so beschaffen ... wie (beschaffen) 54
quam als, wie 20
plūs ... quam mehr ... als 33
quam *m. Superlativ* möglichst 82
tam ... quam so ... wie 20
quamobrem *Adv.* warum; *als relativer Satzanschluss:* deshalb 85
quamquam *Subj. m. Ind.* obwohl; *im Hauptsatz:* freilich 28, 87
quamvīs *Subj. m. Konj.* wenn auch; *Adv.* beliebig, wie du willst 66
quandō wann 54
quantus, a, um wie groß, wie viel 54
tantus ... quantus so groß ... wie (groß) 54
quārē weshalb, wodurch; *relativer Satzanschluss:* deshalb 67
quārtus, a, um der (die, das) vierte 35
quasi *Adv.* gleichsam 87
quattuor *indekl.* vier 95
-que *(angehängt)* und 18
quemadmodum auf welche Weise (auch immer), wie 93
querī, queror, questus sum *(m. Akk.)* klagen; sich beklagen (über) 86
quī *Adv.* wie 96
quī, quae, quod der, die, das; welcher, welche, welches 20, 67
nōn is est, quī *m. Konj.* er ist nicht der Mann, der 99
quā dē causā aus welchem Grund; *relativer Satzanschluss:* deshalb 69
quibus dē causīs aus welchen Gründen; *relativer Satzanschluss:* deshalb 69
quibus verbīs dictīs nach diesen Worten 72
idōneus est, quī *m. Konj.* er ist geeignet/fähig zu *(m. Inf.)* 99
inveniuntur, quī *m. Konj.* es finden sich Leute, die 99

quia *Subj.* weil 11
quīcumque, quaecumque, quodcumque jeder, der; wer auch immer; *neutr.* alles, was 90
quid? was? 3
quid cōnsiliī welcher Plan, welcher Entschluss 87
quīdam, quaedam, quoddam *Adj.* ein gewisser, irgendeiner; *Pl.* einige 83
incrēdibilī quādam virtūte mit geradezu unglaublicher Tapferkeit 83
quidem *Adv.* freilich, gewiss, wenigstens, zwar 13
quidnam was denn 79
quiēscere, quiēscō, quiēvī (aus)ruhen, schlafen 9, 23
quīn *im Hauptsatz* vielmehr, warum nicht?; *Subj. m. Konj.* dass nicht; *(in festen Wendungen)* dass 91
nēmō dubitat, quīn niemand zweifelt daran, dass 91
nōn multum abest, quīn es fehlt nicht viel, dass 91
quīndecim *indekl.* fünfzehn 79
quīngentī, ae, a fünfhundert 83
quīntus, a, um der (die, das) fünfte 35
quīntō quōque annō alle vier Jahre (in jedem 5. Jahr) 69
quīre, queō, quīvī (quiī) können 101
quis? wer? 4
quis nostrum / quis vestrum wer von uns / wer von euch 69
quisnam wer denn 79
quisquam, quaequam, quidquam (quicquam) irgendjemand 89
quisque, quaeque, quodque *Adj.* jeder 62
optimus quisque gerade die Besten (jeder Beste) 62
quīntō quōque annō alle vier Jahre 69
quisque, quidque *Subst.* jeder 62
quisquis, quidquid (quicquid) *Subst.* jeder, der; wer auch immer; *neutr.* alles, was 90
quō *m. Komparativ u. Konj.* damit umso 100
quō? wohin 37
quō ... eō je ... desto 90
quod *Subj. m. Ind.* dass, weil 50, 81
quodsī wenn aber, wenn nun 100
quōmodo wie, auf welche Weise 69
quondam *Adv.* einmal, einst; manchmal 34
quoniam *Subj. m. Ind.* da ja, da nun 75
quoque *(nachgestellt)* auch 18
quot wie viele 39
quotiēns wie oft; so oft 66

rapere, rapiō, rapuī, raptum rauben, wegführen, wegreißen 30, 42
rārō *Adv.* selten 19
rārus, a, um selten, vereinzelt 100
ratiō, ratiōnis *f* Grund, Vernunft, Überlegung; Art und Weise; Berechnung 64
recēns, recentis frisch, neu 31
recipere, recipiō, recēpī, receptum aufnehmen, wiederbekommen, zurücknehmen 102
sē recipere sich zurückziehen 75
recitāre vorlesen, vortragen 59
recreāre wiederherstellen, erfrischen 56
rēctē *Adv.* geradeaus, richtig, zu Recht 11
rēctus, a, um gerade, recht, richtig 92
reddere, reddō, reddidī (redditum) zurückgeben, etwas zukommen lassen; *(m. dopp. Akk.)* machen zu 36, 100
redīre, redeō, rediī, reditum zurückgehen, zurückkehren 50
redūcere, redūcō, redūxī, reductum zurückführen, zurückziehen 95
referre, referō, rettulī, relātum (zurück)bringen, berichten 77
rēfert es ist wichtig 90
regere, regō, rēxī (rēctum) beherrschen, leiten, lenken 23
rēgīna Königin 42
regiō, regiōnis *f* Gebiet, Gegend, Richtung 34
rēgius, a, um königlich 98
rēgnum (Königs-)Herrschaft, Reich 31
religiō, religiōnis *f* Glaube, Aberglaube, (Gottes-)Verehrung, Frömmigkeit, Gewissenhaftigkeit 81
relinquere, relinquō, relīquī, relictum zurücklassen, verlassen 15, 39
reliquus, a, um künftig, übrig 81
remanēre, remaneō, remānsī (zurück)bleiben 83
remittere, remittō, remīsī, remissum zurückschicken; nachlassen, vermindern 55

repellere, repellō, reppulī, repulsum zurückstoßen, abweisen, vertreiben 72
repente *Adv.* plötzlich, unerwartet 86
reperīre, reperiō, repperī, repertum (wieder)finden 25, 72
repetere, repetō, repetīvī, repetītum wiederholen, (zurück)verlangen 52
reprehendere, reprehendō, reprehendī, reprehēnsum kritisieren, schimpfen 8, 57
requīrere, requīrō, requīsīvī, requīsītum aufsuchen, sich erkundigen, verlangen 91
rērī, reor, ratus sum meinen 84
rēs, reī *f* Angelegenheit, Ding, Sache 35
rēs adversae Unglück 35
rēs familiāris Vermögen 48
rēs gestae Taten 51
rēs pūblica Staat 44
rēs secundae Glück 103
resistere, resistō, restitī stehenbleiben; Widerstand leisten 18, 42
adversus resistere dagegen Widerstand leisten 89
respicere, respiciō, respexī, respectum zurückblicken, berücksichtigen 39
respondēre, respondeō, respondī antworten, entsprechen 21, 33
restāre, restō, restitī übrigbleiben 95
restituere, restituō, restituī, restitūtum wiederherstellen 63
retinēre, retineō zurückhalten, behalten, festhalten 6
revertī, revertor, revertī, reversum zurückkehren 98
revocāre zurückrufen 53
rēx, rēgis *m* König 29
Polybō rēge unter der Regierung des Polybos 73
rēge invītō gegen den Willen des Königs 73
Rhodum nach Rhodos 66
rīdēre, rīdeō, rīsī lachen, auslachen 4, 25
rīpa Ufer 31
rogāre bitten, erbitten; fragen 58
Rōma Rom 1
Rōmā von/aus Rom (weg) *(woher?)* 43
Rōmae in Rom *(wo?)* 43
Rōmam nach Rom *(wohin?)* 27
Rōmānus, a, um Römer; römisch 5
ruere, ruō, ruī, ruitūrum eilen, stürmen, (ein)stürzen 75
rumpere, rumpō, rūpī, ruptum zerbrechen 93
rūrsus *Adv.* wieder 94
rūs, rūris *n* Feld, Land *(im Gegensatz zur Stadt)*, Landgut 101
rūrī *Adv.* auf dem Land 101
rūsticus, a, um ländlich 17
vīlla rūstica Landgut 17

sacer, sacra, sacrum *(m. Gen.)* geweiht, heilig 49
sacerdōs, sacerdōtis *m/f* Priester(in) 71
sacrificium Opfer 94
sacrum Heiligtum, Opfer 69
sacra facere Opfer darbringen, opfern 52
saeculum Jahrhundert, Menschenalter, Zeit(alter) 43
saepe *Adv.* oft 13
saevus, a, um schrecklich, wild, wütend 22
salūs, salūtis *f* Gesundheit, Glück, Rettung; Gruß 22
dē salūte dēspērāre die Hoffnung auf Rettung aufgeben 37
salūtem fugā petere Rettung in der Flucht suchen 75
salūtāre (be)grüßen 2
salvē/salvēte Sei gegrüßt!/Seid gegrüßt! Guten Tag! 2
salvus, a, um gesund, unversehrt 44
sānctus, a, um ehrwürdig, heilig 77
sānē *Adv.* allerdings, gewiss; meinetwegen 99
sanguis, sanguinis *m* Blut; Blutvergießen 76
sapere, sapiō Verstand haben, Geschmack haben 31
sapiēns, sapientis weise, verständig 68
sapientia Weisheit, Einsicht 69
satis *Adv.* genug 79
saxum Fels, Stein 17
scelerātus, a, um verbrecherisch, schändlich; *Subst.* Verbrecher 11, 30, 97
scelus, sceleris *n* Verbrechen 47
scelus committere ein Verbrechen begehen 47
schola Schule 91
scīlicet *Adv.* freilich, natürlich, selbstverständlich 16

scīre, sciō wissen, kennen, verstehen 12
  haud sciō, an ich weiß nicht, ob nicht; vielleicht 91
scrībere, scrībō, scrīpsī, scrīptum schreiben, beschreiben 56
scrīptor, scrīptōris *m* Schriftsteller 56
sē *Akk.* sich 27
  sē dare *m. Dat.* sich widmen 45
  sē gerere sich verhalten 74
  sē praebēre sich zeigen 55
  sē praestāre *m. Akk.* sich erweisen als 59
  sē recipere sich zurückziehen 75
sēcum mit sich, bei sich 27
secundus, a, um der (die, das) zweite, günstig 35
  rēs secundae Glück 103
sed aber, sondern 2
sēdāre beruhigen 97
sedēre, sedeō, sēdī, sessum sitzen 4, 57
sēdēs, sēdis *f* Sitz, Wohnsitz, Platz 63
semper *Adv.* immer 8
senātor, senātōris *m* Senator 3
senātus, senātūs *m* Senat, Senatssitzung 61
senex, senis *m* Greis, alter Mann 12
sēnsus, sēnsūs *m* Gefühl, Sinn, Verstand 33
sententia Meinung, Satz, Sinn, Antrag (im Senat) 26
sentīre, sentiō, sēnsī fühlen, meinen, wahrnehmen 12, 22
septimus, a, um der siebte 32
septuāgintā *indekl.* siebzig 100
sequī, sequor, secūtus sum *m. Akk.* folgen 85
sermō, sermōnis *m* Gespräch, Sprache, Äußerung, Gerede 25
sērō *Adv.* spät, zu spät 79
serpēns, serpentis *m/f* Schlange 32
serva Sklavin, Dienerin 1
servāre *(ā m. Abl.)* bewahren, retten (vor) 10
  fidem servāre sein Wort halten 48
servīre, serviō dienen, Sklave sein 98
servitūs, servitūtis *f* Sklaverei 82
servus Sklave, Diener 1
seu / sīve oder, oder wenn 103
sevērus, a, um streng 52
sex *indekl.* sechs 31
sī *Subj.* falls, wenn; ob 11, 97
cōnārī, sī *m. Konj.* versuchen, ob 97
sīc *Adv.* so 46
sīcut (so) wie 98
sīdus, sīderis *n* Stern, Sternbild 99
sīgnum Merkmal, Zeichen; Statue 26, 94
silva Wald 14
similis, e *m. Gen./Dat.* ähnlich 23
simplex, simplicis einfach 57
simul *Adv.* gleichzeitig, zugleich; *Subj.* sobald 97
simulācrum Bild, Schatten (eines Toten) 13
sīn (autem) wenn aber 61
sine *m. Abl.* ohne 9
  sine ullā morā unverzüglich 54
sinere, sinō, sīvī, situm lassen, erlauben 52
singulāris, e einzeln; einzigartig 81
singulus, a, um je ein, jeder einzelne 65
sinister, sinistra, sinistrum links; trügerisch, falsch 19
sinus, sinūs *m* Brust, Bucht, Tasche, Krümmung 83
situs, a, um gelegen *(in Ortsangaben)* 56
sīve / seu oder, oder wenn 103
socius Gefährte, Verbündeter 28
sōl, sōlis *m* Sonne 13
sōlācium Trost(mittel) 100
solēre, soleō, solitus sum gewohnt sein, gewöhnlich etwas tun 98
sollicitāre aufhetzen, beunruhigen, erregen 6
sōlum nur 26
  nōn sōlum ... sed etiam nicht nur ... sondern auch 21
sōlus, a, um allein, einzig 60
solvere, solvō, solvī, solūtum (auf)lösen; bezahlen 98
somnus Schlaf 30
soror, sorōris *f* Schwester 32
sors, sortis *f* Los, Orakelspruch, Schicksal 72
spargere, spargō, sparsī, sparsum ausstreuen, bespritzen, verbreiten 68
spatium Raum, Strecke, Zeitraum 81
  spatia temporis Zeiträume, Zeitabschnitte 81
speciēs, speciēī *f* Anblick, Aussehen, Schein 93
spectāre betrachten, hinsehen; anstreben 5, 91
spērāre erwarten, hoffen 36
spēs, speī *f* Hoffnung 35

spem pōnere in *m. Abl.* Hoffnung setzen in jmd. 50
spīritus, spīritūs *m* Atem, Seele 33
spoliāre *(m. Abl.)* berauben, plündern 62
sponte meā (tuā, suā) freiwillig, mit eigener Kraft, von selbst 66
stāre, stō, stetī stehen 4, 25
statim *Adv.* auf der Stelle, sofort 4
statua Statue, Standbild 1
statuere, statuō, statuī, statūtum aufstellen, beschließen, festsetzen 68
exemplum statuere ein Exempel statuieren 68
studēre, studeō sich bemühen, sich (wissenschaftlich) beschäftigen 10, 23
virtūtī studēre sich um Tapferkeit bemühen 80
studium Beschäftigung, Engagement, Interesse 23
stultus, a, um dumm 41
sua *n Pl.* sein/ihr Besitz 27
suāvis, e süß, angenehm 96
sub *m. Abl.* unten an/bei, unter *(wo?)* 22
sub *m. Akk.* nahe an ... heran, unter *(wohin?)* 96
subdūcere, subdūcō, subdūxī, subductum hinaufziehen, wegnehmen 102
subicere, subiciō, subiēcī, subiectum darunterlegen, unterwerfen 95
subigere, subigō, subēgī, subāctum zwingen, unterwerfen 83
subīre, subeō, subiī, subitum auf sich nehmen, herangehen 50
mortem subīre den Tod auf sich nehmen 82
perīculum subīre eine Gefahr auf sich nehmen 83
supplicium subīre hingerichtet werden 59
subitō *Adv.* plötzlich 6
subtīlis, e fein, genau 99
succēdere, succēdō, successī, successum (nach)folgen, nachrücken 83
succurrere, succurrō, succurrī zu Hilfe eilen 95
suī *m Pl.* seine/ihre Leute 27
sūmere, sūmō, sūmpsī, sūmptum nehmen 59
supplicium sūmere dē *m. Abl.* die Hinrichtung vollziehen an, hinrichten 59
summus, a, um der oberste, der höchste, der letzte 51
in summō discrīmine in höchster Gefahr 76
summus mōns Gipfel des Berges 101

sūmptus, sūmptūs *m* Aufwand, die Kosten 63
super *m. Akk.* (oben) auf, über (... hinaus) *(wohin?)* 23
superāre besiegen, übertreffen 29
superāre *m. Abl.* übertreffen an 29
superbia Stolz, Überheblichkeit 60
superbus, a, um stolz, überheblich 29
superesse, supersum, superfuī überleben, übrig sein 102
superī, superōrum *m Pl.* die Götter 74
superior, superiōris der höhere 83
supplex, supplicis demütig bittend 53
supplicium Hinrichtung, Strafe; flehentliches Bitten 30
supplicium subīre hingerichtet werden 59
supplicium sūmere dē *m. Abl.* die Hinrichtung vollziehen an, hinrichten 59
suprā *Adv.* darüber hinaus, oben 93
suprā *m. Akk.* oberhalb, über 58
suprēmus, a, um der höchste, der letzte, der oberste 100
suprēmum diem obīre sterben 100
surgere, surgō, surrēxī, surrēctum sich erheben, aufstehen 67
suscipere, suscipiō, suscēpī, susceptum *m. Akk.* auf sich nehmen, sich (einer Sache) annehmen, unternehmen 19, 44
suspicārī, suspicor vermuten, ahnen 89
suspīciō, suspīciōnis *f* Verdacht, Vermutung 19
sustinēre, sustineō ertragen, standhalten 7
suus, sua, suum ihr, sein 27
sua *n Pl.* sein/ihr Besitz 27
suī *m Pl.* seine/ihre Leute 27

taberna Laden, Wirtshaus 2
tabula Aufzeichnung, Gemälde, Tafel 65
tacēre, taceō schweigen, verschweigen 4
tacitus, a, um lautlos, still, verschwiegen 103
taedium Überdruss, Ekel 96
tālis, e derartig, ein solcher, so (beschaffen) 46
tālis ... quālis so beschaffen ... wie (beschaffen) 54
tam so 18
tam ... quam so ... wie 20
tamen dennoch, jedoch 8
neque tamen und trotzdem nicht 12
tametsī *Subj.* obwohl, wenn auch 95

tamquam *Adv.* wie;
Subj. wie wenn, als ob 72
tandem *Adv.* endlich 3, *im Fragesatz* denn eigentlich 79
tangere, tangō, tetigī (tāctum) berühren 6, 25
tantum nur 31
tantus, a, um so groß, so viel 54
tantum ingeniī so viel (an) Begabung 87
tantum ... quantum so viel ... wie (viel) 54
tantus ... quantus so groß ... wie (groß) 54
tēctum Dach, Haus 15
tegere, tegō, tēxī, tēctum bedecken, schützen, verbergen 22, 66
tēlum (Angriffs-)Waffe, Geschoss 34
temperāre *m. Akk.* lenken, ordnen 49
temperāre *m. Dat.* maßvoll gebrauchen, zurückhalten, schonen 29
īrae temperāre seinen Zorn zurückhalten 71
tempestās, tempestātis *f* Sturm, (schlechtes) Wetter 55
templum Tempel, heiliger Ort 1
temptāre angreifen; prüfen, versuchen 27
tempus, temporis *n* (günstige) Zeit; Umstände 24
brevī tempore nach kurzer Zeit, bald (darauf) 24
multum temporis viel Zeit 87
spatia temporis Zeiträume, Zeitabschnitte 81
tendere, tendō, tetendī, tentum spannen, (aus)strecken, sich anstrengen 40
dextram tendere die rechte Hand ausstrecken 65
tenebrae, tenebrārum *f Pl.* Dunkelheit, Finsternis 16
tenēre, teneō halten, festhalten, besitzen 18
memoriā tenēre im Gedächtnis behalten 26
tergum Rücken 102
tergum dare *m. Dat.* jmd. den Rücken zukehren 102
terra Erde, Land 23
terrā marīque zu Wasser und zu Lande 32
terrēre, terreō erschrecken 18, 43
tertius, a, um der (die, das) dritte 35
testis, testis *m/f* Zeuge, Zeugin 98
theātrum Theater 25
thermae, thermārum *f Pl.* Thermen, Badeanlage 25

tibi *Dat.* dir 14
timēre, timeō Angst haben, fürchten 6
timēre, nē *m. Konj.* Angst haben/fürchten, dass 58
timor, timōris *m* Angst, Furcht 9
timōre afficī in Furcht geraten, Angst bekommen 50
toga Toga 61
tolerāre ertragen, aushalten 82
tollere, tollō, sustulī, sublātum aufheben, in die Höhe heben, wegnehmen 40
torquēre, torqueō, torsī drehen, schleudern, quälen 34
tot *indekl.* so viele 24
tot ... quot so viele ... wie (viele) 54
tōtus, a, um *(Gen.* tōtīus, *Dat.* tōtī*)* ganz 43
tōtā Italiā in ganz Italien 43
tōtō imperiō im ganzen Reich 43
trādere, trādō, trādidī, trāditum übergeben, überliefern 65
trādūcere, trādūcō, trādūxī, trāductum *(m. Akk.)* hinüberführen (über) 52
trahere, trahō, trāxī, tractum schleppen, ziehen 67
trānsīre, trānseō, trānsiī, trānsitum überschreiten, durchqueren, hinübergehen 50
modum trānsīre das Maß überschreiten 50
trecentī, ōrum dreihundert 46
trēs, trēs, tria drei 95
tribuere, tribuō, tribuī, tribūtum schenken, zuteilen 95
trīstis, e traurig, unfreundlich 23
tū du 13
tuērī, tueor *m. Akk.* betrachten, schützen, *(milit.)* sichern, sorgen für 84
tum *Adv.* da, damals, dann, darauf 4
tunc *Adv.* damals, dann 67
turba Menschenmenge; Lärm, Verwirrung 7
turbāre durcheinanderbringen, stören 86
turpis, e unanständig, hässlich, schändlich 23
turris, turris *f* Turm 32
tūtus, a, um sicher 28
tuus, a, um dein 20
tyrannus Tyrann, Gewaltherrscher 32

ubi *Subj. m. Ind. Perf.* sobald 61
ubī? wo? 2

ūllus, a, um *(Gen.* ūllīus, *Dat.* ūllī*)* irgendeiner 54
sine ūllā morā unverzüglich 54
ultimus, a, um der äußerste, der entfernteste, der letzte 61
ultrō *Adv.* freiwillig, noch dazu 32
ultrō citrōque hinüber und herüber 101
umbra Schatten 13
umerus Schulter, Oberarm 9
umquam jemals 52
nē umquam dass nie(mals) 58
ūnā *Adv.* zugleich, zusammen 80
unda Gewässer, Welle 37
unde woher 41
undique *Adv.* von allen Seiten 37
ūnicus, a, um einzig 72
ūniversus, a, um gesamt; *Pl.* alle (zusammen) 94
ūnus, a, um *(Gen.* ūnīus, *Dat.* ūnī*)* ein(er), ein einziger 17
ūnus ē/ex einer von 17
urbs, urbis *f* Stadt, Hauptstadt 16
ūsque ad *m. Akk.* bis zu 56
ūsque *Adv.* ohne Unterbrechung 93
ūsus, ūsūs *m* Benutzung, Nutzen, Gebrauch 33
ūsuī esse von Nutzen/nützlich sein 55
ut *Adv.* wie 13; *Subj. m. Ind.* sobald, sooft 38; *Subj. m. Konj.* dass, sodass, damit 58, 59; angenommen dass, wenn auch 101
ut nōn *Subj. m. Konj.* (so)dass nicht 59
uterque *(Gen.* utrīusque, *Dat.* utrīque*)* beide; jeder (von zweien) 65
utrāque parte auf beiden Seiten 65
ūtī, ūtor, ūsus sum *m. Abl.* benutzen, gebrauchen 85
ūtī amīcīs Freunde haben 85
ūtilis, e nützlich 38
utinam hoffentlich, wenn doch 74
utrum *im indir. Fragesatz* ob 76
utrum ... an *im dir. Fragesatz* ... oder 67; *im indir. Fragesatz* ob ... oder 76
uxor, uxōris *f* Ehefrau 28
uxōrem dūcere heiraten 66

valē/valēte Leb wohl!/Lebt wohl! 11
valēre, valeō, valuī Einfluss haben; gesund sein, stark sein 33
bene valēre (richtig) gesund sein 87
valētūdō, valētūdinis *f* Gesundheit(szustand) 87
varietās, varietātis *f* Verschiedenheit, Mannigfaltigkeit 93
varius, a, um bunt, verschieden, vielfältig 17
vās, vāsis *n* Gefäß 48
vāsa, vāsōrum *n Pl.* Gefäße 14
vāstus, a, um riesig; menschenleer, verwüstet 18
-ve oder 93
vehemēns, vehementis energisch, heftig 31
vehere, vehō, vēxī, vectum fahren, tragen, ziehen 97
vehī, vehor, vectus sum *(m. Abl.)* sich fortbewegen, fahren (auf, mit) 97
equō vehī reiten 97
vel oder, sogar 46
vel ... vel entweder ... oder 82
velle, volō, voluī wollen 19, 22
velut wie, wie zum Beispiel 40
vendere, vendō, vendidī, venditum verkaufen 16, 48
parvō vendere billig verkaufen 48
venia Gefallen; Nachsicht, Verzeihung 14
veniam dare verzeihen 14
venīre, veniō, vēnī (ventum) kommen 12, 25
auxiliō venīre zu Hilfe kommen 34
venter, ventris *m* Magen 49
ventus Wind 37
verbera, verberum *n Pl.* Schläge 94
verbum Wort, Äußerung 7
quibus verbīs dictīs nach diesen Worten 72
verērī, vereor, veritus sum fürchten, sich scheuen; verehren 84
vērō *Adv.* in der Tat, wirklich; aber 59
versārī, versor, versātus sum sich aufhalten, sich befinden 84
in rē pūblicā versārī sich politisch betätigen 87
vertere, vertō, vertī, versum drehen, wenden 37, 70
in fugam vertere in die Flucht schlagen, vertreiben 83
vērum *Adv.* aber, sondern 99
vērus, a, um echt, richtig, wahr 45
vesper, vesperī *m* Abend, Westen 16

vespere abends, am Abend 75
vester, vestra, vestrum euer 20
vestīgium Fußsohle, Spur, Stelle 85
vestis, vestis *f* Kleidung; *Pl.* Kleider 37
vetāre, vetō, vetuī verbieten 73
vetus, veteris alt 89
vexāre quälen, heimsuchen 55
via Straße, Weg 8
  mediā in viā mitten auf der Straße 17
  viam dare Platz machen 17
victor, victōris *m* Sieger; *Adj.* siegreich 53, 65
victōria Sieg 31
  dē victōriā certāre um den Sieg streiten 71
  victōriam parere den Sieg erringen 71
vīctus, vīctūs *m* Lebensunterhalt, Lebensweise 95
vīcus Dorf, Gasse 15
vidēre, videō, vīdī (vīsum) sehen 3, 25
  vidēre, ut darauf achten, dass 65
vidērī, videor, vīsus sum scheinen, gelten (als) 84
vigilia Nachtwache, (Wach-)Posten 83
vīlla Haus, Landhaus 15
  vīlla rūstica Landgut 17
vincere, vincō, vīcī, victum (be)siegen, übertreffen 25, 53
  vincere *m. Abl.* übertreffen an 25
vincīre, vinciō, vīnxī, vīnctum fesseln, binden 72
vinculum Band, Fessel; *Pl.* Gefängnis 30
  in vincula conicere in Fesseln legen, fesseln 59
  in vincula dare in Fesseln legen, fesseln 30
vindicāre beanspruchen, bestrafen 62; in *m. Akk.* vorgehen gegen 94
vīnum Wein 12
violāre verletzen, entehren 7
vir, virī *m* Mann 16
  vir vērē Rōmānus ein echter Römer 55
vīrēs, vīrium *f Pl.* Streitkräfte 32
virgō, virginis *f* Mädchen 30
virtūs, virtūtis *f* Tapferkeit, Tüchtigkeit, Vortrefflichkeit, Leistung; *Pl.* gute Eigenschaften, Verdienste 30
  incrēdibilī quādam virtūte mit geradezu unglaublicher Tapferkeit 83
  virtūtī studēre sich um Tapferkeit bemühen 80
vīs, *Akk.* vim, *Abl.* vī *f* Gewalt, Kraft, Menge 32
  vīrēs, vīrium *f Pl.* Streitkräfte 32
  Vīrēs mē dēficiunt. Die Kräfte gehen mir aus. 95
vīsere, vīsō, vīsī, vīsum besichtigen, besuchen 90
vīta Leben, Lebensweise 20
  dē vītā dēcēdere sterben, umkommen 22
  vītam agere sein Leben verbringen/führen 20
vītāre, vītō meiden, vermeiden 92
vitium Fehler, schlechte Eigenschaft 14
vīvere, vīvō, vīxī, vīctūrum leben 23, 70
vīvus, a, um lebend, lebendig 68
  patre vīvō zu Lebzeiten des Vaters 73
vix kaum, (nur) mit Mühe 41
vocāre nennen, benennen, rufen 5
  in iūs vocāre vor Gericht rufen, anklagen 47
volāre fliegen, eilen 27
voluntās, voluntātis *f* Absicht, Wille, Zustimmung 78
voluptās, voluptātis *f* Lust, Vergnügen 57
volvere, volvō, volvī, volūtum rollen, wälzen; überlegen 35, 40
vōs *Nom./Akk.* ihr/euch 14
vōx, vōcis *f* Stimme; Äußerung, Laut 12
  magnā vōce mit lauter Stimme 18
vulgō *Adv.* allgemein, gewöhnlich 103
vulgus, vulgī *n* die Leute (aus dem Volk), die große Masse 70
vulnus, vulneris *n* Wunde, Verlust *(milit.)* 19
vultus, vultūs *m* Gesicht, Gesichtsausdruck; *Pl.* Gesichtszüge 33

v. Chr.

um 900	Erste Hirtensiedlungen auf dem Palatin
8. Jh.	Entstehung der homerischen Epen „Ilias" und „Odyssee"
753	sagenhaftes **Gründungsdatum der Stadt Rom**
um 750	Griechische Kolonisation: Einwanderung der Griechen nach Unteritalien und Sizilien
um 550	Herrschaft etruskischer Könige in Rom; Errichtung des Circus Maximus und der ersten römischen Stadtmauer
6. Jh.	**Pythagoras** von Samos (Seelenwanderungslehre)
510	Vertreibung des Tarquinius Superbus: Ende der etruskischen Königsherrschaft und Beginn der römischen Republik
507	Einweihung des Tempels des Iuppiter Capitolinus
494	Auszug der plebs aus Rom: Vermittlung durch Menenius Agrippa
5. Jh.	Der griechische Philosoph Leukipp und dessen Schüler Demokrit begründen die Lehre vom Atomismus.
490/480	Kriege der Griechen gegen die Perser: Schlacht bei Marathon (490) und Schlacht bei Salamis (480)
477	Gründung des Attischen Seebundes
477–404	**Blütezeit Athens** (Perikleisches Zeitalter): Durchsetzung der **Demokratie** unter Perikles, Bebauung der Akropolis (**Parthenon**), **Tragödiendichtung** (Aischylos, Sophokles, Euripides), **Komödie** (Aristophanes), **Geschichtsschreibung** (Herodot), **Philosophie** (Sokrates, Platon)
450	**Zwöltafelgesetz**: Erste schriftliche Fixierung des römischen Rechts
431–404	**Peloponnesischer Krieg** zwischen Athen und Sparta (endet mit der Niederlage Athens)
399	**Sokrates** wird in Athen zum Tod durch den Schierlingsbecher verurteilt.
387	Sein Schüler **Platon** gründet in Athen seine Philosophenschule, die **Akademie**.
387	Einnahme Roms durch die Gallier unter Brennus
367	Zulassung der Plebejer zum Konsulat
356–323	**Alexander der Große**, König von Makedonien
335	**Aristoteles**, ein Schüler Platons, gründet in Athen seine Philosophenschule, den **Peripatos**.
seit 312	Bau der Via Appia
306	**Epikur** begründet seine Philosophenschule in Athen, den **Kepos** („Garten").
um 300	**Zenon** von Kition begründet seine Philosophenschule in Athen, die **Stoa**.
269	Erste römische Münzprägungen
um 264	Nach zahlreichen Kriegen gegen die umliegenden Völker ist die **römische Herrschaft in Mittel- und Süditalien gefestigt**.
264–241	**1. Punischer Krieg**
242	Einrichtung der ersten römischen Provinz (Sicilia)
227	Einrichtung der Provinz Sardinia et Corsica
218–201	**2. Punischer Krieg**
219/218	**Hannibal** zieht durch Spanien bis nach Italien: **Alpenübergang**
217	Niederlage der Römer am Trasimenischen See
216	Niederlage der Römer bei Cannä
216	Gesandtschaft des Q. Fabius Pictor zum Orakel von Delphi
204	Übergang der Römer unter Scipio nach Afrika: Hannibal zum Verlassen Italiens gezwungen
202	Sieg **Scipios** über Hannibal bei Zama

197	Spanien wird römische Provinz (Hispania).
184	Zensur des **M. Porcius Cato** und des L. Valerius Flaccus
168	Schlacht bei Pydna: Sieg des **L. Ämilius Paullus** über die Makedonen unter König Perseus
155	Philosophengesandtschaft in Rom
149–146	**3. Punischer Krieg**
148	Einrichtung der Provinz Macedonia
146	**Zerstörung Karthagos**: Africa wird römische Provinz. Griechenland wird zur römischen Provinz Achaia. **Herrschaft der Römer über den Mittelmeerraum**
133–121	Gescheiterte Reformbewegung der **Gracchen**
129	Einrichtung der Provinz Asia
102/101	Sieg des **Marius** über die Kimbern und Teutonen
91–89	Bundesgenossenkrieg: Forderung der italischen Bundesgenossen nach dem römischen Bürgerrecht
82–79	Diktatur **Sullas**
74–66	3. Mithridatischer Krieg: Asienfeldzug des Lukullus
73–71	Sklavenaufstand unter Spartakus
67	**Pompejus** beendet im Auftrag des Senats den Seeräuberkrieg.
63	**Konsulat Ciceros**
63–62	Catilinarische Verschwörung
60	1. Triumvirat: Pompejus, Crassus, Cäsar
59	**Konsulat Cäsars**
58–51	**Eroberung Galliens** durch Cäsar
52	Letzter Aufstand der Gallier gegen Cäsar unter Führung des Arverner-Fürsten Vercingetorix: Sieg Cäsars in der Schlacht bei Alesia
51	Einrichtung der Provinz Gallia
49 (10. Januar)	Cäsar überschreitet mit seinen Truppen den **Rubikon**.
49–46	**Bürgerkrieg**: Cäsar gegen Pompejus/Senat
48	**Schlacht bei Pharsalos**: Sieg Cäsars über Pompejus, bald darauf Ermordung des Pompejus in Ägypten
48–47	Cäsar in Ägypten bei Kleopatra
47–44	Diktatur Cäsars
46	Schlacht bei Thapsus: Sieg Cäsars über die Truppen des Pompejus
45	Einführung des julianischen Kalenders
15.3.44	**Ermordung Cäsars**
43	2. Triumvirat: Antonius, Lepidus, Oktavian
43	Ermordung Ciceros durch Schergen des Antonius
42	**Schlacht bei Philippi**: Niederlage der Cäsarmörder
33/32	Ende des Triumvirats: Bruch zwischen **Antonius** und **Oktavian**
31	**Schlacht bei Aktium**: Sieg Oktavians über Marcus Antonius und Kleopatra; Ägypten wird römische Provinz.
30	Selbstmord des Antonius und der Kleopatra
27	Der Senat verleiht Oktavian den Ehrentitel **Augustus: Beginn des Prinzipats**
um 25	Livius beginnt mit der Herausgabe seines Geschichtswerks „Ab urbe condita“.
19	Veröffentlichung der „Aeneis“ Vergils
seit 15	Germanenkriege
9	Einweihung der Ara Pacis Augustae

n. Chr.

um 8 n. Chr.	Veröffentlichung der „Metamorphosen" Ovids
9	„Schlacht im Teutoburger Wald": Sieg des Cheruskerfürsten Arminius über die Legionen des römischen Feldherrn Varus (in Kalkriese bei Osnabrück)
14	Tod des Augustus
14–68	**Julisch-Claudisches Herrscherhaus**
um 30	Kreuzigung Jesu
14–37	**Kaiser Tiberius**
37–41	**Kaiser Caligula**
41–54	**Kaiser Claudius**
43	Britannien wird römische Provinz.
54–68	**Kaiser Nero**
um 55	Missionsreisen des **Apostels Paulus** (u.a. nach Ephesos)
64	**Brand Roms**: erste Christenverfolgungen
65	**Seneca** begeht auf Geheiß des Kaisers Nero Selbstmord.
66	Einrichtung der Provinz Iudaea
66–70	Aufstand der Juden gegen die römische Besatzung
68–69	Vierkaiserjahr (Galba, Otho, Vitellius, Vespasian)
69–96	**Flavisches Herrscherhaus**
69–79	**Kaiser Vespasian**
69/70	Bataveraufstand in Germanien
70	**Eroberung Jersualems** durch Titus
79–81	**Kaiser Titus**
79	Vesuv-Ausbruch, Zerstörung von Pompeji und Herkulaneum
80	Bau des Kolosseums beendet
81	Errichtung des Titusbogens
81–96	**Kaiser Domitian**
um 90	**Quintilian** verfasst seine „Institutio oratoria".
um 90	Erneut Christenverfolgungen
84	Baubeginn des **Limes** in Germanien
um 85	Einrichtung der Provinzen Germania superior und inferior
96–192	**Adoptivkaiser**
96–98	**Kaiser Nerva**
98	Veröffentlichung der „Germania" des Tacitus
98–117	**Kaiser Trajan**
106–115	**Größte Ausdehnung des römischen Reiches** (Schaffung der Provinzen Arabia, Dacia, Armenia, Mesopotamia und Assyria)
117–138	**Kaiser Hadrian**
122	Errichtung des Hadrianswalls in Nordengland
138–161	**Kaiser Antoninus Pius**
161–180	**Kaiser Mark Aurel**
180–192	**Kaiser Commodus**
193–235	**Severisches Kaiserhaus**
235–305	**Soldatenkaiser**
um 250	**Christenverfolgung** unter den Kaisern Decius und Valerian
um 250	Beginn der **Völkerwanderung**: Die Goten überschreiten die Donau. Die Alemannen durchbrechen auf breiter Front den Limes und brechen in das Reichsgebiet ein. Einfall der Franken in Spanien

284-305	**Kaiser Diokletian**
293	Trier wird kaiserliche Residenz.
303-311	**Christenverfolgung** unter Diokletian
306-337	**Kaiser Konstantin der Große**
312-315	Errichtung des Konstantinsbogens
313	Toleranzedikt von Mailand: Religionsfreiheit für die Christen
330	**Konstantinopel wird Hauptstadt des römischen Reiches.**
um 375	Die Hunnen erobern im Norden große Teile des römischen Reiches.
379-395	**Kaiser Theodosius der Große**
390	Hieronymus beginnt mit der Übertragung der Bibel ins Lateinische (**„Vulgata"**).
391	Das **Christentum wird Staatsreligion** (Verbot heidnischer Kulte).
395	**Reichsteilung** nach dem Tod des Theodosius (Entstehung eines west- und eines oströmischen Reiches)
404	Ravenna wird Hauptstadt des Westreiches.
410	Rom wird von den Westgoten (Alarich) eingenommen.
455	Plünderung Roms durch die Vandalen
476	Absetzung des letzten weströmischen Kaisers durch den Germanen Odoaker: **Ende des weströmischen Reiches**
527-565	**Kaiser Justinian** (Sein Versuch, die Reichseinheit wiederherzustellen, scheitert.)
534	Codex Iustinianus
622	Flucht des Propheten Mohammed von Mekka nach Medina: Beginn der islamischen Zeitrechnung
seit 7. Jh.	Ausbreitung des Islam: Die Ostprovinzen fallen an die Araber.
800	Kaiserkrönung **Karls des Großen**

I. Aspekte der Kultur und Zivilisation der Römer

Bildung und Erziehung im alten Rom S. 26f. L 89 L 92 L 93

Ehe und Familie im alten Rom S. 38f.

Spiele und Massenunterhaltung im alten Rom W4

Politisch-religiöse Entwicklung des Römischen Reiches in der Spätantike L 94 L 95

II. Weiterleben der antiken Kultur und Literatur in Mittelalter und Neuzeit

Lese- und Buchkultur von der Antike bis in die Neuzeit S. 42-45

Bildung und Erziehung in Mittelalter und früher Neuzeit L 90 L 91

Kontinuität der europäischen Kultur und ihre Prägung durch die Antike

- Humanismus-Begriff L 90 L 91 S. 65
- Latein als Kirchensprache S. 30f., 64f.
- Kontinuität philosophischer Begriffsbildung S. 80-83

Fortwirken der lateinischen Sprache in deutschen Fremd- und Lehnwörtern S. 29, 51, 53, 104, 123

III. Entwicklung des Christentums im Römischen Reich

Urchristentum, Christenverfolgungen, Märtyrerakten L 94 S. 50f.

Entstehung der Vulgata S. 64f.

Christentum als römische Staatsreligion L 95

Heiligenlegende L 97

IV. Aspekte der antiken Philosophie

Einfluss der griechischen Philosophie auf römisches Denken S. 66f. L 99 L 101 S. 74f. L 102 L 103 W4

Leukipp und Demokrit (Atomtheorie) L 99

Sokratisches Denken und Fragen L 100

Epikureismus (Lustbegriff) L 101 S. 75

Stoizismus (Freundschaftsbegriff) S. 74f. L 103

Pythagoreismus (Seelenbegriff) L 102

V. Bedeutende Gestalten der Antike und des Mittelalters

Aristoteles L 102 W4

Cicero L 102 L 103

Diokletian L 94

Epikur L 101

Erasmus von Rotterdam L 90 L 91 S. 65

Hl. Georg L 97

Hl. Hieronymus S. 64f.

Laktanz L 94 L 99

Mark Aurel S. 74f.

Ovid L 102 W4

Plinius W2 W4

Pythagoras L 102

Quintilian L 92 L 93

Seneca S. 75 W4

Sokrates L 100

Theodosius der Große L 95

VI. Literarische Formen und Gattungen

Brief	*(Seneca)*	W4
	(Plinius)	W4
Dialog / Lehrgespräch	*(Erasmus)*	L 90 L 91
	(Quintilian)	L 92
	(Cicero)	L 101 L 103
Philosophischer Traktat	*(Laktanz)*	L 94 L 99
	(Cicero)	L 100 W4
	(Mark Aurel)	S. 74
	(Ovid)	L 102
	(Aristoteles)	W4
Biblisches Gleichnis / Erzählung	*(Vulgata)*	W3
Christliche Exempla	*(Jacobus von Vitry)*	L 96
Legende	*(Theodosius)*	L 95
	(Hl. Georg)	L 97
Fabel	*(Schildkröte und Adler)*	L 97
Mythos	*(Ovid)*	W4
Anekdote		S. 29, 31, 33, 35, 53, 63, 75
Redewendungen und Sentenzen		S. 31, 33, 37, 53, 85

Mare Germanicum
BRITANNIA
Oceanus Britannicus
saltus Teutoburgiensis
GERMANIA
Colonia Agrippina
Augusta Treverorum
Mosella
Mogontiacum
Limes
Rhenus
Castra Regina
Danuvius
Castra
Biriciana
Augusta Vindelicorum
Castra Batava
Raetia
Cambodunum
GALLIA
Argentorate
Alesia
Alpes
Rhodanus
Mediolanum
Pannon
ILLYRIC
Pyrenaei montes
Hiberus
HISPANIA
Corduba
Saguntum
Carthago Nova
Baleares
Mare Ibericum
Mare Herculeum
Corsica
Sardinia
Mare Tyrrhenum
ITALIA
Tiberis
Roma
Ostia
Latium
Mare Adriaticum
Brundisium
Cumae
Neapolis
Pompei
Tarentu
Paestum
Croton
Segesta
Messana
Sicilia
Aetna
Syracusae
MAURETANIA
Carthago
Zama
Thapsus
NUMIDIA
Mare Intern
AFRICA
IMPERIVM ROMANVM
AETHIOPIA